# 胸底からの思考

柳田国男と近現代作家

岡部隆志

森話社

胸底からの思考――柳田国男と近現代作家　目次

はじめに……7

《I》柳田国男のまなざし

『明治大正史世相篇』を読む　晴と褻の混乱……20
柳田国男の民族観……57
『先祖の話』を読む　戦死者の魂をめぐる日本人の葛藤……77
柳田国男と教科書……103

《II》葛藤する表現

北村透谷論　永遠の未完……124
樋口一葉『にごりえ』論　情の行方……158
森鷗外論　曖昧者の悲哀……198

## 《Ⅲ》無意識をひらく


近現代文学とシャーマニズム …… 228
『銀河鉄道の夜』論　〈巫者《シャーマン》〉としてのジョバンニ …… 242
笙野頼子論　言葉と化す哀しみ …… 254
極私的神話論　笙野頼子『金比羅』を読む …… 286
多和田葉子『犬婿入り』論　消費される民話 …… 297

あとがき …… 315

# はじめに

本書は私の日本近現代を対象とした論考をまとめたものである。私の専門は一応古代文学ではあるが、民俗学や近現代文学も専門と称することにしている。というのも、文学研究の生活を始めてから、古代のみならず、柳田国男や近現代の論も書いてきたからである。実は、私の最初の著作は北村透谷であった。

本書のテーマにも関わることなので、なぜ近現代に関心を抱き続けてきたのか、私の来歴を披露することから書いていきたい。二十代の始め、学生運動の渦中で活動家であった私は、成田の三里塚闘争で逮捕され、二十代、三十代は裁判闘争を続けていた。二十代は、活動をやめ裁判を続けながら食うために働いていたが、勉強がしたくなり明治大学文学部の二部に入った。二十八歳のときである。最初に入った大学は除籍になっていたので、受験をして入り、四年間昼は働き夜は勉強という生活を続けた。卒業のときに大学院に行こうと考えた。研究をしたいという思いもあったが、裁判が終われば下獄するだろうから、出獄後に予備校の講師にでもなって何とか糊口をしのげたらと思ったのである（結果的に私は下獄せずにすみ、研究生活を続けられることになった）。

大学院では二人の先生に大きな学恩を受けた。古代文学の平野仁啓《じんけい》先生と近代文学の中山和子先生である。古代文学が主たる専攻だったので平野先生が私の指導教員になるが、中山ゼミで近代文学に啓発された私にとって中山先生も恩師である。この中山ゼミで北村透谷を読み、自分と重なるような透谷の生き方に感動し、それをレポートに書き、一冊の本にまでした。それが私の最初の著作である『北村透谷の回復』（三一書房　一九九二年）である。

こうして私の近代文学の研究は中山ゼミで学んだ北村透谷から始まる。学生運動の当事者であった私にとって、北村透谷の研究は自由民権運動という思想の問題である前に、過激な闘争方針の前にたじろぎ、闘争から退いた一人の悩める活動家・透谷にとって、恋愛や宗教そして文学がどのような意味を持ったのか、それを解き明かすというようなものだった。

透谷のみならず、近代文学の研究対象となる作家や思想家は、多かれ少なかれ社会の変革に自分の生きる意味（理想）を見いだそうとした。そしてほとんどがその意味の追求の中で、日本という社会の動かしがたさ、不合理さといったものに直面し、生きる意味の見直しを迫られた。その日本という社会の動かしがたさ、不合理さというものは、実は変革を志す者の存在の基底にあって、彼らをがっちりととらえているところの、動かしがたさであり不合理さでもある。

政治からの離脱（敗北）は、その動かしがたさや不合理さに向き合わざるをえなくする。透谷もそうだった。実はその動かしがたさや不合理さとは、私たちの「情」や「無意識」としてとらえられるものだ。

革命という科学的思想に基づく政治活動にとって、情や無意識は非理性的で不合理なものであり、抑圧されるべきものというのが一般的認識であろう。だが、実際の政治活動に現場で携わればわかることだが、活動家は情や無意識にとらわれている。それは、活動家もまた生活者であって、生身の人間であるからに他ならないからだ。現場というところは、理性的な客観的判断がそのまま機能しない混乱の場なのである。したがって、実際の闘争の渦中では、ほんどの活動家は、当事者としては理念としての政治方針に従いつつも、恐れや不安を抑え込みながら無我夢中であり、自分の弱さと戦っている。その弱さとは、自分の中の動かしがたさであり不合理さであるところの情や無意識をコントロールできないことと言ってもよいだろう。

この情や無意識にとらわれる生とは、生活者のあり方を示す言い方でもある。政治活動の現場を少しばかり体験した私は、近代以降の知識人の社会変革を論じる思想を夢中になって読みながらも、どこかで物足りなさを感じていた。それらの思想は結局、社会変革の現場では使えない、というような感覚である。それなら現場で使える思想とはどういうものか、と問われてもにわかには答えられないのだが、ただどんなに立派な社会変革思想でも、人間の情や無意識の無視や抑圧のうえに成り立っているとすれば、その思想は必ず色あせるという確信はある。頭でっかちの学生が唱える革命思想など、生活者である人たちの前では何の説得力もないことを、当時の現場の活動家はみなわかっていた。なかには、先鋭的な前衛たらんとしてより過激な活動に入る者もいたが、ほとんどの学生活動家は、自分たちの無力さをよく理解していた。その理解とは、自分たちの唱える社会変革の言葉が、生活者である人々（あるいは自分）の情や無意識をほとんど揺さぶることはない、ということへの理解だった。

活動家の情や無意識を現実的に揺さぶるのは、恋愛であり、親との確執であり、あるいは過激な政治方針にたじろぐときであり、逮捕され自白を強いられるとき、政治活動をやめて生活者としての社会人になるかどうかの選択を迫られるときである。このようなとき、私たちは自分の情や無意識を支配し格好よくふるまいたいと願うが、現実はそううまくいかない。というのも、そういう状況下にある自己は、様々な諸関係の中でがんじがらめになっていて、動かしがたく不合理な存在と化しているからだ。自己という輪郭そのものが曖昧になっているとも言える。

が、そのような不合理な存在そのものが、現実に生活し生きている私たちの存在そのものに他ならない。つまり、生活者と呼ばれるような人々のありようそのものであるということである。私は、政治から離脱し、一人の生活者として生きながら、社会の変革とは、この不合理さを抱えて生きている人々が実質的な担い手として登場しなければ無理なのではないかと思うようになった。とすれば、その不合理さを、社会を形成する「知」の問題として考察する必要があるのではないか。私が柳田国男に惹かれたのは、柳田の仕事が、生活者の情や無意識を思考の対象から排除せずに、むしろそれらを、「知」のありようとして検討し記述していると考えたからである。したがって、私は、「情・無意識」を存在の本質として描こうとするような近現代文学への興味と同時に、柳田国男についても関心を持ち始めるようになった。

本書の前半「《I》柳田国男のまなざし」は柳田国男についての論考であるが、これらの大きなテーマは、不合理さを抱え込んだ私たちが、孤立した個にならず、国家という大きな枠組みに頼りすぎず、社会的な存在（生活者）として他者と分かち合える共同性をどうしたらつくれるのか、というようなことである。私は若いときに政治から離脱したが、社会的な存在として社会に無関心であったことはない。文学研究は人間そのものへの関心だが、柳田への興味は、ありうべき社会に対する関心があるからだと言える。柳田国男の民俗学は、そのような関心に大きな示唆を与えてくれた。その示唆とは、私が以下のように現在の日本が直面する課題をとらえたとき、その課題に対する処方箋として柳田国男の仕事が参考になったということである。

私はグローバリズム資本主義に批判的である。グローバリズム資本主義とは、世界をいわば格差に満ちた社会と見なし、その格差を市場原理における交換経済に組み込んで利益を上げようとする欲望に満ちた経済原理ということになろうか。この経済原理が抱える問題は、組み込まれた辺境（わかりやすく言えば安い労働力を供給する地域）の経済が、先進国並みに豊かになることは決してないし、また、辺境との格差は先進国の内側でも再生産される。すなわち資本主義の内部に内なる辺境（先進国内での低賃金労働という新たな格差）が生まれ、結局社会を疲弊させていくということである。ピケティの『21世紀の資本』（みすず書房　二〇一四年）は、資本主義が格差を拡大させるばかりであることをデータで証明したとして話題になったが、このように資本主義への疑問が言われ始め、その終焉が論じられる時代になった。

特に日本では、少子化による人口減少の時代に入り、生産と消費を拡大することで社会の貧困を解決するとされてきた資本主義への評価が急激に色あせてきた。拡大成長を宿命づけられたグローバリズム資本主義とは違う経済のあり方や社会をどう構築していくのか、それが日本において真剣に問われ始めているのである。日本はすでに資本が利子を生まない経済に突入し、資本主義は終焉を迎えているという分析がある（水野和夫『資本主義の終焉と歴史の危機』集英社新書　二〇一四年）。経済成長は利子を生む。その利子によって資本主義が回るとすれば、低利子（現在はゼロ金利）が続く日本では、すでに資本主義は回らなくなった。人口減少は生産と消費の縮小を必然とする。とすれば、これまでのような経済成長をめざすのでなく、低成長であっても幸福と感じられる持続可能な社会（定常型社会）をいかに構築するかが問われる、ということになろう。

ただ、そのことは、必ずしもグローバリズムを否定するということではない。今のところ資本主義そのものは否定できない以上、グローバリズムは避けえない流れである。とするなら、グローバリズムの副作用を減らし、持続可能な定常型社会にどう利用していくかという努力も問われる。過疎化の進む旧態依然とした地域共同体や経済のままでは持続可能な地域の創生はありえない。たとえば、その地域の特産物をインターネットを通して世界に販売するといったグローバリズムの利用も必要になろう。グローバリズムを利用するそれなりの知恵と工夫も必要なのだ。

大都市を中心とした、生活者の顔の見えない人間関係の希薄な消費社会型の経済モデルではなく、生産者、消費者として顔が見える地域の住人同士が、一定の経済レベルを維持しつつ、相互に助け合う関係をつくれるような経済モデル（ＳＮＳ等のネットワークを通した現代の新しい関係を、このような経済モデルに構築していくことも必要）が今求められている、ということである。

社会学の分野では、新しい公共性をつくる試みとしての地域コミュニティ論が盛んである。これも公共性のローカルなあり方の模索と言っていいだろう。グローバリズム資本主義の中で、企業や個人が稼ぐ利潤を国民の生活のために国民に再分配するのが国家の機能であるとすれば、グローバル化した企業や個人は利潤を国民に還元せず、その企業や個人を国家はコントロールできない。つまり利潤の再分配という国家の役割があやしくなっており、借金で再分配システムを維持すればギリシャのような破産国家になりかねないところに来ている。

一方、二〇一一年の三・一一東日本大震災では、国家が制度疲労を起こしており、あまり役に立たないことがわかってきた。しかも、世界一の借金を抱えている国家に福祉への期待もできない。つまり、日本では国家という公共性の信用度がかなり落ちてしまっている。こういう状況では、私たち自身が公共性をどう構築するかが問われるのであり、いわばその公共性構築の試みとしての地域コミュニティづくりが、国家を前提としない公共性の構築というテーマとなっているのである。

考えてみれば、今までは肯定するにしろ否定するにしろ、国家という大きな枠組みを論じることが社会のあり方を論じることだった。その対極には個人がいて、その個人が国家にどのような距離をとるかが、その個人の生き方のスタンスとして問われていた。つまり、国家に支配されず自由であり、かつ欲望を他者に否定されない生き方、孤独ではあるがそれが個人の理想的な生き方だった。その理想的な生き方は、対極にある国家との対立によって鮮明に意識された。だが今、国家の信用度が落ち、その国家への距離感を通して個人が個人であることの承認を得ることが難しくなっている。一方、グローバル資本主義は、個人をただの消費する記号としか見なさない。その意味で、国家もそれに対立する個人も、この私たちが生きる社会を論じる中心理念として急速に後退しつつあるのである。

ローカルな地域経済やコミュニティ論が私たちにつきつけたのは、国家やそれに対立する個人といった枠組みでは現在の社会が抱えている諸課題を解決できないということであった。グローバルな経済成長路線、それは近代国家や自由な個人を支えた枠組みだったが、それは無限に続くはずだった。少なくとも無限に成長できることを前提に、私たちの社会観も人間観もつくられてきた。だが、現在の現実がつきつけたことは、無限に続くということなど絵に描いた餅だったということだ。

経済にしてもコミュニティにしても、ローカルな場からの持続可能な新しい仕組みが今模索されている。欲望を無限に追求する資本主義に疲弊した人たちを救済するのは、ローカルな社会もしくは生き方の側にある。孤立した個人や大きな国家という枠組みの中にはない。なぜなら、グローバリズム資本主義や国家システムがつくりあげたのは、競争原理のもとに個別化された人間の記号化であり効率的な配置である。現代において、そのシステムが人間を幸福にしないと痛いほどわかってしまったのだ。とすれば、生産し消費し、そして相互互助的に生きている人たちのその顔が見える経済モデルや公共性のシステムをつくるしかない。ここで言うローカルとは、そういった人間の顔が見えるシステムを可能にするそれほど広くはない地域性であると同時に、私たちの存在のあり方であると言っていい。本書において柳田国男にこだわるのは、まさに、柳田国男の仕事が、そのようなローカルな社会、あるいは人間の生き方を論じていると考えるからである。

後半の作家論は、「情・無意識」という人間の不合理さに惹かれ、もしくはとらわれた近現代の作家たちの論考である。「《Ⅱ》葛藤する表現」では、明治の三人の作家を論じた。特に北村透谷論は私にとって重要な論である。透谷は、政治闘争から離脱し、その挫折感を抱えて彼の「情・無意識」にとらわれた。明治十八年、透谷は同志から朝鮮革命計画の資金調達のためとして強盗に入ることを誘われる（大阪事件）。透谷は苦悩の果てに政治運動からの離脱を決意し、頭を剃り漂泊者の姿になってその思いを示した。おそらく、革命という目的のために自分のすべてを捧げると思い込めば、透谷は自身の「情・無意識」にとらわれることはなかったろう。が、闘争の現場では、だれもが過激に革命に身を投げ出せるわけではない。透谷もできなかった。それは彼の「情・無意識」としての生が、彼を引き留めたということだろう。しかしそのことで、透谷は強烈な挫折感にさいなまれる。透谷は、そこから形而上的な生き方を模索した。だが、彼は「情・無意識」としての生を否定できなかった。透谷が日本の近代の始まりにおいて重要なのは、理念としての形而上的世界と、不合理さとしての「情・無意識」に引き裂かれたまま生きようとしたことにある。その意味で透谷は、近代以降の悩める知識人の一つの典型を最初に生きたのである。本書に掲載した論は、そのような透谷の引き裂かれた存在の様相が、彼の文体もしくは表現にあらわれているのではないか、という問題意識のもとに書いたものである。

樋口一葉は透谷より三歳年下だが、明治二十九年に二十四歳で病死。透谷は、その二年前に自死している。ともに同時代を生きた、短い生であった。一葉は、透谷のように引き裂かれた生き方をすることはなく、むしろ社会の底辺を生きる人間の「情」がどのように軋んで、社会にうまく適応できない人々を追い詰めていくのか、それを冷静に描いた。『にごりえ』はそのようなまなざしによって書かれた傑作である。一葉が透谷のように引き裂かれなかったのは、彼女が徹底して生活者だったからである。生活者の位置から、形而上的な高みに届くような人間の苦悩を描きえた希有な作家だと言ってよい。

森鷗外は、日本人の「無意識」を、排除できない不合理として理解し、むしろそこに身を委ねながら、知識人としてうまく（穏やかに）生きていくことに、自己の存在理由を見いだした作家である。

つまり、彼にとっての「無意識」は、彼なりの形而上的世界そのものだったとも言える。その意味で世界を明晰に、もしくは合理的に把握しようとする知識人とは違う。私は本書の論考で森鷗外を「曖昧者」と名づけた。近代以降の知識人には、北村透谷のように「情・無意識」に引き裂かれず、森鷗外のようにうまく折り合って生きようとする人たちがいる。私はそのような知識人を「曖昧者の系譜」と見なすが、柳田国男もまたそうであると考える。そして私もその系譜に入るのかもしれない。

「《Ⅲ》無意識をひらく」では、主にシャーマニズムという切り口で作家を論じている。ここで論じている宮沢賢治、笙野頼子《しょうのよりこ》、多和田葉子《たわだようこ》は、輪郭の明確ではない「無意識」に向き合った作家たちである。それらの輪郭を明確にするのではなく、むしろそれらの不合理さ、不明瞭さに、意味を見いだそうとした作家たちである。むろん、他の多くの作家も向き合ってはいるだろうが、私はこの三人に、向き合うことの必然、もしくは切実さというものを強く感じた。その必然、もしくは切実さは私にはないものである。だから《Ⅲ》に関しては、強く惹かれるのに、なぜ惹かれるのかよくわからない。そのよくわからないことを何とか考察する、という方法で対象を論じている。論じる愉しさから言えば、こういう論じ方が一番愉しい。

《Ⅲ》は、『シャーマニズムの文化学』（岡部隆志・斎藤英喜・津田博幸・武田比呂男共著　森話社　二〇〇九年）がきっかけになっている。私は同書で、「近現代文学とシャーマニズム」というテーマで論を書いた（本書に掲載）。この論をきっかけにして、近現代の作家たちが、無意識とどう向き合ったのかということに関心を持ち、何人かの作家を論じ始めた。宮沢賢治は『銀河鉄道の夜』について書いたが、むろん宮沢賢治がこれで論じ尽くせると思ってはいない。本論は、『銀河鉄道の夜』という作品が、シャーマニズムという切り口で分析できるという試みの論である。

私がもっとも関心を持ったのは笙野頼子である。ひと言で言って、その文体に圧倒された。笙野頼子ほど無意識と向き合う作家を私は知らない。その向き合い方は本当に切実であり必死でさえあると思わせる。それは無意識からあふれるイメージを供給するといった生やさしいものではない。ほとんどシャーマンのレベルで言葉を連ねるように見える。一般的にそういう文章は、妄想の記述であって、支離滅裂になり、そこに込められた記述者の存在の切実さは読み手に届かない。が、笙野頼子の文はそれが届くのである。どうして届くのか、なぜ届くのか、私の論はほとんどその分析であるが、それは文学と呼ばれる文体のその記述が、なぜ他者である読み手に届くのか、その原始的な光景の分析になるのではないか、とさえ思うのである。

多和田葉子は笙野頼子のようなシャーマニックな作家ではない。だが、「無意識」に強い関心を抱く作家である。ドイツに在住しドイツ語で小説も書く。自らを異邦人の位置に置き、日本についての違和感を積極的に発言している。本書で取り上げたのは、『犬婿入り』という題の小説だが、民話を題材にして、噂のような無意識（共同幻想と言うべきか）に由来する物語に翻弄される姿を描いたものである。その描き方に異邦人としての観察眼があまねく発揮されている。興味深いのは、この小説では、民話の中の人物と、民話を消費する生活者が同じ舞台に登場してシュールな物語を生み出しているることだが、これを可能にしているのは、日本という共同体を生きる日本人とその日本人の共同幻想を、共同体の外側から冷ややかに眺めることができるからだろう。この、多和田葉子のまなざしによって描かれた登場人物たちは、日本という共同体で「情・無意識」をそのままに生きる私たちである。

この私たちが、民話の世界と現実との境界を失った不合理な状態を生きている。そういうこともありえると思わせるのは、私たちの日常を支えるリアリティが色あせ、むしろ非日常としての生活にリアリティを感じてしまうからである。これは、非日常を消費の対象として扱う消費資本主義という、現在の社会のあり方の問題でもある。実は、このような非日常が日常化していく現在の社会のありようは、すでに柳田国男が『明治大正史世相篇』で描いていたことだった。

本書は、行き先の見えない混沌としたこの社会の現場で、「情・無意識」をそのまま生きている私たち自身を見つめ直し、そこから何かが生まれることを模索する論考集である。そのような意気込みを読んでいただけたら幸いである。

# 《I》柳田国男のまなざし

# 『明治大正史世相篇』を読む　晴と褻の混乱

## 一　現在へのまなざし

柳田国男のまなざしが、柳田の生きた時代の人間の上にたえず注がれていたことは、彼の民俗学の著作を読むとすぐにわかる。柳田の多方面にわたる論考は、柳田と同時代を生きた人々の生き方への反応から導きだされたものでもあった。むろんその反応は、肯定したり否定したり嘆いたりと様々であったろうが、重要なのは、そういった同時代の人々の生態から手がかりを得て、そこから埋もれた路をたどるように、日本人の民俗文化を導き出そうとしたことだ。

柳田の人生は日本の近代の歩みそのものであったが、近代から現代へと生きた柳田の時代とは、ある意味で現代のわれわれの近い過去であり現在である。柳田の、そのわれわれの近い過去であり現在でもある時代へのまなざしには、この日本で生活する人々に深く関わろうとする、あるいはその運命に責任を持とうとするような姿勢があった。だから、そのまなざしには、対象を学問的にさばく客観的な冷ややかさはなく、多少の喜怒哀楽が入り込んだ。

こういう柳田の姿勢は、たとえば常民論のような、日本人のアイデンティティ論として受け止められる論考に結びついたと言えるだろう。従来の柳田の読まれ方は、いつも日本人論であり、日本民族論、日本文化論であった。柳田に近代批判を読みとったり、あるいは柳田の一国的な閉じられ気味のナショナリティに対する反発も強い。しかしよく考えれば、柳田の、同時代を生きる日本人への反応は、外国の経済や文化を排除することで日本人のアイデンティティをどうするというようなものではなかったはずだ。

そこには、このままでは危機的だとする同時代を生きる者へのまなざしがあったはずである。言うなら、そういう反応の仕方こそ柳田の学問の根幹とも言えるのではなかったか。つまり、柳田の学問は、本来、日本人論という枠組みや日本というアイデンティティの確立のために本当に出発したのかどうか。そう読まれることの必然はわかるにしても、柳田の学問は、近代を選び取ったが故に危機を抱え込んだ同じ時代を生きる人々への反応という面を重要なきっかけとして持っていた。その反応は、かならずしも日本人論へ結びつかなくてもよかったはずのものだったのではないか。

近代化によって人々の生活のあり方を急激に変化させた近代日本が、日本人に様々な「歪み」をもたらしたことは指摘するまでもない。少なくともその歪みに、柳田国男の学問はまともに反応しようとした。結婚をする・しない、家を継ぐ・継がない、子供の遊びの消失、伝承文化の消失と、数えあげればきりがないそれらの変化が、人々にとって歪み（変化そのものが歪みなのではなく、変化に適応できない社会もしくは人々の心身の不安定さをここでは歪みととらえておく）だったからこそ、柳田の民俗学は、その歪みによって揺れ動く人々の心や生活に向けて発信されずにはいられなかった面を持つ。

大事なことは、柳田が、歪みを抱えながら存在せざるをえない人間が生きるその現在に反応したことだ。このことは、柳田民俗学の読みにおいてあまり重要視されてこなかったように思われる。柳田国男の民俗学は、あまりに近代批判の文脈や、日本のアイデンティティをめぐる言説や、ナショナリティの側で読まれすぎた。あるいは、日本文化の多様性を探るような文化論的読まれ方をしてきた。それが悪いということではない。本来柳田は、率直に近代日本の現在を生きる人間の歪みに反応して、彼の学問を出発させたはずだ。そのことを重視するなら、今、柳田が生きていて、この現代のわれわれの少なくともあまり健全とは言えない現状を見たら、彼は、民俗学的な思考回路を全開にして、とめどなく何を語り始めたのか、そういう見方があってもいいだろう。

われわれは今、キレやすくなり、家庭を壊し、孤独で引きこもりがちで、傷つけあって生きている。みんなどこかで不安を感じながら、これも新しい時代への変化として受け止めなければならないと感じている。この変化に対応できない者は、本当に病にかかってしまう、そういう時代を生きることを覚悟している。このような覚悟を必要とすることが歪みでないはずがない。

こういう歪みは、柳田の生きた時代の歪みをさらに徹底させたものだ。ある意味で、柳田民俗学は、彼の生きた時代の歪みへの処方箋だった。むろん、その処方箋が有効であったかどうかは慎重に検討されなければならない。民俗学は、古さをどこかで肯定する学問だ。だから、われわれは、現在に対して古さを対置するように民俗学をとらえる。しかし、古さが現在を癒すことが簡単にあるはずはない。だが、だからといって柳田の処方箋なんて失敗だ、と簡単に言ってしまってよいのか。古さとは何か、伝統とは何か、生活文化とは何か、それらは本当に現在のわれわれの歪みに対してまったくの役立たずなのか。本当にそう言い切れるのか。

一方、柳田民俗学が、日本人の古き良き生活文化を拾い上げたなどと言うのもあやしい。柳田はけっこう日本人の負の面を語ってもいる。その文章はかなりのくせもので、柳田をあまり単純化しない方がいいだろう。むしろ、柳田はかなり込みいっていて、その込みいり方は、近代日本の込みいり方そのものだという理解があってもいい。

今、柳田を論じる必要とは何か。カルチュラル・スタディーズばりに、柳田の知の根拠を批判することだとは思わない。それはもう十分にやられたことだし、柳田の知はそれなりに相対化され、誰も柳田に必要以上の幻想を抱かなくなったはずだ。

今、必要なことは、われわれが抱え込んでしまった「歪み」に、柳田民俗学がどこまで堪えられるのかを試みることだと思う。柳田民俗学が果たして、この現代のわれわれの「病める」と言っていいほどの状況に適切な解答ができるかどうかはわからない。だが、再確認しなければならないのは、柳田の民俗学は、こういうわれわれの危機や不安に反応するところから出発するような学問だったということだ。

さて今、柳田国男を論じるとしたら、われわれが苦しむ現代のわれわれの「歪み」と柳田の仕事がどう関わるのか、あるいは、この「歪み」にどういう反応の仕方をしたら、柳田の学問は出発可能なのか、そういう問い方をする必要があるだろう。

柳田に代わってわれわれの現代をただ民俗学的に論じるということではない。この、現代の〈病〉という重荷を、柳田の民俗学に負わせてみなければならない。そこには当然、〈病〉という認識の是非と、その〈病〉の性格の問題については議論が必要だ。新しい時代への変化に対応できないことを、ただ〈病〉と形容してしまうことはよくないが、〈病〉は急激な環境の変化への精神的・身体的な違和感のシグナルという面も持つ。その結果、柳田の民俗学はそれこそ古典的な教養であると確認することになるのか、あるいは読み方しだいでは、現代のわれわれの〈病〉を照射し、その〈病〉について対策を立てる何らかのヒントになりえるものなのか。柳田の民俗学がわれわれの病を簡単にいやすことなどないことはわかっているが、そういった、われわれの危機や不安を柳田民俗学に負わせてみる試みはあっていいと思うのである。

とりあえず以上のような問題意識からこの論を出発させたい。本章では柳田国男の『明治大正史世相篇』（昭和六年）を扱う。膨大な新聞の切り抜き記事の渉猟から書かれたこの『明治大正史世相篇』は、柳田国男が生きていた現在へのまなざしに満ちている。その柳田のまなざしには、日本人の〈病〉が見えていたと思われるからである。

一般的に言えば、民俗学とは日本の近代化によって消えていこうとする日本人の無意識の文化の掘り起こしである。消え去ろうとしているものを掘り起こし、それを記憶にとどめ、そこから逆に近代を推し進める日本人の精神の基層を明らかにしようとする。その意味で民俗学には、歴史と同様に現在から過去をふりかえるというまなざしがある。ただし、歴史へのまなざしと違うとすれば、民俗学は、過去から現在への地続きの時間に沿って出来事を時系列に並べないということだ。

民俗学が扱う過去は同時に現在でもある。現在でありながら過去である。過去を振り返るまなざしは現在そのものを内観するまなざしでもあるということだ。こういうまなざしが成立するのは、その現在自体が危機と感じられているからである。その意味で、民俗学における過去は、現在の危機を解説し、現在そのものを根拠づけるもう一つの現在にほかならない。

柳田国男もまた過去にまなざしを向けようとする。柳田国男の民俗学は、その意味でまなざしの主体である柳田国男にとっての現在を根拠づけるもう一つの現在の記述である。柳田国男が生きた時代は激しい変化の時代である。その変化のスピードは、二十一世紀になった今でも変わらない。柳田がつくりあげた民俗学という学問は、この激しい変化という現在への身の処し方であったのであろう。この激しい変化に生活者が押しつぶされると感じたから、柳田はもう一つの現在を記述しようとした。そう考えていいように思われる。

柳田国男は『明治大正史世相篇』において、近代という時代を、現在を照射するもう一つの現在として具体的に記述した。朝日新聞社によって企画された『明治大正史』全六巻のうちの一冊として刊行されたこの『明治大正史世相篇』には、ある意味で、明治・大正という時代を生きた日本人の危機が記述されている。その記述から柳田国男の現在へのまなざしを検討していくことにする。

## 二　群の力

『明治大正史世相篇』は全部で十五章ある。第一章が「眼に映ずる世相」、第二章が「食物の個人自由」、第三章が「家と住心地」で、この三つの章が衣食住についての日本人の精神史という趣になっている。以下の章を見ていくと、第四章「風光推移」、第五章「故郷異郷」、第六章「新交通と文化輸送者」、第七章「酒」、第八章「恋愛技術の消長」、第九章「家永続の願い」、第十章「生産と商業」、第十一章「労力の配賦」、第十二章「貧と病」、第十三章「伴を慕う心」、第十四章「群を抜く力」、第十五章「生活改善の目標」となっている。

全体の流れを見ていくと、まず衣食住から説き始め、都市と農村の変化や交通、共同体の絆、結婚、家という関係の問題、次に資本主義化における生産と消費、労働、組合や親分子分の関係に見られるような共同性への課題というように展開されている。このような展開を見ると、柳田は日本の近代化の諸局面を網羅的に扱っている、と言うことができる。なぜ、これほど網羅的に近代日本を記述しなければならなかったのだろう。

柳田はみずから書き下ろしたこの書を次の言葉で終えている。

我々の考えてみた幾つかの世相は、人を不幸にする原因の社会にあることを教えた。すなわちわれわれは公民として病みかつ貧しいのであった。

この締めくくり方からこの書の全体を眺め返すならば、この『明治大正史世相篇』は、まさに近代化の中を生きる日本人の「公民として病みかつ貧しい」その様を明らかにするものであったと言うことができる。ただ、一読すればわかると思うが、この書は何も日本人の「病みかつ貧しい」様子を網羅的に並べたものではない。むしろ、柳田のこの書の意図は、人を不幸にする原因が社会にある、ということを明らかにすることにあると言うべきだろう。この最後の文の意図するところは、社会とは改善しうるということである。が、多くの日本人はその可能性を考えることができない。だから「病みかつ貧しい」と言うのだ。

いかにも柳田らしい啓蒙的な言い方であるが、ただし、この場合の改善しうる「社会」と言うときの社会とはどういう社会であるのか。たとえばマルクス主義的に社会を語れば、社会とは、資本家階級と労働者階級との闘争の場である。社会を改善するということは、資本家階級に搾取された労働者がその闘争に勝利していくということになる。が、社会の実質にそういった思想によるイメージを思い描いているわけではない。この書での「社会」の使われ方を見れば、柳田は社会を、人間が寄り集まって共同生活をすることによって生まれる空間もしくは実態といった一般的な意味以上に使ってはいない。

第十二章「貧と病」の五に「孤立貧と社会病」とあるが、ここでは貧は孤立的にあらわれ、病は社会的にあらわれるという意味で用いられている。つまり、近代になってからは、貧からの脱出は個人の努力に帰し、病の防止は社会の努力に帰すことになったということである。ここで意味される社会は、ごく一般的な意味合いでの「社会」である。それでは改善とは具体的にどういうことか。たとえば、ここで柳田は、明治初期に日本を記録したモースが、日本は暑いにもかかわらず、頭は月代《さかやき》で笠もかぶらずに歩いているのに日射病にかからないと驚いていることを取りあげ、日射病にかからないのは日本には湿気が多く服装も風通しのいい緩やかなものだからとする。ところが今は、日射病対策として帽子をかぶり厚地の服などを着るようになり、かえって日射病にかかりやすくなってしまったと嘆き、こういう思い違いは「病気」以外にもあると言う。そして、「まずその当然に心付かせてくれたのは、研究ずきなる医学の力であった。勇気や信心のすでに衰えはてた闘病術を、やや復活させたのも群の力であった。もしくは群にあって多くの人のために、代わって考えてくれた人の力といってもよい」と述べる。

ここで言う改善とは、われわれの思い違いを知り、それへ合理的に対処していく、ということであるが、ただ、柳田は「医学の力」のような近代的な意味での合理的な思考を働かせることを強調しているのではない。「研究ずきなる医学の力」だけではなく、「やや復活させたのも群の力」や「群にあって多くの人のために、代わって考えてくれた人の力」という言い方にあるような「群の力」や「群」という言い方に注目したい。「群の力」とは、共同する人々の力ということだろうが、柳田にとって、改善の主体とは、当然この共同する人々の「群の力」なのである。たとえば、柳田の『国史と民俗学』の「五、単独立証法」で、「我々の知りたがっている歴史には一回性はない。過去民衆の生活は集合的の現象であり、これを改めるのも群の力によっている。それをただ一つの正しい証拠によって、むやみに代表させられては心もとなくて仕方がない」と、改善の主体についてやはり「群の力」なのだと述べている。この「群の力」という言い方に柳田はこだわっていることがわかる。

柳田は最終章（第十五章）「生活改善の目標」で、女性が自らの不幸な生活を改善するという課題について次のように述べる。

教育の実際化という語が、今頃になってようやく唱えられるというのも、まだ間に合ったのだから馬鹿馬鹿しいと思ってはいけない。家で生計の盛衰を最も心にかけ、子孫の愛育のために全力を挙げていた者が、今までほとんど発言権を持たず、たとえ実際化せぬ教育を与えられても、黙ってただ喜んでいなければならなかった時代が、永きに失したことは残念であったが、とにかく現在では母も祖母も、どうしてくれるのですと訊《き》くことができるようになった。しかも今日までは、ただめいめいの家の都合だけに基づいて、喜んだり憂えたりしたのが女性であったが、彼らの知識はいつとなく増加して、これにはもう一段と根本的の要求が、社会と共通にあったのだということがわかって来た。生活改善の諸案というものには、世間見ずのひとりよがりも多かった。それを実行し得る家の数も少なく、貧にあえいでいる大多数の同胞とは、涙のこぼれるほど没交渉な苦労をしている人もあった。しかし、少なくとも今の生活は改善すべきもの、それも、思い思いの工夫でなく、同じ憂いを抱く、多くの者が団結して、始めて世の中に益があるということを、認めたこと自身が改善であった。

（傍線は引用者）

ここで柳田は「知る」ことの大切さを言っているのだと思われる。「知る」ということは、ただ不幸の原因を知るということなのではない。その「知る」ことを通して、社会にあって同じ憂いを抱く人々と共同することだと言うのだ。そのことによって改善への一歩が始まるという言い方でなく、そのこと自身が改善なのだという言い方をしていることに注意すべきだろう。つまり「知る」ことは改善の主体である「群の力」そのものになっていく、ということなのである。

柳田国男の文章には簡単に読みとられることを拒むような微妙なニュアンスがある。こういった文章もそうだ。傍線部「彼らの知識はいつとなく増加して」とあるのは、女性たちが自らの生活についての不合理を知り始めたということだが、そのことがストレートに生活改善運動を促すというようには結びつかず、「これにはもう一段と根本的の要求が、社会と共通にあったのだということがわかって来た」とあるように、「群の力」自身がすでにそういった「根本的の要求」を自覚し要求するように存在していて、そのことが明らかになってきた、ということだけに結びつく。たぶんここに意図されていることは、そういう「群の力」を知り、そこに合流することが大事であるということであろう。こういうまわりくどさに柳田の文章の特徴はあるのだが、この場合のまわりくどさの理由は、自らの不幸を「知る」人々にとっての問題の解決が、ただその問題を共同化する、というイメージだけで語られるという点にあるようだ。つまり、それ以上の解決が提示されているわけではないということだ。「群の力」である共同する人々にとって、女性の境遇における問題点の解決は、それを意識化し原因を明らかにして合理的に解決策を導き出すというような理性的判断にはならないだろう。そういった理性的判断は、それ自体超越的な立場からの判断である。とすれば、その判断の主体は「群」というような集合体ではありえず、そういう超越性（思想）を獲得した個人にあると考えるべきだろう。だが、そうであれば、改善の主体は、共同する人々の「群の力」ではなく、超越した立場に立つ個人の力に帰せられる。むろんそれは柳田のとる立場ではない。柳田の一貫した立場は、歴史の主体は生活者なのであって、固有名詞で語られる英雄ではないからである。

ある社会的な課題を解決する主体は生活者である人々なのだという論点と、生活者が自らの問題点を知り具体的にそれをどう解決していくのか、という論点とは違う。前者は、課題を解決する主体の所在を問題にしているが、後者は課題の解決への具体的なプロセスを問題にしているからである。実は『明治大正史世相篇』では、この二つの論点が区別なく語られる、というところに特徴がある。その結果、歴史の中の漠然とした生活者というそれ自体とても抽象的な主体そのものが、個別的な生活の諸問題を改善する具体的な主体でもある、という論じ方がそこに生まれる。もっとわかりやすく言えば、歴史の主体としての生活者とは、無意識の存在そのものである。その無意識そのものの存在に、具体的な生活改善の主体たらしめようとする、ということである。無意識の存在は、合理的に問題を解決するようには動かないが、その問題が共同化されることで、無意識の存在自体が自覚的に共同化される。それが「群の力」になってやがて問題を解決するのだと、どうやら柳田は考えている。むろん、その問題解決への手順は、合理的な判断に基づくものではない以上、明瞭ではない。だから、その記述はまわりくどくなるのである。

柳田が社会改善の主体というより当事者を「群の力」としたのは、生活者、いわゆる常民こそが歴史の主体なのだという常民史観のようなモデルを、世界把握の理念として思い描いていたからということではないだろう。時代の変化にもっとも不幸な影響を受ける人々こそが、実はその時代の変化の主体である、もしくはそうでなければならない、と柳田は考えたのだと思われる。その意味ではこの『明治大正史世相篇』には、ごくシンプルな弁証法がある。時代の変化によって影響を一番に受ける生活者が、「群の力」としてその時代の社会そのものに関わることで、社会も改善されていく、ということである。

問題は、彼らが社会に関わらなくてはいけないということである。関わるとはどういうことか。たとえば、自らを搾取されたプロレタリアートとして自覚し、搾取するブルジョアジーを敵として打倒するというようなことではない。実はすでに関わっているのだ。つまり、生活者である人々は自分たちの意志を超える圧倒的な時代の流れの中で、試行錯誤しながらもそれなりに工夫をして生きている。関わっているというのはそういうことだ。だが、そのことが自覚されていない。別の言い方をすれば共同化されていない。そのことが問題だ、ということなのだ。

この『明治大正史世相篇』が、生活者の様々な生活の様相を網羅的に扱ったのは、その様々な局面において、人々は社会に関わっているのに、その関わりが共同化されない、そのことを一つ一つ明らかにしていく、という意図がある。いわば、生活者がその時代を生きる無意識レベルの工夫を「群の力」へと押し上げていく。そういう社会改善の潜在的な動きをつかむと同時に、「群の力」になっていかない問題点を照射しようとする。そういった意図に『明治大正史世相篇』は貫かれている、と読むことができるのである。

ところで、この「群の力」を柳田はどのようにイメージしているだろうか。たとえばそれは、村落共同体の力と読み換えられるものなのだろうか。つまり、旧来の村落の共同性そのものを柳田はイメージしていたのだろうか。

第十三章「伴を慕う心」の最後に柳田は次のように述べる。

現在はむしろ多くの無意味なる団結を抑制して、個人をいったんは自由なものにすること、それが有用なる組合を成立させ、また予定どおりの事業をなし遂げさせる手段と言ってもよいのである。単なる団結心だけならば、我々は決してそれに不得手なる国民ではなかった。

第十三章のテーマは団結である。日本人は、村の「結《ゆい》」であるとか「講《こう》」、若者たちの組織である「若衆組《わかしゆぐみ》」などの様々な団結の仕組みを伝統的につくってきた。それらの伝統的な共同性を柳田は現在に受け継ぐべきだとは考えない。それらの共同性を抑制して「個人をいったん自由なものにすること」と述べる。むろん、団結自体を否定して個人主義を肯定しようとしているわけではない。

急速な近代化の中で旧来の団結は機能不全に陥る可能性がある。第十五章「群を抜く力」で、柳田は、かつて外部から英雄を待望した日本の団結は、近代になって、団結の内部から成功を夢見る小さな英雄が多く生まれ割拠するようになった。だが、時代の変化はすでに小英雄の活躍を保証しない。したがって、小英雄は没落し、自己中心的で享楽的に生きる者や、今までには見られなかった悪党があらわれ始めたと説く。

つまり我々の団体生活は、もはやこれより多くの無頼《ぶらい》の徒を世の中へ送り出さぬように、何とかその選手を養成する方法を、改革しなければならぬことになっているのである。それは一人落選選手を救うためだけでなく、彼等が苦しまぎれに世に流す害悪の幾つかを、除くということも必要になって来たのである。

近代は敗北する人間を多く生み出した。落選した選手とはその敗北した者たちである。柳田は、そのような敗北者を救い、彼らを多く出さないようにするには「団体生活」の改革が必要だと言う。つまり、従来の共同性はすでに機能不全に陥っていて新しい事態に対処できないので、共同性の改革が必要だと言っているのだ。むろん、どのように改革が必要なのかまでは述べていないが、その改革が「多くの無意味なる団結を抑制して、個人をいったん自由なものにすること」であるとは言えるだろう。「群の力」とは、スクラップアンドビルドされた共同性のことである、ととらえていいだろう。従来の団結からいったん個人を自由にし、そのうえで新しい共同性をつくる必要がある。「群の力」とはそういった共同性の改革を前提にあらわれるものなのである。

## 三　胸底のエネルギー

柳田は、第一章「眼に映ずる世相」、第二章「食物の個人自由」、第三章「家と住心地」と人々の衣食住の生活史にまずこだわった。むろん、それは生活者の無意識的な局面における社会への関わりは、衣食住において見えてくるからだ。同時に、生活者の近代における危機がもっとも身近なものとしてあらわれるのも衣食住においてである。

まずは、ここでは第一章「眼に映ずる世相」から見ていこうと思う。柳田は日本人の色に対する感覚と、その色を身に装うことの著しい落差から述べていく。

日本は元来甚だしく色の種類に貧しい国であったと言われている。天然の色彩のこのように豊かな島として、それはあり得ないことのようであるが、実際に色を言い表す言葉の数は乏しく、少しちがったものはことごとく外国の語を借りている。そうして明治の世に入って後まで、そういう借り物までを取り集めても、使っている数は四十にも足りなかった。しかも、緑の山々の四時のうつろい、空と海との宵暁《よいあかつき》の色の変化に至っては、水と日の光に恵まれた島国だけに、また類もなく美しく細かくかつ鮮やかであったのである。この二つの事実の矛盾しないわけは、我々が眼に見、心に映し取る色彩の数と、手で染め身に装うことのできたものとの間に、きわめて著しい段階があったということで説明し得られる。むつかしい言葉であるが、私たちはこれを天然の禁色《きんじき》といおうとしている。その禁色が近代の化学染料になって、ことごとく四民に許されるようになったのである。

禁色は一方にはまた国の制度でもあった。(略)

日本には自然のきわめて豊かな色彩があるのに、それをあらわす言葉が少ない。それは、それらの色彩を「手で染め身に装う」ことに制限があったからだ。その制限は「天然の禁色」というものであり、一方で国の制度による禁色もあったからだ、と柳田は述べる。一見するとわれわれの色彩を作り出すことの制限は、国の禁色にあるとも読めるが、よく読めば国の禁色ではなく「天然の禁色」が原因であると述べているのである。それなら「天然の禁色」とはどういうことか。

それは、技術力の限界によって天然の色彩が作り出せないということではない。本来人々はあらゆる技術を駆使して豊かな色彩を作り出そうとしていた。ある程度豊かな色は生み出せていた。が、生活者は、鮮やかな天然の色彩の服を着ることを自らに禁じたのだということなのだ。

つまり我々は色に貧しかったというよりも、強いて富もうとしなかった形跡があるのである。これが天然の色彩のこの通り変化多き国に生れ、それを微細に味わいまた記憶して、時節到来すればことごとく利用することのできた人民の、以前の気質であったということは不思議なようであるが、見方によってはこれもわれわれの祖先の色彩に対する感覚が、夙《つと》に非常に鋭敏であった結果とも考えられる。

だが、そのことは我々の色彩に対する鋭敏な感覚をあらわすものだとも言う。なぜわれわれは色彩において強いて富もうとしなかったのか。なぜ鋭敏な感覚を持っていたのか。四季折々の自然の色彩が豊かだから色彩への鋭敏な感覚を持っていた、というのは実は理由にはならない。色彩への感覚は精神的な文化の問題であり、自然の色彩が豊かだから色彩感覚も豊かになるといった単純な理屈で説明できるものではない。柳田は次のように述べる。

少なくとも日本の国民が古く貯えていた夢と幻との資料は、すこぶる多彩のものであったらしい証拠がある。言葉にはこれを表わす手段がいまだ具《そな》わらず、単に一箇のアヤという語をもって、心から心に伝えてはいたが、人は往々にして失神恍惚《こうこつ》の間において、いたって細緻《さいち》なる五色の濃淡配合を見ていたのである。

「失神恍惚の間」、つまり神々の世界を幻想するときに、人々はとても豊かな色彩を感じ取っていたということなのだ。鋭敏であるというのは、言い換えれば、神々の世界への鋭敏さでもあったということである。だから人々は「たとえ技術がこれを許すとしても、人は容易に禁色を犯そうという気にはならなかった」のである。なぜなら、その豊かな色彩は、「晴」の色なのであって、人々をこの世ならざる世界へと誘う興奮の色であったからである。「それゆえ我々は花やかなる種々の色が、天地の間に存することを知りながらも、各自は樹の陰のようなやや曇ったる色を愛して、常の日の安息を期していたのであった」ということだ。つまり人々は、晴と褻《け》の厳格な区別を日常の生活の中に課していた。晴の色彩は、日常の中に持ち込んではならないという自制を持っていた。だから色彩に鋭敏であっても、それを実際に装うことはしなかった。これを「天然の禁色」と柳田は言うのである。

が、その「禁色」が近代の化学染料になることで許されるようになってきた。当然、それは晴の色を日常的に使うことを意味する。許されるようになってきたのは、化学染料の発達によるわけでもないし、また外国の生活習慣に影響を受けたからというわけでもない。柳田はそれを「褻と晴との混乱」とし「すなわち稀に出現するところの興奮というものの意義を、だんだんに軽く見るようになったことである。実際現代人は少しずつ常に興奮している」と述べる。近代の日本人は、次第に晴と褻の区別を失っていったからだと言うのだ。その混乱とは、実際は、晴の色への抑制が解けて、日常の中で人々は晴の色を身につけ始めたことを言う。晴の色は興奮の色である。それを日常的に身につけるというのは、それだけ近代の日本人は「少しずつ興奮している」ということである。

「天然の禁色」についての柳田の説明を詳しく見てきたが、この説明で興味深いのは、本来色彩に鋭敏な感覚を持っていた日本人は、その鋭敏さを生活の場では抑制する心を持っていたが、近代化は、その抑制する心のたがをはずしてしまった、というようにとらえている点だ。実は、ここに柳田が近代化による生活者の変化をどういう観点から見ようとしていたかがよくわかるのである。それは「晴と褻の混乱」（柳田は「褻と晴との混乱」とするが、本章では「晴と褻の混乱」で統一）である。

なぜ、晴と褻が混乱するようになったのだろう。柳田は近代になって日本人は「少しずつ興奮している」と言う。資本主義を導入した近代日本の社会は、それこそ市場原理のもと、生活者の消費欲望をかき立てていく。第一次産業から、第二次、第三次産業へとシフトしていくことによって、自然や農地に依拠していた生活形態は、都市社会の給与労働による消費型生活形態に移行する。当然それは、消費欲望をかき立てていくという意味で「興奮する」心を持って生活していくことである。常民としての生活者もまたこの消費の生活に巻き込まれていく。近代になって人々が興奮していく理由を、とりあえずこのように説明できる。むろん、以上のことは柳田も十分承知のことだ。が、柳田は人々の興奮の理由について必ずしも以上のような説明をとらないのだ。

たとえば朝顔について、柳田はこの花の色彩は日本人の色彩文化にかなり影響を与えたという。朝顔は品種改良によって実に様々な色の花を咲かせることが可能な植物だ。そこで日本人は、江戸末期から明治にかけて「思い思いの交配や撰種法をもって、今まで見たことのない色をだそうとした」。つまり日本人は、朝顔の花の色彩においては、晴への自制を解いたのである。そのことを柳田は次のように述べる。

少なくともかつて外見や、陰鬱《いんうつ》なる鈍色《にびいろ》の中に、無為の生活を導いていた国民が、久しく胸の奥底に潜めていた色に対する理解と感覚、それがどれほどまでに強烈なものであるかを、朝顔の園芸が十分に証明した。そうしてあらかじめまた今日の表白のために、少しずつ準備をさせていたのである。

先に柳田は日本人は晴への自制を持っていたと述べた。そのことは、ある意味では、日本人の質素な生活ぶりへの評価ということにもなろう。近代はその自制を解き放ち、その結果、晴と褻の混乱を招き、日本人の精神の危機をもたらす。論理はそのように発展していくはずである。

が、柳田はそんな風には近代を簡単に批判しない。確かに、日本人は豊かな色彩への感覚を晴のものとして特別視し、普段の生活の中では自制した。実はそのとき、日本人は豊かな色彩への思いを胸《むな》底《そこ》に潜め、より強烈に醸成していったというのだ。つまり、自制のその裏側で、色彩への強烈なエネルギーを育てていた。近代は、その強烈なエネルギーを外に向かって解放したというのである。

くすんだ質素な色を身にまとった生活者に柳田が見ていたのは、晴と褻の区別によって興奮することを自制していた常民のつつましい生活文化といったものではなかったのだ。むしろ、その自制の無意識の底には、あふれんほどのエネルギーが貯えられていることを柳田は見ていた。

実は、この胸底に貯えられたエネルギーがここでは重要なのだ。近代という時代は確かに人々の生活を急激に変えていった。その変化は人々を翻弄した。唯物論的に言えば、産業革命による生産の増大による資本主義経済の発展によって、生活者の衣食住そのものがその発展に引きずられるように変化していくということになる。それが、近代の生活の変化への合理的な説明の仕方である。が、柳田はそういう説明をとらない。変化はむしろ生活者である常民が用意したものなのだ、と言うのである。確かに、近代は生活者を翻弄したかもしれない。が、その翻弄は生活者が胸底に貯えていたエネルギーのようなもののあらわれでもあるというのが、ここで柳田が語っていることである。そう語ることによって、近代の容赦ない変化の中で、生活者である常民はただ時代の流れに翻弄される受け身の存在ではなくなる。むしろ、そういった事態の主体でもある。そうとらえかえすことによって、逆に、生活者にとっての近代の見方が違ってくる。

柳田が次に例としてあげるのが木綿の普及である。日本人は千年来、麻を普段着として用いていた。麻の繊維はかたくごわごわして着にくいものではあるが、高温多湿の風土では、かえって通気性がよく適していた。が、木綿が輸入され綿の生産が始まると、日本人はあっという間に麻を着るのをやめ、木綿を着るようになった。だが、木綿着用によって日本人は変化する。木綿を着ることによって、日本人は「ふっくりとした、少しは湿っぽい暖かみで、身を包むことが普通になったのである」。そして「日本の若い男女が物事に感じやすく、そうしてまた一様に敏活であるのも、あるいは近世になって体験した木綿の感化ではないかと、私たちは考えているのである」と柳田は述べる。

この木綿の普及によって日本人の健康やメンタリティが変化したということに柳田はかなり関心を抱いていて、このテーマは後に『木綿以前の事』（昭和十四年）にまとめられるが、この本には大正十三年に書かれた文章が入っていて、柳田はすでに『明治大正史世相篇』以前からこのテーマに興味を抱いていたことがわかる。大正十三年の文章では、木綿のもたらしたマイナスとして、塵《ちり》が多くなったことと、熱の放散の障害をあげている。木綿の普及は家の中の塵を増やした。木綿自体が塵を作り出すからである。この環境の悪化は紡績工場の女工の肺を弱らせたと言う。同時に通気性のよい麻から悪い木綿になれば日本人の健康は損なわれる。このように木綿は進歩として歓迎はされたが、「かようにいろいろの偶然に支配せらるる人間世界では、進歩の途が常に善に向かっているものと、安心してはいられぬということである」と述べる。木綿は進歩として受け入れられたということだが、その進歩とはどういうことか。少なくとも、日本人にとって、健康にそれほどいい素材ではなかった。

『木綿以前の事』で柳田は、日本人が木綿を着だした理由を二つあげている。第一は「外観がよいこと」、第二は、麻と比べると長持ちしないことによって変化の趣味を楽しむことができる、ということである。つまり、実用的だから普及したと柳田はとらえていない。むしろ、それが実用的ではなく、「晴」の着物に近いからこそ普及したのだと考えているようだ。『明治大正史世相篇』では「それよりもさらに古くからの惰性は、絹織物に対する過度の尊敬であって、ために幾分か木綿の利用法を、無理な方向に導いて行った形がある」と述べている。要するに、「晴」の衣類の素材である絹織物に近いからこそ木綿は普及したが、結果としてその普及は日本人にとっていいことばかりではなかった、ということである。

このように見ていくと、朝顔の色彩における日本人の把握と、木綿の普及における日本人の把握の仕方が同じであることがわかるだろう。木綿が普及したのは、ただそれが便利で合理的な素材だったからではない。麻を着ていたときに自制していた晴の着物への欲求が胸底にたまっていて、それが木綿の登場によって一挙に外にあふれたのだ、ということである。

『明治大正史世相篇』の第一章を詳しく見てきたが、ここにおける柳田の、生活者としての日本人へのまなざしの性格というものを見てとることができるだろう。その日本人は、進歩を単純に肯定する存在でもないし、ただ時代の変化に翻弄される存在でもない。時代の流れにあらがうわけではなくても、胸底に貯めたエネルギーをときに放出して自らの身体や生活の変化を積極的に進めてしまう存在なのだ。たぶんそのことも一つの理由なのだろうが、日本人にとっての近代化は必ずしも善なる進歩としてはあらわれなかった。生活者である日本人が、生活のレベルでのそういった近代化への試行錯誤を明らかにすること、まずはそれが『明治大正史世相篇』の目的とするところであった。

## 四　晴と褻の組み替え

第二章「食物と個人自由」で興味深いのは、「火の分裂」である。柳田は明治以降の日本の食物への変化を、一に温かいものが多くなったこと、二に柔らかいものが多くなったこと、そして三に概して甘くなったことをあげる。

その最初の温かい飲食が多くなったことについて、柳田は「火の分裂」という観点から説明する。かつて日本人は共同の飲食を重視した。共同の食事には火が重要であって、荒神《こうじん》様の直轄する神聖な火を使って準備をするから時間がかかった。それでだいたい料理は冷たくなった。だが、その火が、炭火などを入れる道具によって個人の部屋に運ばれ、さらに小鍋の発達によって鍋料理が普及すると、日本人は温かい食事ができるようになったと言うのである。さらに小鍋の発達には女性が関与していると言う。正式な晴の食事はかつては男が作るものであり、褻の食事つまり日常のつつましい食事は女性たちが用意したものであった。その女性たちの細やかな料理への工夫が、やがて晴の食事に影響を与え、さらには料理を女性たちが管理するようになって、温かい食事が食べられるようになったと言うのである。

この説明にもやはり「晴と褻の混乱」の論理が貫かれている。ただ、色彩や木綿の場合とやや違うのは、晴の食事の冷たさに人々は満足していなかったということだ。つまり、温かいものを食べたいという快適さへのごく自然な欲求を胸底に貯えていた。それを解放したのが女性ということになる。晴の色彩を自制したことによる鬱屈ではなく、晴が強制する自制そのものへの不満というものを日本人は抱えていたということでもある。柳田は晴を必ずしも一つの局面だけでとらえているわけではないのだ。この例は、その意味では「晴と褻の混乱」が生活の改善へと振れた例であると言える。が、ことはそう単純ではない。柳田は「火の分裂」を、第三章「家と住心地」でも論じている。かつては囲炉裏端で家族が暖をとり、またそれが唯一の明かりであったのだが、障子紙が普及し、さらに板ガラスが普及すると各部屋が明るくなる。そうすると家族は囲炉裏端に集まらなくなる。柳田はそれによって何が起きたのかを次のように述べる。

家の若人等が用のない時刻に、退いて本を読んでいたのもまたその同じ片隅であった。彼等はおいおいに家長も知らぬことを、知りまたは考えるようになって来て、心の小座敷もまた小さく別れたのである。夜は行燈《あんどん》というものができて、随意にどこへでも運ばれるようになったのが、実は決して古いことではなかった。それが洋燈《ランプ》となってまた大いに明るくなり、次いで電気燈の室《へや》ごと消したり点《とも》したりし得るものになって、いよいよ家というものにはわれと進んで慕い寄る者の他は、どんな大きな家でも相住みはできぬようになってしまった。

「心の小座敷もまた小さく別れた」という卓抜な比喩で語られるように、「火の分裂」は家という共同体の分裂をもたらしたのである。第二章のタイトルは「食物の個人自由」であるが、まさに「火の分裂」が「食物の個人自由」をもたらした。そしてそれは家族の分裂でもあったことを柳田は見ているのである。文明の進歩は生活を快適にし個人を自由にするが、そのことは家族という絆を弱めてしまう。近代化のきわめてわかりやすい矛盾がここで提示されている。ただし、柳田は「火の分裂」という近代化を、必ずしも害として描いてはない。近代化は、人々の生活を改善し、一方でその代償をもたらす。時代の変化というものはそういうものであることを印象づけようとしているとも思える。

第九章「家永続の願い」で、柳田はこの家の分裂について紙数を費やしている。警察署に保護された老人が大事に抱えていた荷物の中は、四十五枚の位牌であったという新聞記事から始まるこの章は、「家」を価値とする柳田の思想の例として引き合いに出されるところでもある。確かに、ここで柳田は、近代化のプロセスの中で家族がバラバラになり、人々がいかに孤立していくかを論じている。ただし、必ずしもここで柳田は家族の価値を問おうとしているわけではない。問題は、近代化のプロセスの中での生活者である人々の判断を問うているのである。柳田はこう述べる。

我々の生活方法には必ずしも深思熟慮して、採択したということができぬものが多い。それに隠れたる疾があるとしても、すこしでも不思議なことはない。問題はいかにすれば夙《はや》くこれに心付いて、少しでも早く健全の方に向かい得るかである。これを人間の智術のほかに見棄てることは、現在の程度ではまだあまりに性急である。

近代化の中でわれわれは否応なしに様々な生活の変遷に立ち会う。そのとき、どういう生活の仕方を選ぶかにわれわれの判断があるが、それはうまくいくとは限らない。生活の改善に結びつくこともあれば害になることもある。だとしたら、どうして害になるのか、そのことにいかに気づくかが重要だ、とここで言っているのだ。

柳田はことあるごとに、民俗学とは生活者である人々が自らを知る学問であると述べているが、何のために自らを知ろうとするのか、その答えがこういった言い方の中にある。時代の変化の渦中にある生活という次元では、あらかじめ何が「疾《しつ》」なのかは実は見えない。だからこそ、その害に気づいたら早い対処が必要なのだ。ただし、その対処とは、原因を究明しその対策を論理的に立てる、ということではないようだ。少なくとも、なぜ改善せられるべき害が出るかについては、社会の政策に常に原因を求めるというより、柳田の言う常民のその心意によって説明される場合が多いのである。これは、柳田の視線が生活者を啓蒙するような官僚の視線になっていないことを示すものだし、唯物論的な視線から人間を見ていないことをも意味する。それはある意味で唯生活論とでもいったものだ。

ただし、だからこそ、どう改善すべきかについての柳田の論旨はわかりにくい。

この『明治大正史世相編』は、人々の生活を改善するために、民衆の生活を客観視してあらかじめ問題点を見いだし、それへの対処を政策的に考えるという書ではない。そこが、官僚の立場で書かれた『時代と農政』(明治四十三年)とは違うところだ。柳田は超越的もしくは啓蒙的な立場に立たない。

この本を読むと、迷路に入れられたハツカネズミが、ぶつかっては戻り、ぶつかっては戻りしながら自分の選び取った道の間違いを学習し、やがて出口にたどり着く、という実験を思い出す。柳田の考える社会の改善への道筋とは、学習しながら路を見いだして出口にたどり着くハツカネズミの試行錯誤に似ているのだ。ただ柳田は高い所から迷路に迷う人々を導いたりはしない。なぜ壁にぶつかってしまうのか、それを明らかにするだけだ。

ハツカネズミと生活者の試行錯誤の違いは何だろう。それは迷路を生み出すのは実は生活者自身でもあるということである。かつての日本人は、晴と褻の抑制の利いた秩序の中を、ただつつましやかに過ごしていたわけではない。その無意識世界では、晴を願望したり、あるいはそれをわずらわしく思いながら、晴と褻の区別の組み替わるのを密かに待っていたのだ。つまり、人々が迷路に入り込む条件は、その胸底に十分に準備されていたのである。『明治大正史世相篇』の優れたところは、近代化がもたらした迷路を生活者自身が生み出したものとしても描いた点にあると言っていい。「晴と褻の混乱」は、ただ近代化によって唯物論的に説明可能な現象として到来したものではない。その混乱は、人々が農村から刺激に満ちた都市へと移り、消費社会の出現による消費欲望の刺激による、といった要因だけではなく、生活者としての日本人の胸底に貯めた生へのエネルギーのようなものが、その混乱を引き寄せたということでもあるのだ。その意味では「晴と褻の混乱」は人々の心意の表象なのでもある。

生活者である人々にとって、近代は様々な意味で危機としても感じ取られたろう。それならその危機への対処とはどういうものだったのか。柳田の考える生活者が知識人だったら、つつましやかな生活を守ろうとするような保守的な理念か、あるいは新しい時代への理想的な社会像を描き、それに適応する生活の仕方を見いだそうとするに違いない

しかし、柳田の考える生活者はそのような知識人ではない。かといって無知な大衆でもない。彼らは、知識人的な方法とは別のやり方で対処する。それは身体が、あるいは無意識が蓄えた知による対処だ。その知は、行き止まりの壁にぶつかり、そのことを学習しながら、やがて迷路の出口にたどり着くハツカネズミの知と似ていなくもない。ただし、その迷路は生活者自身の内部にもある。それが問題を複雑にしている。

晴と褻の混乱が、生活者にとってただそこに巻き込まれ翻弄されるだけの外在的な現象でないとすれば、その混乱は、生活者が迷路の出口へ向かう試行錯誤、という見方も成り立つのではないか。つまり、晴と褻の区別が、ある時代の社会や自然に適応するように合理的に生み出された生活者の無意識の規範だったとすれば、社会や自然が変化したときにその規範は当然変わらなければならない。言い換えれば、晴と褻の組み替えの要求が生じる。が、晴と褻の組み替えは、政策的に変えられるものではない。晴と褻の区別は、実は人間の内面それ自体を構成してしまっているものでもある。人間が生活をすることとは、それまでの晴と褻を区別し続けていくことである、というくらいそれは生活者

にとって内在的なものである。だが一方で、快適さを求める身体的な欲求は、性急にその欲求に見合った新しい晴と褻の区別を実践してしまう。これもまた人間の本質である。だから生活者自身に混乱が生じるが、その混乱は、新しい時代へと生活者自身が対応していくための必要な混乱でもある、という見方も成り立つのだ。

そういった視点をとれば、柳田の言う「晴と褻の混乱」は、新しい時代に適応した晴と褻の秩序を探し出すためのプロセスのようなものである。

家での晴の空間で権威を保っていた男は、やがてその晴の行為でもある火と食事の管理を女性に任せるようになる。そのことは、晴の空間としての家の役割の消失であり、家をバラバラにする要因になったが、一方で、家を守る役割として女性の負担を増大させることになったはずだ。女性は褻としての家に閉じられ、家に対しては晴である社会の公的空間を男は自由に飛び回る。この差別的な光景は現代においてもまだ続いていよう。とすれば現代においても、晴と褻の組み替えはうまくいっているわけではない。混乱はいまだに続いているのである。

## 五　共同化という課題

柳田は、第七章「酒」で、酒を飲むのことは晴の行為で、酒に酔うことで人心の一致をはかり新しく気持ちを切り換える効用があると説く。ところが新しい時代ではそれが変わってきた。柳田はそれを次のように述べる。

ところが新しい時代は一致をもって始まっていたのである。人が闘うつもりで集まって来た者などは一人もなく、しかも改まった気持ちはすでに町田舎に張《みなぎ》り、世の中はほとんど毎日の晴であった。それへ出て行く人は皆緊張していた。すなわち今さら酒によって人造の昂奮を催すべき必要はもうなくなっていたのである。計画と言わんよりもむしろ惰性であった。

あるいは次のようにも言う。

その昂奮があまりに痛切であるがゆえに、それを紛らすために酒を飲む者さえ多かった。（略）常は無口で思うことも言えぬ者、わずかな外部からの衝動にも堪えぬ者が、抑えられた自己を表現する手段として、酒徳を礼讃する例さえあったのである。

近代とはまさに興奮する時代の到来だった。柳田はそれを「毎日の晴」と呼ぶ。これはどういう意味だろう。興奮とは、共同体の人々が祭りなどでハイテンションになり、心を一つにさせていくような状態をここでは意味している。かつて酒は、まさにそのような興奮を目的に飲まれるものであったのだ。ところが新時代は人々を毎日興奮させる。祭りとはある意味では人々の心の再生へのプロセスである。興奮とは再生のための興奮でもあった。ところが近代になって生活が急激に変化し、人々は毎日が新しいと感じる日々を過ごす。その新しさに身体は興奮で反応する。その興奮もまた晴の興奮と同じであるとすれば毎日が晴なのである。

だが、人々の酒の飲み方は一変していく。かつては人々と一体化するために、つまり晴の興奮を味わう目的で飲んだのに、今はその興奮の重圧から逃れるために酒を飲むというのである。すでに晴は、否応なく生活者を新しい時代への興奮に巻き込む凶暴な力のごときものになってしまった、ということでもあろう。その興奮に遅れる者を許さない。だから、新しい時代にうまく乗れなくてストレスを貯めてしまう無口な者は、ただ自分一人だけを新しい時代から離脱させるために酒を飲むのである。まさに「晴と褻の混乱」が酒の飲み方にまであらわれているのである。

ところで、祭りの興奮と、新時代への興奮を一致させていく柳田の「晴」と「褻」の使い方はかなりゆるやかであるが（特に『明治大正史世相篇』ではその定義のゆるやかさをことに強く感じる）、それはおそらく、近代の人間の動きを、「晴と褻」といった近代以前の社会の規範と連続してとらえようとすることにあると思われる。今まで例にあげた色彩、木綿、火の分裂についても、新時代の動きを、これらの規範の枠組みの変動として理解しようとしたものである。むろん、その押さえ方は単純なものではないことを今まで見てきたが、このような把握に『明治大正史世相篇』の一つの特徴があろう。

新時代の到来とは資本主義社会の到来であり、大量に生産された商品と、それ自体自立した価値である貨幣が、生活者の欲望をただ刺激しながら流通していく。この流通によって、生活者である人々は、共同体の神ではなく、貨幣、商品という物神化された記号に憑依され、それこそ興奮しながら生きていかざるをえない。この物神化された記号は、人間から生産という実感を奪い、消費という興奮を伴う感覚の人間に変えてしまう。消費社会では、人々の興奮を伴う感覚を維持させる記号の増殖こそが、社会自身の維持となる。

むろん、まだ明治・大正の時代の日本は発展途上であって、第一次産業から第二次産業への転換期であった。第三次産業を中心とした社会構造の上に成り立つ消費社会はまだ未成熟であり、人間の生を深刻に覆うほどの段階ではなかった。だが、生活者にとっての生活レベルにおける社会の変化は、その労働形態への実感よりも消費の実感としてより直接的に到来した。その意味では、大量の商品の流通とともに始まった明治・大正期の産業構造の変化への実感は、消費社会の到来を十分に先取りしたものだったはずだ。

ある意味では『明治大正史世相篇』は消費社会論である。ただし、その消費への欲望は、企業の側のあくなき宣伝に帰されるのではない。消費というものの本質を、柳田は、「晴と褻」という社会規範それ自体に込められている生活者のエネルギーに求める。そのエネルギーのやや秩序を乱した展開が、近代における消費社会の実質をつくっていくと論じているのである。

柳田は明治・大正になって日本人が外食を盛んにするようになり、その種類が急激に増えてきたとし、「材料から言っても調理法から見ても、日本のように飲食の種類の繁多な国は、世界おそらくは無類であろうと思う」（第二章）と述べる。外で食べるというのは、もともとは晴の食事だったと柳田は言う。つまり、新しい時代になって日本人は忙しくなり、外で食べる機会が多くなった。もともと弁当などが田植えのときの晴の食事として用意されたものであるように、日本には晴の食事文化としての蓄積があり、新しい時代の「毎日の晴」に対して、日本人は実に多種の外食用の料理を用意できたのだ、ということである。それに対して、褻は茶漬けのようなつつましい食事を意味した。近代になり、大家族はバラバラになり小さな家族になっていったが、今度は、この褻の食事、「温かい飯と味噌汁と浅漬と茶」が、「現在の最小家族制が、やっとこしらえ上げた新様式」になっていったと述べる。家族という共同体を統合する晴の食事は外食産業に、台所で女性たちが質素に寂しく食べていた褻の食事は、新しい時代には、最小家族の絆を示すような茶の間の食事へと変化していったということである。

このように柳田は「晴と褻」の概念を、新時代の消費社会の到来を解き明かす一つのキーワードとして用いようとしている。ある意味では、新時代の消費社会の出現は、この晴と褻の混乱や、あるいは組み替えの現象としても論じられるのである。むろん、「晴と褻」のこういう使い方は、民俗文化の概念という定義からは逸脱するであろう。だが、近代という時代の否応のない変化を、生活の変化という事象から解読し、そこに一貫して存在する生活者のエネルギーを記述しようとすれば、「晴と褻」は、文化概念から逸脱しゆるやかに用いられる必要があったのである。

## 六　現代の「晴と褻」

さて、「晴と褻の混乱」という一貫した視点で記述された『明治大正史世相篇』は、現代の消費社会を生きるわれわれにとってどういう読まれ方をすればいいのだろう。

現代の消費社会とは、気分を改めて生を一新させるような生活の中の規範といったものが解体し、それこそ常時「晴」である興奮した状態が続く社会である。こういう状態に人間が堪えられるとはとても思えない。現実に、堪えられない人間の悲鳴のような記事が、毎日のように新聞の社会欄やテレビニュースに登場する。

これまでの「晴と褻」の用いられ方を見ると、実はそれは「群と個」と読み換えられることに気づく。民俗文化概念で「晴」とは、共同体における共同性の確認そのものである。だが、新時代の「毎日の晴」では、ただ、その趣向を共同して一致させるだけの群の共同性そのものである。そこには共同体を構成しようとする方向性はない。が、いずれにしろ共同する力として用いられていることには違いない。それに対して、褻は晴の共同する力に対しての個の生活場面を意味したが、新時代では、むしろ孤立という現象を多く意味するようになる。

「毎日の晴」状態の中で、その晴から逃れるように酒を飲む人々の登場は、生活者の孤立という現象を実は語っているのである。新しい時代の晴は、必ずしも誰をも一体化させる共同化ではなくなった。そこには、新しい時代に適応できない弱者を参加させない冷酷さがある。その意味では、新しい時代における「晴」と「褻」は、社会における生活の仕方の規範ではなくて、生き方の選択の問題にすらなってきている、とも言える。常時興奮している「晴」を選択できなければ、必然的に孤立したイメージの「褻」に引きこもる、というように。むろん、この「晴と褻」のイメージは、混乱した「晴と褻」の中の一つの見方にすぎないにしろ、確かなことは、新しい時代の「晴」という共同性は、そこに参加できない者を生み出すほど過剰になってきている、ということである。

この過剰な「晴」状態を現代の消費社会の興奮であると読めば、現代において、柳田が語るような「わずかな外部からの衝動にも堪えぬ者が、抑えられた自己を表現する手段として、酒徳を礼賛する例」は、酒という場面でなくても無数に成立するだろう。社会にうまく参加できず、酒のような何かに溺れるという弱さは、誰にでも胚胎し、その弱さを克服できない者を多数輩出する。それは、まさに「病」にかかった現代人の姿である。

柳田が、新時代において、必ずしも伝統的共同体を復活させようとしているわけではないことは、これまで見てきたことで明らかである。が、だからといって、孤立する個を現代人の生き方として肯定するわけでもない。柳田の意図は、新しい共同する力をどうつくりあげるのか、そこにあると言っていいだろう。柳田の言う「群の力」とは、スクラップアンドビルドされた共同性のことであるとすでに述べたが、当然それは、旧来の共同性に戻ることではないのである。

記号に支配される消費社会のイメージは、実は共同する力を失った世界の謂である。生活者が孤立することによって、実はその不安を埋めようと人は消費欲望を拡大していく。そのことが、共同する力を衰退させ、さらに孤立と欲望の肥大を生む。この悪循環の中にわれわれは生きているのである。とすると、消費社会の爛熟は、晴と褻そのものの区別のない状態と言えるだろう。これまでの論理では、消費社会は人間を興奮させる社会という意味で、全部が晴であると考えたが、行き着く姿は、共同する力は死に、一人一人が孤立し、ただ記号とだけ結び合った世界ということになる。とすれば、すでにそれは晴とも言えなくなってしまうのだ。「晴と褻の混乱」は、現代にあっては「晴と褻の消失」まで行き着く。

とすると、本章ではこの『明治大正史世相篇』を「晴と褻」の組み替えという可能性の側で読もうとしたが、そういった読みは不可能ということになるのだろうか。

だが、こういうように考えてみることもできる。本当にわれわれは共同する力を失ってしまうのだろうか。ある個人の内面が孤立という感じ方に覆われることはある。だが、現実の人間関係はそういった孤立によって消失するほど柔なものなのだろうか。いや、そんなことはないはずだ。阪神・淡路大震災や東日本大震災のときに、人々が共同する力を発揮して困難に立ち向かった記憶はまだ新しい。消費社会の爛熟は確かにあった。だが、その爛熟がわれわれの生活全部を支配したという形跡は実はない。現象面だけを見れば、バブル期の都市社会の華やかな生活にその爛熟は象徴されたが、病を抱え、介護老人を抱え、あるいはバブル崩壊の後、失職という現実に直面した人たちは、ほとんどが共同する力によって生活を支えてきたのではないか。むろん、その力に頼れなかった人たちの悲劇はたくさんあったが。

つまり、まだ混乱が続いているとはいえ、「群の力」はわれわれの生活を新しい時代に適応させていく力であり続けている、と言えないだろうか。むろん、新しい時代という変化の波は常に続いている。その波は、われわれから生きることのリアリティをますます奪っていくだろう。そういう実感は確かにある。消費社会の行き着く果てが生きることの実感の喪失とするならば、充実した生とは、その喪失への傾斜に身を預けないことである。充実した生は生活という経験によって得るしかない。ただ、今われわれはその生活という経験を自分の中にうまく自覚することができないでいる。いつのまにか、生活という経験とは無縁の場所で生きているとさえ思いこんで、ただ消費し、その消費の先に何があるのかわからないでいる。だが、だからといって生活そのものを誰もやめるわけではない。まだわれわれには生活という経験が失われているわけではないことを確認すること、そのことが大事であると思われる。

生活という経験は、孤立した場所では確認できない。そういうものであると思われる。生活は、共同の世界の中で絶えず経験化されるものだ。とすれば、共同する力をどうわれわれ自身の中に見いだすのか、それが問われることになる。生の実感の喪失へと向かうわれわれの生の、その喪失感覚を改善するのは、孤立という場所の向こうの「群の力」にあると言ってもいいのである。そういった意味で、われわれが今直面している課題は、共同する力の新しいあり方を見いだしていくことであろう。

そういうわれわれの現在をどう記述していくのか。たぶんその記述は、迷路に閉じこめられたハツカネズミが袋小路にぶつかってはまた別の路をさがして出口にたどり着こうとするような、そういうわれわれの試行錯誤の記述になるだろう。その意味では、『昭和平成史世相篇』はまだ書かれる余地があるのである。

# 柳田国男の民族観

## 一　民族紛争はおくれた戦争なのか

この章での課題は「民族」である。

「民族」という語からすぐに思い浮かぶイメージは、民族紛争であろう。冷戦構造の終焉によって、その枠組みの中で抑圧されていた民族的意識が、国家への独立もしくは同一民族間の経済的・政治的権益の主張という形で噴出した。その結果が、旧ソ連の中央アジアにおける民族紛争であり、旧ユーゴスラビアの解体とともに始まったボスニア・ヘルツェゴビナの内戦である。以上の現代史の簡単な素描が告げるのは、まさに現代世界が「民族」にふりまわされているという事実である。

なぜ、民族というものがこんなにもやっかいなものになってしまったのか。現代世界の不安定を生み出す民族は、世界にとって否定されるべき対象なのか。むろん、そうではない。現代の民族紛争を引き起こす民族主義の多くは、かつての帝国主義の時代に奪われ、冷戦構造の中で凍結されていた民族の自主独立への意志（国家への意志）を動機として持つ。そのエモーショナルな自立への意志それ自体を否定はできないだろう。現在の世界秩序は原則として民族自決権を認めたうえに成り立っている。世界が現代の民族紛争を解決できないのは、理念として民族自決権を認めるからなのだ。現代の世界は、国家を民族を超える普遍的な形態とする理念によって成立している。そこには、民族という段階は国家という、より高次の段階に上昇するための必要不可欠なステップであるとする認識がある。したがって、国家への上昇を旗印にかかげる民族運動に対して、その紛争自体を否定する根拠を持てないのだ。

民族紛争に第三者（世界）が介入できるとすれば、民族同士の、もしくは国家と民族との衝突（戦争）そのものが非人道的であるかどうか、あるいはその衝突がフェアなものかどうか、という基準によるしかない。たとえば、ボスニア・ヘルツェゴビナで行われた「民族浄化」という行為が、ナチスのホロコーストに匹敵するいまわしいものとして世界に伝わったように、戦争それ自体ではなく、そのやり方を非難するしかない。しかし、人道的でフェアな戦争などない以上、そのような立場からの介入には限界がある。現実的には第三者の介入による戦争の解決は困難なのだ。

現代の「民族紛争」がやっかいであるもう一つの理由は、その紛争自体がおくれてきた戦争であるとする見方があるからである。先進国では、すでにグローバルな経済圏の中で、一国的な利害を主張する国家形態をどのように変革していくかが問われている。たとえば、国家を超えた共同体をつくる試みとして成立したＥＵにとって、隣接する地域で起きている民族自決権を掲げたボスニア・ヘルツェゴビナでの紛争は、まさにおくれた戦争にほかならない。ということは、ＥＵは、紛争の当事者同士が自分たちの国家をなるべく犠牲の少ないフェアな戦争によってつくっていくのを願望するしかない。ＥＵにとってその戦争はおくれた戦争である以上、その戦争は彼らが自分たち（ＥＵ）のレベルに進化するために伴う痛みとして了解するしかないのだ。

言うならば、世界の理念（先進国の理念）にとって、「民族」とは自明のものであり、ある意味で解決済みのことであった。戦争とは核攻撃までを想定した大国間の最終戦争であり、民族による地域紛争はおくれた戦争にほかならなかった。

核による最終戦争が幻想上の戦争とするなら、民族間の戦争は現実の身体の痛みそのものとして実感される戦争と言ってよい。思想というものが戦争のような破壊に対する抗議の面を持つとするなら、現代の思想は最終戦争に向けられたものであり、身体の痛みそのものとしての民族間の戦争に向けられてはいなかった。確実に死者を生み、より悲惨な破壊をもたらすかもしれないボスニア・ヘルツェゴビナにおける空爆への論議より、それによってだれ一人として死ぬわけではないフランスの核実験の抗議にわれわれが夢中になったのは、われわれの思想が幻想上の戦争に向けられたものであることを示すものだ。ボスニア・ヘルツェゴビナでの殺戮に何もなしえないヨーロッパの知識人が無力感にとらわれているのも、幻想上の最終戦争に焦点を合わせ過ぎた結果、たんなる身体の痛みでしかない地域戦争に対処する思想を持っていないことに気づいたからであろう。今日、まさかヨーロッパの一角でそのような戦争が起こるとは誰も思っていなかった。そのような戦争はアジアやアフリカといったおくれた地域で起きるはずだったのだ。身体の痛みにしかすぎない地域の戦争も、人類の危機である核戦争も、戦争としては等価なのである。が、われわれの思想はそれらを等価には扱っていない。

たとえば、一九九五年九月七日の『朝日新聞』朝刊の一面にフランスの核実験に抗議する内容の署名記事が載っている。見出しは「地球市民の視点欠く」である。この見出しの言葉を血で血を洗う戦争のただ中にいるボスニア・ヘルツェゴビナの人たちの前で言えるだろうか。現実に殺戮が行われている民族間の戦争の前ではこの言葉は実にうそくさい。レベルが違うと言うべきではない。このうそくさささは、現実の戦争や貧困のただ中に生きている人々の視線から見た時の、核実験反対運動のうそくささと重なるのだ（核実験反対運動を否定しているのではない。このような見出しがはらむうそくささに対して無自覚な反対運動に批判的なのだ）。

フランスの政治・法思想史学者ブランディーヌ・クリエジェル女史は、一九九三年に来日し、「国民・国家・ナショナリズム」と題して講演を行った。その講演内容を紹介する記事が『朝日新聞』に載っていた（一九九三年五月十日夕刊）。それによれば、女史は、十九世紀の初めナポレオン軍の占領下にあって「ドイツ国民に告ぐ」とドイツ民族の優位性を主張したフィヒテを、他の国民との共存を忘れ、一国民の原理を絶対化することによって、普遍的なものを特殊なものの中に閉じ込めようとする誤りをおかしたと批判し、十九世紀のエルネスト・ルナンの、国家は自由意志を持つ国民との契約によって成り立ち、国民の共通の利益を追求するという定義を、未来世代に開かれた柔軟さを持つと評価する。そして、そのような観点から「人類が昔から相も変わらぬ争いを繰り返し、一向に歴史から学ばないと言われるが、私は決して悲観的ではない。しかし、旧ユーゴについては、外部から国連が手をさしのべても、かいがないと思う。彼らの間でトコトン争わせ、新たな均衡状態に至るのを待つしかないだろう」と述べる。この冷たい物言いの意図ははっきりしている。旧ユーゴはおくれた戦争、つまり、普遍を特殊の中に閉じ込める者同士の戦争なのだ。彼らが戦い疲れて、特殊を普遍性へ解放する国家をつくりあげるまで、何人死のうが仕方がないという考え方なのだ。ここには、民族主義をおくれたものとする自明な認識がある。この認識は、現在のところの世界に共通すると言ってよいだろう。

思想の歴史から見れば、確かに民族主義は地球市民主義よりおくれている。が、それならそのおくれをとりもどせばいいのか。ただそれだけの問題なのか。この女史の物言いがうそくさいのは、特殊から普遍性へという単純な近代の図式をあてはめるだけで、抑圧された民族の過去やら貧困やら大国の思惑やらといった複雑な要因の中で、どうしようもなく戦争にのめりこんでいった旧ユーゴの現実を見ないところにあろう。

しかし、核の脅威に敏感に反応し地球市民の良識を主張する思想が、現実に大量の死者を生み出す民族紛争には放っておくより仕方がないとしか言えないとするなら、それは、すでに現代の現実に対応する思想ではないのではないか。冷戦後の現実はそのおくれているはずの戦争で満ちているのである。それが現在の現実とするなら、「おくれている」という認識自体が現在をとらえるにはすでに無効ではないのか。言い換えれば、民族を、普遍性を特殊なものの中に閉じ込めるといった図式的解釈で理解することが、すでに無効ではないかということだ。

「民族」なるものはあらためて思想の課題になりうるのか。結局、このようなことが一つのテーマとして浮かびあがってくるだろう。

## 二　「民族」とは何か

前置きが長くなったが、ここでの課題は、「民族」をおくれていると見なさない見方でとらえうるのかどうかについて考えることである。それが、戦後五十年たった現在（執筆時は一九九五年）における「民族」という主題の問題であると思う。

「民族」の成立はいつだろうか。ナショナリズムのネイションは十八世紀のイギリスで最初に用いられたらしい。それはアダム・スミスの『諸国民の富』の「国民」の意味であったと言われている。そもそも「近代の世俗国家が人類という類概念を生み出したときにはじめて、類の種への分化として民族の概念が成立する」[1]のであって、民族は近代において国家の成立とともに発生したものにすぎない。その民族が政治主体として登場するのはフランス革命においてであり、いわばナショナリズムの出発は、王政や絶対国家を支えたブルジョアジーを超える人民による共和制の理念であった。しかし、ナショナリズムの歴史は、その最初の理念から、理性の部分が抜け落ち、狭隘なほとんど祖国愛といった国民の感情的な結合を意味するものへと頽落していった歴史と言える。そのせいか、少なくとも現在においてナショナリズムは、ファシズムの元凶であるとするイメージを拭いきれていない。そういった歴史を踏まえるなら、現代において一般的に通用する「民族」は、国家という普遍的形態から疎外された概念であるとも言える。疎外されているからこそ、その疎外感を利用することで疎外された底辺層の人々を国家に囲い込むウルトラ・ナショナリズムにも、逆に、抑圧する国家に抗する民族運動にもなりえたのである。

しかし、すでに、そのような疎外概念ではない「民族」というものが考えられていいのではないか。たとえば、人間にたとえて、民族を人間の身体感覚とでも考えたらどうか。身体感覚としての民族とは、いわば外縁を自覚できない一つの全体である。この一つの全体は、外縁という輪郭を自覚し、外縁の外を克服しようとする意志を内在させる国家意識ではない。人間の身体の感覚では、外縁そのものがあいまいでありながら一つの漠とした全体意識が確保されているように、ここで考える民族意識も、外縁があいまいなまま全体意識は成立するものである。言い換えるなら、自らの集合を一つの全体性として自覚したり、それをある意志のもとに統合したりしないにもかかわらず、その集合性は保たれているというような全体である。

このような「民族」を思い浮かべたのは柳田国男を読んだことによる。

日本の民俗学の創始者・柳田国男は、一方では単一民族説を唱え天皇制を支えた民族主義者として批判される。民俗学者・柳田は、地方に埋もれ消えていこうとする基層の文化の記録者であったが、その記録の学問的位置づけの中から、日本人を日本人たらしめる根拠である「常民」や「固有信仰」を唱えるとき、確かにある意味では、日本人の根拠を見いだそうとする民族主義者であった。が、その場合、柳田の言う「民族」とは、西欧列強に対抗するために国家主義者たらんとした他の多くの民族主義者の信じる「民族」と同じものだったのか。柳田を読む限り、柳田が信じる「民族」は、いわゆるウルトラナショナリズムに結びつくナショナルなものとは区別されるべきだ。なぜなら、柳田の著作をいくら読んでも、日本が他の国に優越しているなどというイメージは少しもわいてこないからだ。どちらかと言えば、それは、自らの世界の内部に閉じこもり、その内部の世界そのものを探求する思想であって、外と比較することで、日本の優劣を発想する視点を持たないのだ。その意味で、柳田の思想は、日本が他国を侵略する場合に、その侵略を支えたり精神的な根拠になったりする思想とはなりえない、と言える。むろん、こういう柳田の読み方には異論があろう。

たとえば、安永壽延は柳田の民俗学について「民俗学は民族の内面的な自己認識の、一つの方法である。したがって、民族を深層からとらえようとする、その方法自体の中に、つねにナショナリズムへと向かう求心的な契機をはらんでいる。事実、日本民俗学はナショナリズムとともにあゆみ、戦後におけるナショナリズムの復活の中でふたたび脚光をあびるのだ(2)」と述べる。この言い方は、明らかに柳田の民俗学といわゆる国家主義的ナショナリズムとの類縁を語ろうとするものだ。あるいは、村井紀は「私は柳田・折口の「民俗学」をただちに「全体主義」に結びつけるわけではない。しかし、類縁関係にあることは、そう否定できない事実である。ナチズムの「血と土」の代わりに「家」と「郷土」があると言ってもよく、少なくとも昭和十年代において「民俗学」は〝新国学〟(「一国民俗学」)であったからである(3)」と柳田民俗学を批判する。村井紀もやはり柳田民俗学とナショナリズムのもっとも悪しき面である「全体主義」との類縁を語る。

こういった見方に抵抗があるのは、柳田民俗学のナショナルな問題が、国家主義的ナショナリズムや「全体主義」との類縁関係にあるとされるとき、その類縁の内実の説明より、最初から同罪であるというニュアンスの中で、ほとんど同じものか、そのうち同じものになるものとして語られている点だ。ナチズムのナショナリズムと日本の民族主義者のナショナリズムとは違うし、その日本の多くの民族主義者のナショナリズムと柳田のナショナリズムはまた違うはずだ。それらのあいまいな相似性より、むしろそれらの違いにこそ目が向けられるべきなのに、ひとしなみに単純な「民族主義」の枠の中で処理されてしまう。その単純なる「民族」のイメージとは、「おくれているもの」としての民族である。すなわち克服の対象であり、忌まわしさそのものである。

が、柳田の「民族」をそのような枠でとらえると何かが見えなくなってしまう。たとえば、柳田民俗学を基礎づけるところの民族のイメージには、全体が一致して一つの「意志」を生み出すような性格がない。それは、柳田が基本的日本人像として想像した常民を考えればわかる。常民にとって共通意志があるとすれば祖霊を敬う固有信仰であって、それを信じていたとして、共同体を、あるいは常民自身を、それらを超越する普遍的な実体に変えることはない。それぞれ分断されて地方で多様な生活を送る日本人の同一性が確認されるのであって、それは、それぞれの日本人が自分たち全体を今までと違う何者かとして自覚することとは違う。ナショナリスト柳田のナショナルなもののイメージを論じるとき、その違いを見落としてはならないだろう。

ナショナリズムを基礎づけたのはルソーである。ルソーは、個人の意志を超越する一般意志をコスモポリタニズムではなく郷土愛（パトリオティスム）に求めた。「ルソーのいわゆるパトリオティスム（＝ナショナリズム）が、個人の意志をこえたある普遍的・絶対的な意志への服従を意味していることがわかる。その一般意志はいわば伝統的な神にかわる新たな神という意味を帯びていた。そして、その新しい教会に当るものが従来の「キリストの共同体」にかわって、ネーションとよばれるものにほかならなかった」と橋川文三は述べている。(4) このルソーの郷土愛（パトリオティスム）は、祖国愛といった歴史に規定される感情とは違い、非歴史的な人間の感情である。だが、ルソーはむしろその非歴史的な感情の中に普遍的な意志へと転化する契機を見ていたと言える。言うなら、郷土愛（パトリオティスム）は最初から普遍的な意志を孕むものと見なされたゆえに、祖国愛といった歴史的感情にまで拡大していったのである。

つまり、民族という概念には、歴史的感情と非歴史的感情とがないまぜになっている。それが民族という定義を困難にしているのだが、たぶんにナショナリズムを嫌悪する者は、このルソーの言う普遍的・絶対的意志（一般意志）を孕んだ民族概念を念頭においているのだろう。それは、そのようなナショナリズムは、民主的な手続きという歴史性を持つ論理的手続きを経由しないで、非歴史的な感情の強調によって、いきなり一般意志を生み出してしまうように見えるからだ。そのように生み出された一般意志は、その非歴史的な感情を共有しない者や、その一般意志を受け入れない者を、それこそ非論理的に排除するように見える。言うなら、自らの特殊の中に普遍性を閉じ込めてしまうように見えるのである。これがいわゆる民族という概念の見られ方である。

だが、柳田の「民族」はそのような「一般意志」を最初から孕んでいないと思われる。というのは、柳田のイメージする民族はほとんど一国の内部で、それぞれの地域の中に閉じられる存在であって、そこでは国家もしくは民族の外縁というものが意識されないからだ。「一般意志」を共同体が孕むとするなら、その外縁が自覚され、外縁の外側の世界の克服が前提とされる。少なくとも、ナショナリズムが、近代国家を補強する民族の「一般意志」にまで拡大されたとき、民族は、国家という外縁を明確にする空間と重なり、外側の脅威に対抗するための支えになった。柳田が考える日本民族はそのような支えにはならない。柳田にとっての民族の実体とは、地方において消えていこうとする生活文化の中で暮らす常民のことであり、彼らは、対外戦争を積極的に支援する者たちでは一度もなかった。それは、常民にとって外国というものが存在しないからだ。常民は、共同体の外部を異界としてしか想定しない地方の民にすぎない。彼らの想像力にある外縁とは、祖霊がそこを通ってやってくるせいぜい山や海や川といった境界であって、国家の外縁と重なるようなものではない。
しかし、民族はその出自からいって近代国家と区別がつかない。近代国家が外縁の自覚によって成り立つとすれば、柳田の民族はそれと区別の難しい国家像の画定を強いられ、当然、そこに軋みが生じよう。橋川俊忠はその軋みについて次のように述べている。

柳田の問題は、共同生活体である群としてとらえられた国家の観点から、その国家の発展のために国民的生産力及び国民社会の形成を考えながら――その意味ではリベラルな開明性を示した――、ついにステートとしての国家の形成の問題を不問に付し、国家を永遠の存在として抽象化してしまったことである。したがって、問題は国家の方へ向かわず、結局、農民の側に帰着せしめられてしまったのである。その意味で柳田の直面したディレンマは、ロナルド・A・モースが言うような「リベラリストのディレンマ」(5)ではなく、リベラリストな方向を部分的に含んだナショナリストのディレンマと言うべきである。

橋川は柳田の考える国家が永遠であるのは、国家が「集合的生活」「群」を表現する概念だからだという。つまり、市民がある論理的プロセスを経て形成したものでなく、人間が群をつくると同時に成立するような自然な集合を国家とするので、その国家は永遠なものになってしまう。それはここで言う「外縁」を国家が持たないということだろう。橘川の言う国家は、柳田にとっての民族とほぼ同じ定義である。地方において「群」や「集合生活」として存在している多様な共同体が、ルソーの言う一般意志を孕まないままで全体を構成する、それが日本民族であり国家なのである。だから、柳田はステートとしての国家、つまり近代国家そのものに向かうことができない。そこに問題があると橘川は言うのだ。

確かに、近代国家の中で生きている以上、柳田が日本人全体の問題に言及するとき、その近代国家のステートである面に向き合うことのない柳田の論理には無理が生じるだろう。さすがに柳田はその無理が現実化しないように沈黙を守るべきところは守っている。よく指摘されているように、天皇に対する言及のないこともその一例である。柳田が近代国家そのものに対峙しなかった、あるいはできなかったという問題は、今まで何度も言及されてきたように、これからも言及されるだろう。しかし、それは、柳田の思想の欠陥とか反動的であるとかいう問題ではなく、ナショナリスト柳田のそのナショナルなイメージに関わるものなのである。天皇制に対峙し国家に逆らう革命家・柳田にならなかったことをもって柳田を批判しても仕方がない。ここで重要なのは、近代国家の中では当然矛盾であるにもかかわらず、外縁を意識しない常民の集合とでも呼ぶしかない柳田の「民族」は、現代のわれわれにどんな意味をもたらすのかということであろう。

この思想家の記述を読むにあたって、まず何よりも「民族の自然」とか「民族の栄えのために」といった字句にひっかかるという読みは、あまり創造的ではない。評伝のような人物研究にその読みを限定するならともかく、「メタ方法論」の発掘という意図をもって読もうとするとき、その概念のみのクローズアップは、かえってそれ自体が歴史的な構成物として今日の民族観を構成している、批評家—読者のなかのこだわりの押しつけにとどまってしまうことがある。ちょうど日本日本といいながら、その日本を知るべき対象として開いてしまっているように、民族もまたどこかで開かれた対象として置いておく、巧妙さが柳田の記述の中にある。(6)と佐藤健二の述べることはその通りであって、ここでは、柳田の「民族」を概念のみのクローズアップではない、それ自体開かれた対象として見ていくほかはない。

## 三　柳田にとっての「民族」とは何か

柳田が「民俗学」を「本筋の学問」として構築しなければと決意したのは、関東大震災がきっかけであることを「ひどく破壊せられてゐる状態をみて、こんなことはしてをられないといふ気持になり、早速こちらから運動をおこして、本筋の学問のために起つといふ決心をした」（『故郷七十年』）と柳田自身が述べている。ヨーロッパで関東大震災の報を聞き、日本に帰って来た柳田は、精力的に民俗学という学問を打ち立てようとするが、このときに、柳田は危機に瀕した民族の姿が見えていたに違いない。学問への決意を柳田が述べるとき、必ずと言っていいほど、その学問によって救われるべき人々が危機にある。農政学をめざそうと決意したときには、農民の飢えが問題であったし、「先祖の話」を書かせ新国学を書かせたのも、敗戦という日本人の危機であった。言うならば、柳田にとっての学問は、共同体（ここでは民族と同義として使っている）の危機をバネとするところがある。

ここに、柳田が自分の学問を「民族学」や「人類学」ではなく「一国民俗学」だと主張する理由が見えてくる。柳田にとって学問は、一方で民族のための学問でなければならなかった。ただし、それは、民族の高みに立って、その民族を分析し抽象化するものではない。柳田が人類学を嫌ったのは、まさに人類学そのものが、西欧／未開民族という構造の中で、高いところから民族を解剖する学問だったからだ。

――エスノロジーのほうの人たちは、実際折口君が今言われたように、いくぶんか偏卑な田舎の、新しい文化にふれない生活ばかりに、気をとられるようになった。日本の生活を取り扱う場合にも、むしろ自らへり下っていわゆる野蛮学の注文に合致するようなことを見つけ出そうとする形になっていた。はたしてエスノロジーという学問がそういうふうに、未開半開の民族ばかりを目標にしなければならんものであるかどうかということを、何ゆえはっきりきめなかったのか。たとえばヨーロッパの諸民族の古くからの生活様式は、いまだに学者が一種の感情で、エスノロジーの中に入れたがらないようにみえる。そうして極東諸民族の現在の記述のみは、平気でエスノロジーとして取り扱おうとする。それが自分らの気に食わぬ点であった。(7)

と柳田は、折口信夫や石田英一郎との対談の中で述べている。ここで柳田は西欧の学問が東洋を低く見るということに反発したわけではない。人類学などという学問が、現在の民族そのものの中に降り立ってその現在の姿を探求するものではなく、民族を「おくれたもの」あるいは「過去のもの」と見なして高みに立ってしまうことのつまらなさを指摘しているのだ。この批判は現在でも十分通用するだろう。

結局のところ、柳田にとって民族とは、現在そのものであり、少しも「おくれている」ものではなかった。民族学が民族を「おくれている」と見なす限り、柳田は「一国民俗学」を主張せざるをえなかったのである。「一国民俗学」とは、平民と言ったり、常民と言ったりした日本人の集合である民族の現在もしくは内部に入る方法である。柳田にとって民俗学は、対象とする生活者の高みに立ってしまうことではなく、むしろ、生活者に沿いながら生活者に自分の歴史を知ってもらい、地域地域に分断され関係づけられることなく孤立した彼らの自立を助ける学問ですらあった。

自分たちは文化史の学徒としては、普通以上の楽観派である。ただし、その楽観は決して消極的のものではない。打ち棄てておいてもだんだんによくなるなどと考えたことはない。我々が何かしさえすれば世の中が住みよくなるというのである。だから何かしようというのである。幸いにして漠然たる知識欲はすでに現れ、我々の学問も次第に欣《よろこ》び迎えられんとしている。歴史の学問の新しい意義を、問わんとする風潮が強くなった。もし諸君が縁あって祖先の生活の痕《あと》を熟視せられるならば、決して多数の人がかつて想像したように、散漫乱雑なものでなかったこと、我々の社会組織は本来丈夫なる織物のごとく、綾《あや》と紋様《もんよう》とは、今日あるものよりはるかに精巧であったことに心付き、単にそのきれぎれの片端を手に取って、感動し讃歎してばかりは永くいられず、いかにして以前はかくのごとくであったか、それがいかにして今のごとく変化したか等の、無数の疑問が次々に起こって、自ら制することができなくなるであろう。（『青年と学問』）

と柳田は述べているが、柳田自身の学問への楽観的な夢を読むのではなく、民俗学というものは、自分の歴史を知った人々がじっとしていられなくなるようにする学問だと言っているところを読むべきだ。たとえそれが柳田にとって一つの夢だったのだとしても、民俗学とは、生活者が全体へと収斂される歴史ではない、自らの個別的な歴史を知るための学問なのである。

その成果を柳田は次のように夢想する。

ゆえに単なる蒐集《しゅうしゅう》採録をもって能事おわるとせず、集まった材料を静かに書斎において整頓し、またその経験を携えて再び出て捜索し観測するならば、その収穫は当然に外国に倍加すべきで、行く行くはひとり同胞日本平民の前代について、より精確なる理解を得るに止《とど》まらず、さらにこれを他の比隣民族の生活と比較して、後始めて日本人の極東ことに太平洋における地位、いわゆる有色人種の互いの関係などが、明白に誰にでもわかることであろう。また必ずしも急に明白とまでは行かずとも、少しでも多く知れば少しでも親しみが増して来て、同情が起り従って理解が可能になる。小さな島々には助けに乏しい住民がいること、彼等を苦しめ滅ぼそうとする粗暴なる文明力は、西から来ようと東から来ようと、また我々の中から現れようと、必ず抑制しなければならぬことを感じて来る。またこれと同時に、民族の弱点がどこにあり、強味がいずれにあるかもわかって、国として結合しなければならぬ程度方法も明らかになる。子弟同胞を本当に幸福にする手段も見出される。これを要するに将来世界の日本人としての支度《したく》が出来るのである。

（同。傍線部は引用者）

ナショナリスト柳田の性格がよくあらわれた文章と言うべきか。ここで注目すべきは、柳田が「民俗学」こそ、他の民族と親しくなる方法だと言っていることだ。つまり、自分たちのステートとしての国家ではなく、集合としての民族、あるいは常民の固有の歴史を知ることが、結局は、他の民族との理解につながるというのである。一見、文化人類学者の唱える文化相対主義に近いが、同じではない。傍線部にあるように、その理解は「親しみ」や「同情」なのであって、文化相対主義が述べるようにそれぞれの文化の固有性を価値として尊重することではない。柳田は、日本の中でも、ある地域の共同体と共同体とが超越的な観念によって関係づけられるのではなく、それぞれの地域の自然や歴史の固有さの中に共通する何かによって関係づけられると考える。それは「意志」を介在する関係ではなく、関係づけられたときすでに同胞であるような「親しさ」、言い換えれば「情」によって媒介される関係だと言えよう。その関係が国と国の民族との関係にまでひろがると柳田は夢想するのだ。外縁を意識し、他者として相手を自覚するのではなく、外縁のない一つの全体の中で、自分の由来を知るという行為が、他の閉じられた全体としての世界とのつながりを生むのだという発想がここにある。むろん、そのプロセスはいささかも論理的ではない。が、実はそこにナショナリスト柳田にとってのナショナルなもののイメージがある。柳田の「民族」は、普遍的な意志を持たないがゆえに、他の民族との「親しい」関係が成立するのである。この発想を論理的におかしいと簡単にしりぞけるべきではないだろう。少なくとも、民族を普遍的な意志でつなぐ方法がうまくいっていない現在、柳田の夢想する「民族」と「民族」の関係の仕方をしりぞける根拠はないのである。

## 四　身体的なものとしての「民族」

確かにナショナリスト柳田は、日本人のアイデンティティを求めた単一民族主義者であった。しかし、そのナショナリズムはどちらかと言えば平和主義的であった。むしろ好戦的であったのは、民族学者の方であったことを小熊英二は述べている。小熊英二があらためて指摘したことによれば(8)、戦前の日本のアジアへの膨張を支えたのは、日本人の単一民族起源説を唱えたナショナリストであるより、日本民族の混合起源説を唱えた文化人類学者のほうであった。日本人は雑種であるがゆえにアジアを支配しうると考えたのである。むしろ純血主義を唱えたナショナリストは、ドイツのような他人種への差別政策をとることはなく、一国に閉じられる傾向にあった。したがって、天皇制国家は天皇そのものへの言及をしない限り、日本を多民族国家とする説を積極的に支持したのである。単一民族説が主流になるのは、戦後日本が弱体化して一国平和主義をとらざるをえないときであり、高度成長以降、日本の経済力が回復し、ふたたび世界への膨張の欲望を持ったとき、単一民族説に対する批判が行われ、日本が多民族国家であることの言説が出現してくる。この小熊の指摘は、ナショナリスト柳田に対する批判の言説が時代と連動したものであることをうかがわせるという意味で興味深い。

単一民族起源説を唱える柳田を批判する言説が違うということではない。そのような批判の意図は、ほとんどがアジアを侵略する全体主義との類縁で語られる。そこが違うのだ。実際は、柳田を批判する言説がよりどころとする多様性や多民族性という根拠そのものは、戦前においてはアジアへの侵略を支える言説だったのである。そのことの自覚がない柳田批判はフェアではない。さらに、多民族性を唱える側は、経済的に貧しい民族に対する優位性を持つがゆえに、多民族性を文化的価値として唱えられるのだということとの自覚がない。現在の課題とは、普遍的な意志を生み出せず、自民族を一つの全体としてそこに閉じこもるしかない多くの民族を、どうやって関係づけていくかである。そのような民族をおくれたものと見なし、民族を批判する言説ではすでにこの課題には答えられない。が、それなら、一国の民族に閉じこもればそれでいいのかというと、そうではない。少なくとも、そういった簡単には解答の見いだせない課題への理解のもとで、もう一度ナショナリスト柳田は読まれるべきだろう。

柳田が関東大震災の惨状を見て「こんなことはしてをられない」と危機感を持ったとき、そこに見えていた民族は、ほとんど柳田の身体的な痛覚によってとらえられた民族であると思われる。身体とは、それ自身で外縁を自覚できない不均質なるものの総体である。だから、われわれはそのような身体を疎外し外縁を自覚できる理念を生み出した。しかし、それは世界を理解する一つの方便なのであって、身体の上に理念がのっかるようなヒエラルヒーを構想するべきではない。むしろ、われわれがわれわれをうまく把握できない一つのあらわれとして、自分の身体への感覚があるのだと考えるべきだ。われわれは、われわれを決して理解できない。そのできないことのあらわれを身体が担うのだとすれば、まさに「民族」も、そのようなわれわれが、われわれを把握できないあらわれを担うものなのだ。その意味で民族は決して説明されてはしまわないし、よくわからないわれわれの姿として、いつもわれわれの前に開かれてあるに違いないのだ。柳田のイメージする民族も、またそのようなものに近いものではなかったか。

注

（1）関曠野「国家は死すとも民族は死なず」『季刊窓』六　一九九〇年冬
（2）安永壽延『増補　伝承の論理』未来社　一九七一年　三八七頁
（3）村井紀『増補・改訂　南島イデオロギーの発生』太田出版　一九九五年　四九頁
（4）橋川文三『ナショナリズム』精選復刻紀伊国屋新書　一九九四年　三一頁
（5）橋川俊忠「柳田国男におけるナショナリズムの問題」『神奈川法学』一九―一　一九八三年
（6）佐藤健二『読書空間の近代』弘文堂　一九八七年　八四頁
（7）『民俗学について』第二柳田国男対談集　筑摩書房　一九六五年
（8）小熊英二『単一民族神話の起源』新曜社　一九九五年

# 『先祖の話』を読む　戦死者の魂をめぐる日本人の葛藤

## 一　『先祖の話』が投げかける問題

柳田国男は東京大空襲のあった昭和二十年三月十日の夜半と次の日のことを『炭焼日記』に次のように記している(1)。

三月九日
今夜夜半過ぎ空襲、全体で百三十機ばかりという、東京の空を覆いしもの五十機、窓をあけて見ると東の方大火、高射砲雷の如し。三時過まで起きてふるえて居る。いつ落ちるかしれぬという不安をもちつつ。

三月十日
焼け出され大変な数、幸いに三原に事はなし。為正小石川大島へ見まいにゆく。ここも先《ま》ず無事。しかし焼夷弾落下の個所は中々多きようなり、東京へ出てみたら驚くことならん、夕七時首相放送あり、慰問の為。

勿論きょうは一人も来ず、『先祖の話』を書いてくらす、ふみこ清彦後藤氏までゆく。

よく引用されるところだが、下町から離れた成城の家にあって空襲で焼けた方を気にしながら、柳田は『先祖の話』を書いていた。前年の十一月十日の日記に「『先祖の話』を書き始む、筆進まず」とある。この日から書き始めたようだ。書き終えたのは、昭和二十年五月である。五月二十三日の日記に「『先祖の話』を草し終わる。三百四十枚ばかり」とある。

空襲の最中、柳田が『先祖の話』に没頭していたのは、「やはり決戦下での彼の懸命の御奉公であり、硫黄島と沖縄でたおれていく若者たちへ捧げた鎮魂譜であった(2)」というようなこと、つまり、南の島々で死んでいく若者たちの魂を、日本人の固有信仰を明確にすることによって、仏教で言う施餓鬼にならぬように日本の故郷に導き、鎮めることであった。

本章では、この『先祖の話』を、今どのように読んだらいいのか、という問いのもとに読解を試みてみたい。むろん、すでに『先祖の話』についての読み方も、評価も出尽くされており、今さらというところはあるだろう。が、そうであるにしても、『先祖の話』という書物が投げかけている問題に、明確な答えが出ているわけでは決してない。この本の評価とは、柳田が、戦争を引き起こした国家に批判的でないといったところからの否定的なものがほとんどである。が、そういう否定的な読み方は、この書物が描こうとしている日本人の固有信仰というテーマの可能性などには向き合わず、この書物が帯びてしまう政治性や、戦争とどう向き合ったかという倫理的な課題の側に組み伏されてしまう。

むろん、そういった批判が的を射ていないということではなく、やはり『先祖の話』が描こうとした問題についてもう少しきちんと受け止め、そこからどういう課題が照らし出されるのか、今一度読み返すのも悪くはないと思うのである。

この書物が投げかけた問題とは二つある。一つは、日本人の固有信仰すなわち祖霊信仰の問題をどう考えるのか、ということ。そして、戦死者をどう鎮魂するのかということである。柳田はこの二つを区別しなかった。区別しないというところに、この書物のこれらの問題に対する答えがあり、また柳田が批判されるところでもあるが、そのことは後で述べるとして、この二つの問題は、実はそう簡単に答えが出るわけでもない。

『先祖の話』において展開された柳田の考える固有信仰は、日本人のアイデンティティという課題を負わされていたが、実はすでにこのような課題を背負わされていることそのものが、この書が孕む問題と言ってよい。柳田はなりえると考えたが、固有信仰は果たして日本人のアイデンティティになりえるのか、という問いはどうしてもつきまとう。先祖を神として祀る村落の信仰は、日本人のアイデンティティといった普遍的な課題に果たして堪えうるのだろうか、という問いである。祖霊信仰は、確かに日本の村落の信仰ではあった。が、村落が崩壊し都市型社会に移行しつつある日本において、いわばそのようなローカルな祖霊信仰を日本人の固有信仰にまで拡大し、キリスト教や仏教といった世界的な宗教に対抗しうるのだろうか。が、柳田はどうもそのように考えようとしていた。

柳田の試みたことは、ある意味では、自然宗教がまだ色濃く残る日本という地域が、自らの精神性を西欧的な意味での普遍的な精神性に比しようとするときの試みでもあるが、それ故に、それは可能なのか、という問いはどうしてもつきまとう。『先祖の話』という書についても同じである。

一方、戦死者をどう鎮魂するのか、という問題については少し事情が異なる。鎮魂はそれ自体世界中で行われている死者への呪術もしくは祈りの様式であるが、宗教的な意味での普遍性があるわけではない。ところが、近代以降の戦争による死者の鎮魂は、国家が管理するものとなり（たとえば靖国神社のように）、国家が国民に対して、鎮魂は国民にとっての普遍性を持った公の営みであることを強調するものとなる。が、個別の死者を鎮魂するものにとっては、公であることなどと関わりなく、おそらくは原始的な古代から繰り返されてきた死者に対する儀礼（たとえばそれは異常死の死者を怖れる儀礼を含む）を行うだけである。つまり、戦死者の魂の扱いをめぐる儀礼の国家的な仕様（公的な仕様と言い換えてもよい）と個別的なものとのあいだに乖離がある。

死者を祀るというローカルな儀礼と、戦死者を祀るというときの儀礼の国家的仕様との乖離は、そこに国家があからさまに介在するという意味できわめてわかりやすい。『先祖の話』の問題点とは、これもよく指摘されることだが、結局これほど明らかに国家が介在する戦死者の鎮魂について、その国家の問題を語らないことである。むろん、語らない理由は、戦死者の鎮魂は固有信仰の側、すなわち、柳田の言う固有信仰の普遍性の側で解決できると思ったからである。

その意味では、この戦死者の魂の問題について、柳田の鎮魂の考え方はあまり説得力がないようにも思えるが、それなら私たちは、戦死者の鎮魂についてどう考えたらいいのか。ここではそこまで論じることはできないが、やはりここでも浮かび上がってくるのは、死者の魂をめぐるローカルな儀礼と、国家が介在するときのその儀礼の普遍的な意味づけとの乖離である。

ここでは、そういった乖離にこだわってみたい。つまり、その乖離の柳田的な克服の仕方を『先祖の話』から読み取りたい、ということである。

## 二　ローカルな信仰から普遍的信仰へ

『先祖の話』は、それまで柳田が個々に論じてきた祖霊信仰論の集大成というべきものである。先祖を神として祀るという日本人の先祖への信仰について、柳田は繰り返し論じてきたが、それをここで一挙にまとめる気になったのは、やはり日本が戦時下にあって、しかも明らかに敗戦が予想されたからではないかと思われる。昭和十九年十月にレイテ沖海戦で日本は敗北し、十一月頃から東京への空襲が本格的に始まった。『先祖の話』が書かれ始めたのはこの頃からである。昭和二十年二月には硫黄島に米軍が上陸、守備隊が玉砕する。折口信夫の養子である春洋《はるみ》も戦死する。柳田の二月二十日の日記には「硫黄島に昨日敵上陸三万という（一万余、戦車三百云々）。折口（藤井）春洋君のことばかり考えるも私か」とある。

戦争で死んでいく若者の魂の行方を明らかにする、という『先祖の話』の動機は、日本が敗戦に直面しているということと切り離しては考えられない。つまり、戦死者の魂だけの問題ではすでになかった、ということである。日本人もしくは日本民族そのものが危機的状況にある、という認識が柳田には十分にあった。

八月十一日の日記に柳田は「早朝長岡氏を訪う、不在。後向こうから来て時局の迫れる話をきかせられる。夕方又電話あり、いよいよ働かねばならぬ世になりぬ」と記す。これもよく引用される箇所だが、すでに『先祖の話』を書き終えていた柳田にとって、日本という国家、というよりは日本という共同体をさあどう建て直すか、というところに柳田の心は向かっていた。関東大震災のときにヨーロッパにいた柳田は急遽帰国したが、惨状を目の当たりにして「こんなことはしてをられないといふ気持になり、早速こちらから運動をおこして、本筋の学問のために起つといふ決心をした」(『故郷七十年』)と当時を振り返っている。関東大震災のときも、敗戦前夜でも、柳田は彼自身が帰属する日本という共同体の危機を、自己の危機として受け入れ、何とかしようと奮い立ったのである。

このように見ていくと、『先祖の話』は、その書かれた動機が、日本人の固有信仰を明らかにしたいという学問的な動機よりは、日本民族の危機に対処する有効な方法として、固有信仰を強く説くことにあったということがわかる。つまり、『先祖の話』は、ローカルな村落の人々の魂の問題ではなく、日本人の魂の問題をどう考えるかという普遍的な広がりを最初から与えられていた書物だったわけである。むろん、柳田は常民論として日本人の問題をそれまでも語っていたが、今回の語り方はそれまでとは違う。若者が戦争によって外地で命を落とし、そして日本そのものが危機的であるという切迫した状況の中での固有信仰論の語りなのである。たとえば、その語り方は次のような文章によく出ていよう。

霊魂の行くえということについては、ほとんど民族ごとにそれぞれの考え方があって、これを人種区別の目標としてもよいかと思うくらいである。ただ進んだ国々では、新たにまた幾つかの考え方が付け加わり入り交り、互いに他のものを不透明にしようとしているのである。それを見分けるというのがすでに容易ならぬ仕事だ。ましてその中のどれが真実、どれが最も正しいかを極めるなどは、何人の力にもかなうことでない。そういうできもせぬことを企てる者に限って、たいていはもうある一つに囚《とら》われているのである。私たちはこの大きな疑問を釈《と》くためにも、まず事実を精確にしなければならぬと思うのだが、今はそれよりもさらに大急ぎで、答えを見つけなければならぬ問題があって、それにもまたこの現実の知識が必要なのである。判《わか》りきった事だが信仰は理論ではない。そうしてまた過去はこうだったという物語でもなく、自分にはこうしか考えられぬという御披露とも別なものである。眼前我々とともに活きている人々が、最も多くかつ最も普通に、死後をいかに想像しまた感じつつあるかというのが、知っておらねばならぬ事実であり、それがまた実際に、この大きな国運の歩みを導いてもいるのである。

『先祖の話』の「黄泉思想なるもの」という章の冒頭の文章だが、「眼前我々とともに活きている人々が、最も多くかつ最も普通に、死後をいかに想像しまた感じつつあるか」を事実として知ることが、日本にとってとても大事な問題なのだと強調する。ただここで「知っておらねばならぬ事実」と言うときの主体は誰か。それは、「死後をいかに想像しまた感じつつあるか」と問われる日本人自身である。柳田の民俗学のポリシーは、日本人が自らを知る学問にあったが、まさに日本人が自らの魂の行方を知ること、それがこの本に込められたメッセージである。特に「今はそれよりもさらに大急ぎで、答えを見つけなければならぬ問題があって」、日本人の魂の行方を日本人が知らなくてはいけないのだと、村長《むらおさ》が村人に諭すように柳田は語る。「国運」という言い方が、ことの切羽詰まった状況を物語っていよう。

繰り返すが、『先祖の話』という書物は、それ自体ローカルな信仰でもありえた、いわゆる常民の固有信仰を、日本人の普遍的な信仰として位置づけたいという切実な動機によって書かれている。そして柳田は、日本人自身が自らの魂の行方を知ることによって、ローカルな信仰は民族の普遍的な信仰へと位置づけられるのだと考えているのである。

## 三　固有信仰を支える親和的な世界

『先祖の話』で柳田が主張したことを簡単に述べれば、「仏教の教化の行き渡るよりも前から、家には世を去った人々のみたまを、新旧二つに分けて祭る方式があり、またその信仰があった」(「家々のみたま棚」)として、人は亡くなって一定の年月を過ぎるとみたま様(先祖様)という神に融合する。つまり、死者の魂は当初はその個別性を失わずなかなか祖霊にならないが、やがて浄化され三十三回忌の弔いあげによって、みたま様(祖霊)となり子孫を見守っていく、というものである。三十三回忌という年数は、葬式を仏教式で行うようになったための仏教の弔いあげの考え方と妥協した長さで、本来日本人の祖霊信仰では、もっと短い年数で死者の魂は浄化され先祖という神になったはずだと柳田は述べている。

ほとんどの日本人にとって死者を弔うことは、葬式仏教と呼ばれるように寺の僧侶に任せるものであった。柳田は、日本人の死者の弔い方や、死者の魂の行方をめぐる日本人の考え方に、仏教以前の日本人の固有の信仰があると考え、そこから仏教の要素を排除し日本人の固有な信仰のあり方を描き出そうとしてきた。『先祖の話』はその集大成となったわけだが、柳田の祖霊信仰論にとってこの『先祖の話』の持つ意味とは、新しい発見や解釈をつけ加えたというのではなく、仏教という世界的な宗教に対してローカルな信仰にすぎない祖霊信仰を、日本人の普遍的な信仰に値するものとして改めて強調するところにあったと言ってよいであろう。そして、そういう日本人の祖霊信仰があるからこそ、日本人の死後の魂の行方は決してあいまいではなく、戦地で死んだ若者の魂の行方もまた決まっているのだと、説いていくのである。以上のことは、柳田が『先祖の話』の最後に次のように述べていることによってよくわかる。

日本のこうして数千年の間、繁り栄えて来た根本の理由には、家の構造の確固であったということも、主要なる一つと認められている。そうしてその大切な基礎が信仰であったということを、私などは考えているのである。

（略）

それから第二段に、これも急いで明らかにしておかねばならぬ問題は、家とその家の子なくして死んだ人々との関係いかんである。これは仏法以来の著しい考え方の変化があることを、前にもうくだくだしく説いているが、少なくとも国のために戦って死んだ若人だけは、何としてもこれを仏徒のいう無縁ぼとけの列に、疎外しておくわけには行くまいと思う。（「二つの実際問題」）

「大切な基礎が信仰であった」こと、つまり先祖を神として祀る信仰を柳田は日本人の普遍的な信仰のあり方として強調するのだが、その信仰を支えているのは家であり、だから「家の永続」が問われる。家の永続についてでは、柳田がそれまで何度も論じてきたことであるが、ただ、『先祖の話』では、家の永続にただ力点が置かれるのではなく、先祖を共にするものの関係が強調されていることに注目すべきだろう。たとえばそれは「まきの結合力」として論じられている。「まき」とは、先祖を同じくする結合体、ということになろうか。「一門」「一家」「一統」「一類」といった言い方があるが、柳田は日本の中部以東で用いられる古い言葉である「まき（巻）」という呼び方を用いる。この「まき」は、血縁とか親類という結合が見えなくなっても関係を維持しうる結合力を持つ。それは、先祖を共有するからだが、その共有は先祖祭を通して確認されるのだと述べていく。盆と正月はもともと先祖祭であったのだが、その由来が忘れられてしまったのだとも述べる。

正月儀礼について柳田は、「本来の目的はむしろ各自の生活力を強健ならしむべく、進んで宗家の年々の祭典に参加して、先祖を共にする者の感銘を新たにするにあったのである」と述べている。だが、やがてこういった意義が不明になってきて「そして一方には一般の社交が発達し、また分家にもそれぞれの有力なる先祖が祭られるようになって、自然の統一は幾分か弛まざるを得なかったのである」（「巻うち年始の起原」）と言う。

近代日本が日本人にもたらしたことの一つは、この「自然の統一」のゆるみである、と柳田は考える。だが「自然の統一」はまったくなくなったわけではない、まだ残っている。だからそれを明らかにするというのがこの『先祖の話』に貫かれた姿勢だが、当然その先には、それを明らかにすることで日本人の間の「自然の統一」が回復されるべきだという思いがあろう。

「家」から柳田が抽出するのは、家族といった社会の中での閉じられた人間関係の問題ではない。先祖を共にする関係なのである。その関係を家から共同体（たとえば「まき」）にまで広げていったとき、その関係は「自然の統一」という結合の仕方を通して社会的な関係としてのある普遍的な意味を持つことになる。つまり、それは近代の日本が失った関係であり、かつての日本人が持っていた幸福な関係でもある。

重要なのは、このような「自然の統一」をもたらす先祖を共にする関係を、柳田が日本人の社会や心を安定させ平和なものとして描くことである。ここに柳田が、日本人の固有信仰としての祖霊信仰を普遍的な信仰として強調したい理由があるように思われる。

たとえば家の問題についても柳田は次のような語り方をする。

> 私などの考えていることは、先祖に対するやさしいまた懇《ねんご》ろな態度というものが、もとは各自の先祖になるという心掛けを基底としていた。子孫後裔《こうえい》を死後にも守護したい、家を永遠に取り続くことができるように計画しておきたいという念慮が、実は家督という制度には具現せられているのであった。
>
> （「家督の重要性」）

柳田はごく当然なように「先祖に対するやさしいまた懇ろな態度」という語り方をする。先祖もまた「子孫後裔を死後にも守護したい」と子孫を温かく見守ると語るのである。ここには、先祖と子孫である人との関係が親和的であるということに何の疑いも差し挟まれていない。

神を祭るときに人は祝うが、その「いわい」とは、「祭りをする人々が行いを慎み、穢れた忌わしいものに触れず、心を静かに和やかにしているのが祝いであり、その慎みが完全に守られているのが、人にめでたいと言われる状態でもあった」(「めでたい日」)と述べているが、正月などの先祖を迎える祭りにおいて、先祖を共有する者たちが先祖を迎えるその姿もまた平和そのものである。家が平和でなければ先祖は戻れない。柳田は『日本霊異記』の話を例に「家を平和にまた清浄に保つということが、みたまを迎え祭る大切な条件であることを、古人は通例こういう具体的な形によって、永く銘記しようとしていた」(「自然の体験」)とも述べる。

このように、柳田が描いた先祖と子孫との関係、そして、先祖を共にし先祖を迎える人々の関係は、きわめて親和的であり平和なものなのである。

それは、仏教のように、この世の煩悩を捨てて出家するとか、死後遠い浄土に行くとかといった劇的なドラマを想定していないし、またキリスト教のように絶対的な神に従うという厳しさもない。

柳田は次のように死後の魂の行方について述べる。

私がこの本の中で力を入れて説きたいと思う一つの点は、日本人の死後の観念、すなわち霊は永久にこの世に留まって、そう遠方へは行ってしまわないという信仰が、おそらくは世の始めから、少なくとも今日まで、かなり根強くまだ持ち続けられているということである。

先祖と子孫との親和的関係は、このような先祖は遠くへ行かないという霊魂観に支えられている。遠くへ行かないからこそ、山の神、田の神となって子孫を見守り保護するのである。同時に、遠くへ行かないからこそ、助け合う者同士が自然と信頼関係を結ぶときに生まれるような親愛の情を持つのである。死者が遺族との個別的な情によって結ばれていた関係が消え、先祖という「みたま」になるときには、「愛情」とか「思慕」によって関係づけられるのだと柳田は述べる。

（「先祖祭の観念」）

人が眼を瞑《つぶ》って妻子の声に答えなくなるのも、一つの生死の堺にはちがいないが、その後にはまだ在りし日の形ある物が残っている。それがことごとくこの世から姿を消して、霊が眼に見えぬ一つの力、一つの愛情となり、また純なる思慕の的となり切る時が、さらに大きな隔絶の線であるように、昔の人たちには考えられていたのかと思う。

（「二つ世の境目」）

仏教もキリスト教も、人間が罪穢れを浄化し、神との幸福な関係を結ぶには、人間自身が超越的な世界へと旅立たなくてはならない。それは、人間の内面（生き方）の問題であり、世俗的な生活や風土の条件に左右されるものではない。この世の人間の生活は矛盾にあふれ、現世では解決できないからこそ超越的な世界が設定される。仏教やキリスト教が地域や民族の壁を越えた普遍性を持つのは、その超越性が地域や民族にとらわれないからである。

それに対して、柳田の考える祖霊信仰では、神はそれほど超越的ではない。死後の魂が浄化され神となり、子孫の生活の場所のすぐ近くにあって、「愛情」や「思慕」によって互いに結びつけられる。その関係こそが神と人との幸福な世界をつくるのである。つまり、神と人とは隣り合った空間に棲み分け、ときどき行き来するのであり、その行き来を守るのは、人の世の平和的な環境である。だから人は身を慎み、平和を希求する生活を営まなくてはならないのだと柳田は説くのである。

人間が絶対的な神に帰依したり、あるいは浄土へと旅立つ決意をしなくても、隣り合った場所にある幽冥境からときどき訪れる神（先祖）との優しい関係を保持する生活を営むことができれば、そこに人の幸福はあるのだと柳田は考える。そして、日本人はかつてそのような幸福を持っていたが、外来の宗教が入り、あるいは近代という社会の激しい変化の中で、そういう幸福を日本人は失っていった。だからこそ、そういう幸福の基底にあった自分たちの固有信仰を知るべきだと柳田は述べるのである。つまり、そこに日本人のアイデンティティはあるのだということである。

このように語られる祖霊信仰論を批判することはたやすいだろう。柳田は日本人の祖霊信仰が仏教以前からあるものだと推測するが、先祖を共有することが結束の条件となりえるという団結を、果たして歴史的にどこまでさかのぼらせることができるのか。たとえば、柳田の考える家の成立は中世まででではないかとする批判も当然あるだろう。また、祖霊信仰が稲作農耕民を前提にした信仰形態であり、縄文以来の焼畑農耕や多種の生業を営む日本人を視野に入れていないという批判も当然ありえる。

こういった批判はすでに多く出されているのでここでは言及しないが、ただ、柳田の目指したものは、それが日本人のごく一部の限定的なものであったとしても、あるいはとても仏教やキリスト教のような普遍性（世界性と言ってもよい）を持つものではなくても、仏教以前からある自然宗教的な神観念を肯定しながら、少なくとも近代の日本人の心にも届く宗教意識の構築であった。このような宗教意識の構築は折口信夫もまた試みていた。敗戦がせまる状況の中で、柳田も折口も、その方法は違ったが日本人の精神的な紐帯の失われていくことを危機と感じたのである。

仏教といった外来の精神文化を排除し、日本固有の精神性を発見しようとする認識の枠組みは、欧米による外圧という状況下にあった江戸の国学者がつくりあげたものであり、柳田が自分の固有信仰論を新国学と名づけたように、祖霊信仰もそういった認識の枠組みの延長上にある。ただ、柳田は、平田篤胤のように日本の神話的観念を無理矢理肥大化させて世界性を獲得しようとするようなことをせずに、農民の生活の中にまだ息づいている伝統的な神観念の持続の中に、普遍化しうるものを見いだそうとした。必ずしも神代の昔を空想的に発見したわけではない。

結果的に柳田の固有信仰論は、日本人のアイデンティティたりえるほどの普遍性を持ちうる理論ではないというのが、おおかたの評価であろう。が、そうだとして、日本の農民の生活に根づいた神と人との関係を、私たちの神と人との関係、ひいては人と人との関係の問題として解き明かそうとしたその試み自体は、たとえそれが日本人全体の問題に広がらないにしても、評価されていいのではないだろうか。『先祖の話』は柳田の民俗学的な知見としての祖霊信仰論として読まれがちであるが、一方では神（先祖）と人との、あるいは人と人の関係論である、という読み方もできるのである。

私たちの生活の中に根づいている宗教的な意味での超越的な意識の所在を柳田は明らかにしようとしたが、柳田はあらためて私たちの超越的世界への距離感が、近くの山や川あたりまでであることを説いているのだ。私たちの奥深くにあるこの距離感に、私たちの関係のあり方や精神性はかなり影響を受けているはずだ。

それを呪縛ととらずに、守るべき美徳としたのが『先祖の話』なのであるが、いずれにしろ、この距離感はいまだに私たちの精神性の基底にあるだろう。それをどう論じるのか、それは私たちにとっていまだ大事な問いとしてあり続けている。

## 四　戦死者の魂をどのように祀るのか

『先祖の話』には「英霊」という言葉も「靖国」という言葉も一切出てこない。むろん、『先祖の話』以外でもこの二つの言葉はほとんど使われていない。この二つの言葉は柳田の民俗学にとって相容れない言葉であったことは確かだ。

だが『先祖の話』は、戦死者の魂の問題を扱う書物なので、戦死者の魂に関わる象徴的なこの二つの言葉を用いないのは、逆にこの二つの言葉をかなり意識していたのではないかと思わせる。

たとえば「……少なくとも国のために戦って死んだ若人だけは、何としてもこれを仏徒のいう無縁ぼとけの列に、疎外しておくわけには行くまいと思う。もちろん国と府県とには晴れの祭場があり、霊の鎮まるべき処は設けられてあるが、一方には家々の骨肉相依るの情は無視することができない」(「二つの実際問題」)と述べているが、この「晴れの祭場」とは靖国神社のことである。柳田にとって戦死者の魂もまた先祖のみたまとして扱われるべき霊であった。したがって、その霊は、遺族との「骨肉相依るの情」という個別的な段階の霊の時期を経て、やがて浄化され、神と人との「愛情」や「思慕」によって包まれなければならないものであった。ところが、靖国神社は戦死者を公的な祭祀を通して「英霊」として祀る。それは、先祖を共有する人と人との関係から切り離し、柳田の考える祖霊信仰とは無縁なところで祀りあげることである。とすれば柳田が「靖国神社」や「英霊」という言葉を使いたくない理由はよくわかる。それを使えば、批判的に用いなければならず、結果として国家を批判せねばならないからである。

『先祖の話』が靖国神社に批判的であることは、祖霊信仰論の論理からすれば当然のことであるが、しかし一方で、若人を戦争へ召集していく国家の論理に与した書であるとの批判もある。それは柳田が次のような文章を書いているからである。

ただ私などの力説したいことは、この曠古《こうこ》の大時局に当面して、目ざましく発露した国民の精神力、ことに生死を超越した殉国の至情には、種子とか特質とかの根本的なるもの以外に、これを年久しく培《つちか》い育てて来た社会制、わけても常民の常識と名づくべきものが、隠れて大きな働きをしているのだということである。

（「魂昇魄降説」）

「生死を超越した殉国の至情」に隠れて大きな働きをしている常民の常識とは、祖霊信仰である。続けて柳田は「人を甘んじて邦家《ほうか》のために死なしめる道徳に、信仰の基底がなかったということは考えられない」と述べている。さらに次のようにも述べている。

それはこれからさらに確かめてみなければ、そうとも否とも言えないことであろうが、少なくとも人があの世をそう遙かなる国とも考えず、一念の力によってあまたたび、この世と交通することができるのみか、さらに改めてまた立ち帰り、次々の人生を営むことも不能ではないと考えていなかったら、七生報国《しちしょうほうこく》という我々の願いは我々の胸に、浮かばなかったろうとまでは誰にでも考えられる。

（「七生報国」）

これらの「殉国の至情」や「七生報国」は敗戦濃厚の国家が、国民に対して国家に命を捧げよと言うときのキャッチフレーズである。「靖国」や「英霊」は嫌うのに、これらの言葉を柳田は嫌っていない。ここだけを取り出して読むと、いかにも柳田は、お国のために死んでもいい、魂はまた生き返って何度でもお国のために働くことができるのであるから、と語っているように読める。「七生報国」とはそういった意味合いにおいて使われている言葉であるからだ。

ただ、柳田が解き明かしたかったことは、このような「殉国の至情」や「七生報国」という日本人の精神性を支える基底には祖霊信仰がある、ということである。つまり、祖霊信仰がなければ、日本人は死を恐れずに戦うことはできないはずだ、という文脈で「殉国の至情」や「七生報国」を語っている。「殉国の至情」や「七生報国」を通して日本人の精神性を褒めそやすというものではない。

硫黄島の玉砕で折口信夫の養子である藤井春洋が戦死する。その知らせに柳田が心を痛めた頃に『先祖の話』は書き進められていた。当時、硫黄島守備隊指揮官の栗林中将は玉砕の際に「仇討たで野辺には朽ちじわれは又七度生まれて矛を執らむぞ」と打電したことが報じられた。益田勝実は「『炭焼日記』存疑」で、柳田が『先祖の話』を「七生報国」で締めくくったのは、この辞世の歌が脳裏にこびりついていたからだろうと推測している。中村生雄は益田勝実の指摘を受けて、「日本国民の目を一ヶ月にわたって釘づけにした硫黄島攻防戦が指揮官による「七生報国」の辞世で幕を下ろしたのは国民共通の認識であったから、敗戦後すぐに『先祖の話』を読み通した人びとが戦没した青年将校の魂の安住を気づかい、それと合わせて「七生報国」という硫黄島守備隊長の最後のことばを想起したであろうこともたしかなのだ(3)」と述べている。

益田勝実や中村生雄が述べるように、柳田が「七生報国」をあえて書き綴ったのは、戦争で無残に死んでいく若人の魂の行方を明らかにすることでその魂を鎮魂する、という意図があったからであろう。

ただし、そうであったとしても、祖霊信仰論と戦死者の魂の問題を結びつける柳田の論の立て方に批判はある。たとえば岩田重則は、柳田が祖霊信仰における死への親しさを、戦死者の死の親しさにまで援用しているとして次のように批判している。

柳田民俗学のこの学説の場合、祖霊祭祀が「親し」く行なわれ、生者から見たとき祖霊が「親し」い存在であるがゆえに、それがそのまま「死の親しさ」とみなされるという論理の展開であった。いわば、柳田民俗学の論理では、祖霊の性格の「親し」さと、六四のタイトルでもある「死の親しさ」は等しい存在であった。そして、さらに、これが六四の冒頭の文章、戦死者を想定したものと考えられる「どうして東洋人は死を怖れないか」という観念にまで結びつけられていっている。祖霊の性格、祖霊観が、本来それとは異質な観念であるはずの死そのものに対する観念に置換され、さらに、それが戦死の精神の説明にまで援用されてしまっているのである。(4)

この批判は柳田の祖霊信仰論を考える上でいろいろな示唆を与えてくれる。岩田は、祖霊信仰論におけるあの世への親しさと、戦死者における死の親しさの問題は別なのではないかと指摘し、それを一緒に論じることに論理的矛盾があるとしている。この指摘になるほどと思うが、日本人の宗教性として祖霊信仰論を論じる柳田の論理をあらかじめ封じているところがある。

人は誰も病や戦争等における自分の（個別的な）死を怖れる。その死の怖さを克服するために、個別的な死を超越した死、つまり、宗教によって普遍化された死後の世界を信じる。つまり、個別的な自分の死を、宗教が説く普遍化された死後の世界へと合一させるところに、信じるという宗教的心性の意味がある。キリスト教でも戦争には牧師が従軍する。兵士にキリスト教の説く死後の世界を信じさせることで、戦死に脅える兵士の不安を軽くするためである。あるいは、イスラムの世界では、聖戦で死ねば神の世界に行けると信じて自爆テロを行う人たちがいる。そういう心性を論理的矛盾と言えないように、ここでも、祖霊信仰によって普遍化された死後の世界、つまり死後の魂と生者とが親しく交わる世界に個別的な死を合一させることは、論理的矛盾とは言えないであろう。

死んで故郷に戻り、故郷の人々と親しく交わるのだと兵士が信じることで、兵士は自分の死への恐れを克服できる、と柳田が考えたかどうかは別にして、柳田が説明しようとしたのは、祖霊信仰はそういった宗教的な意味合いにまで拡大できるということだった。厳密な民俗学的な学問の定義をしようとすることではなかった。岩田の批判は民俗学的な学問の定義からすれば論理的矛盾だろうというものであるが、そのように批判するということは、当然、宗教的な意味合いにまで拡大させる柳田の論理自体を認めないということであろう。それは、柳田がどう考えようと、柳田の説明は無謀な戦争へと若者を召集していく論理を補佐するものでしかないからで、その批判はわからないではない。

## 五　生活者の側からの公的世界の構築へ

祖霊信仰論は果たして戦死者の魂の行方を解決しうるのだろうか、という問いはやはり大きなものとして残る。岩田重則は、一九九〇年代、日本各地の墓の石塔に、いわゆる二又塔婆《ふたまたとうば》（先端が二又に別れている）や梢付塔婆《うれつき》（先端に枝が付いている）が置かれていたことを報告している。これは死後五十回忌の弔いあげのときの卒塔婆である。一九九〇年代は戦後五十年であり、ちょうど戦死者の五十回忌にあたる。それで各地の墓地にそれらが多く見られたというのである。そして次のように述べている。

本来、戦争がなければ、普通にそのムラで生き、死を迎え、子孫によって祀られる、その家の人生儀礼の体系に、戦死者も他の死者と同じように組み込まれている。戦死でなければ当然そうなるはずであった、ふつうの死者祭祀が行われ完結した、という民俗的事実があるだけであった。

日本の家は、自己の民俗に、戦死者を回帰させていたのである。(5)

ここで述べられていることは、『先祖の話』で展開された日本人の祖霊信仰が、実際に戦死者の魂の行方についての問題を解決している例である。このように日本の家およびムラで実際に戦死者祭祀を行ってきたという事実があるのに、国家は戦死者を家の信仰体系から切り離して「英霊」「殉国」「忠霊」という国家的次元での価値観で戦死者を祀る。それは死者に対する冒瀆であると岩田は痛烈に批判する。このことは当然「七生報国」や「殉国」という用語を用いる柳田への批判につながっている。

戦死者への戦後の日本人の祭祀は、事実として、家やムラにおける死者の祭祀と、靖国神社に象徴される国家による祭祀という二つの祭祀があった。岩田による『先祖の話』に対する肯定と否定という二つのとらえ方は、この二つの祭祀のあり方に対する肯定と否定に沿ったものである。柳田の中では、あくまで祖霊信仰を背景とした戦死者の祭祀のあり方は家やムラでのものであったが、国家が戦死者を祭祀するということに対して明確に批判をしなかったし、またなぜ国家が戦死者を公的に慰霊しなければならないのかについても明らかにはしなかった。そういう曖昧な態度が、結局は国家に距離をとらなかった、あるいは国家に批判的でないといった柳田批判を巻き起こしているのである。

近年、戦後日本人は戦死者をどのように慰霊してきたか、という研究が盛んである。それは、靖国神社による戦死者祭祀が政治問題化しているという状況の中で、国家による戦死者祭祀ではない慰霊や祭祀の実態を明らかにしようとするものである。今までそういったことは靖国神社に対する賛否両論の論議の中であまり省みられなかったが、靖国神社以外での戦死者の祀り方が政治的な問題になってきたということもあり、また、靖国神社で戦死者を祀らなければその魂はどのように祀られるべきなのか、ということが改めて課題になってきたということがあろう。

靖国神社の前身である東京招魂社は、戊辰戦争における官軍の戦死者を祀る神社として作られた。その後、靖国神社となり国家の戦争による戦死者を祀る神社となっていく。官製の神社を通して戦死者を祀る理由は、異常死である戦死者の魂を慰撫しなければという御霊信仰の伝統があったろう。が、戦死者は国家の命令によって死んでいった者たちであり、その霊を国家が祀らなければ、国家は国民を戦争へと動員していく根拠を失うことになる。つまり、国民の側にしてみれば、靖国神社に祀られて「英霊」になることは名誉であると教えられることで、戦争で死ぬことを納得はしなくても受け入れることができるのである。靖国神社は、国民が国のために死ぬことを納得する装置として機能したのである。

これは何も日本だけの特殊な現象ではない。近代の国民国家は、国家の戦争に国民を動員するために成立した面がある。(6)とすれば、国家は戦死者を顕彰しなければならない。その意味で、近代国家は、国家が動員した国民の戦死者を手厚く弔い、その魂を慰霊する義務を負うのであり、そのほとんどが戦死者を儀礼的に弔い、その霊を顕彰する儀礼を行っている。靖国神社はその日本版である。

一方で、戦死者には家族がおり、家族にとってみれば、たとえ異常死であろうとかけがえのない肉親の死であり、死者にとってもその思いは家族との情愛に向かうはずである。戦死者もまた国家と関わりなく、家族や地域の人々との深い絆の中で死者として弔われ、そしてその魂は祀られるであろう。

それもまた確かな事実である。

とすれば、近代以降における戦死者の祀られ方は常に二重性を帯びる、ということになる。一つは国家との関係にであり、一つはその家族や地域における人々との関係においてである。柳田が『先祖の話』で、この後者の祀り方を明らかにしようとしたということは何度も述べてきたことだ。

靖国神社への批判的な論拠は、靖国神社による戦死者祭祀が国家の論理によるものだからである。では、それなら戦死者をどう祀るのかというとき、国家による祭祀を拒否し、人々の私的な儀礼でよい、という意見も当然出てこよう。むろん、それは戦死者を通常の死者として扱えるはずだということを前提としている。だが、そう簡単に私的なレベルで戦死者の魂を生活者としての人々は引き受けられるのだろうか。

田中丸勝彦は長崎県壱岐郡の英霊供養について報告しているが、戦死者が葬られるのは「一人墓」であり、先祖代々の墓には入れないことを書いている。また、英霊の祭祀者は二つに分かれ、一つは英霊の家族であり、もう一つは血縁関係を持たない祭祀集団の戦没者慰霊会であるという(7)。

この報告で興味深いのは、家族による戦死者の魂の扱いは、通常の死者と微妙に区別されているということである。同時に、地方の人々のレベルにおいても、私的な祭祀と公的な祭祀との二重性が成立しているということである。このことが意味するのは、戦死者の魂を、家族が私的な祭祀だけで祀るのは難しいということである。通常の死ではないということもあろうが、何よりもその死の原因が国家に起因するからである。つまり最初からその死は公的なものであり、公的な死を私的な家族が引き受け死者の魂を慰霊することは無理があろう。私的なレベルでの祭祀だけでは、戦死者の死の理由を受け止めることもできないし、また死者の思いも引き受けることはできない。戦争中、「息子はお国のために死んで英霊になったのだから誇りに思う」といった言葉を遺族は語る。それは、そう言うしか説明のしようがなく、納得させられないからである。とすれば、戦死者の祭祀は、二重性というよりは、二つに引き裂かれざるをえない。

『先祖の話』が引き受けたのは、柳田なりに、私的なレベルでは扱えない戦死者の魂の行方を、国家の側ではなく、私的なレベル、つまり先祖を同じくする関係、あるいは情愛といった個別的な関係において受け入れることができる、ということの証明だったろう。そして、死者の魂の問題を解決する祖霊信仰を、日本人の民族性あるいは日本人のアイデンティティというところまで拡大していったのは、国家の側にまで広げない程度の、公的な祭祀のあり方の提示だったのではないか。

戦死者の祀り方をめぐる日本人の葛藤を見ていくと、そこには自然に霊魂が宿るといった古代的なアニミズム的霊魂観と、近代の国民国家が要請する霊魂観とが、突然接ぎ木されているような光景が見えてくる。死者の霊魂が近くの山にいるといった距離感と、英霊としてきわめて抽象的な空間に祀りあげられる距離感とが、日本人の心の中で折り合わずに軋んでいる、といった光景である。

靖国神社が象徴する国家が管理する公的な宗教空間と、家や村レベルでの信仰世界との間に中間がない、ということであろう。本来なら、仏教やキリスト教という世界宗教が中間に入り、古代的なアニミズムから近代国家の公的な宗教空間へと橋渡しをしていたはずだ。

私たちは公的な世界を拒否できない。というより、それを積極的につくらなければ生きていくことすらできない社会にいる。とすれば、どのような公的世界を構築するのか、ということが課題である。

少なくとも、戦争に若者を召集し、戦死すれば「英霊」として靖国神社に祀り、また戦争が起これば次の若者を召集する、ということを繰り返す公的な世界はごめんである。

とすれば、私的な世界の側から、私的という言い方がまずければ、生活者の世界の側から公的な世界を構築していくしかないのではないか。むろん、それはイデオロギーのような理念による構築ではないから簡単ではない。

柳田国男が『先祖の話』で試みたことは、そういった意味での、近代的な国家の側からではない、公的な世界の構築の試みだったのではないだろうか。そのように読むことができると思うのである。

注

(1)『柳田國男全集』第十三巻、ちくま文庫。柳田国男の引用はすべてこのちくま文庫版の全集によった。
(2)益田勝実「『炭焼日記』存疑」『民話』第一四・一五・一六号、一九五九年十一月・十二月、一九六〇年二月(『益田勝実の仕事Ⅰ』ちくま学芸文庫　二〇〇六年所収)
(3)中村生雄『折口信夫の戦後天皇論』法蔵館　一九九五年
(4)岩田重則『戦死者霊魂のゆくえ』吉川弘文館　二〇〇三年
(5)注4に同
(6)小熊英二『〈日本人〉の境界』新曜社　一九九八年
(7)田中丸勝彦著、重信幸彦・福間裕爾編『さまよえる英霊たち』柏書房　二〇〇二年

# 柳田国男と教科書

## 一　教科書作りに情熱を注ぐ

柳田国男は敗戦後すぐ、「喜談日録」に「自分ほどの者の力でも、少しは今後の御役に立たうかと思ふ仕事が三つある」、一つは「国民の固有信仰」、二つ目は「人の心を和らげる文学」で、「信仰と和気と、この二つは国民の活きていく力、こころの最小限度の栄養素」であるとし、三つ目は「国語の普通教育」であり、これはかりは、今すぐにでも手をつけなければならないと述べている(1)。

この三つ目の教育への自らの使命を、柳田は、戦後の教科書作りに深く関わることによって果たそうとする。柳田が熱心に主導して作った教科書は、社会科と国語であった。それらの教科書は、一部の教員たちから絶大な支持を受けたが、広くは受け入れられなかった。結局、戦後十数年ほどで柳田の教科書は、日本の教育の現場から消えていくことになる。柳田国男がその晩年をかけて心血をそそいだ教科書がなぜ受け入れられなかったのか。それを問うことから、日本の教育、もしくは柳田民俗学が抱える問題が浮き彫りになってくるのではないかと思うのだが、そこまで問うのはここでは荷が重い。ただ、このテーマは、日本の社会において公的なものをどう構想するのかという問題、それは、国民国家ではない公的な仕組みのことと言ってもいいのだが、そういった現在的な課題を考えるうえでもいろいろな示唆を与えてくれるのではないかと思っている。

敗戦後、当然のことながら日本の教育は混乱した。ＧＨＱは、戦犯教師の追放、神道教育の廃止、修身・日本歴史および地理の授業停止と、次々に戦前の教育を否定する改革を打ち出す。当然、教育の改革は、官僚からもまた現場からも進められた。柳田国男もまた教育改革の必要性を説き回っていた。特に、歴史教育が停止されたことは、歴史を教える教育者に危機感を抱かせた。そういう中で、昭和二十一年九月に、国定教科書『くにのあゆみ』（日本書籍）が出版される。この教科書は家永三郎などの学者によって編纂されたもので、神話の記述をなくし、通史的に構成され、戦後の新しい教科書として反響を呼んだ。柳田国男はこの教科書について次のように述べている。

新教科書を通覧すると、固有名詞や年代を思い切って少くしたのみならず、かなりの改良、苦心のあとがみられ、よくこれだけ書けたものだと思ったのだが、私は元来、教科書なしで歴史を教えてはどうかと思ってゐる。そして、また上代から今に及ぼすこれまでの説き方をやめて、現在から過去へ遡る歴史をわれわれは書こうとしているのである。

（「歴史教育の使命――『くにのあゆみ』に寄す」）

柳田はここで新しい教科書を評価しつつも、教科書なしで歴史を教えてはどうかと語る。歴史や国語における教科書の役割について柳田はもともと批判的であった。柳田のそのような教科書観は後で述べるとして、まずは、柳田の教科書作りがどのように展開していくのか、社会科から見ていくことにする。なお、教科書作りの過程については杉本仁が詳しく論じており(2)、本章も杉本の著作にかなり助けられている。

教科書廃止を語った柳田ではあるが、結局、教科書廃止論を押し通すことはしなかった。戦後の混乱した教育をさらに混乱させるだけだという判断が当然働いたのだろうが、一方で、この機会を利用して、柳田が戦前から語ってきた教育の理念を、教科書を通して実現させようという考えもまたあったと思われる。

文部省は新しい「社会科」の設置を含む教育改革を実施していくが、その動きを受けて、柳田は『教育文化』(一九四七年二月)に「歴史を教える新提案」を発表する。杉本仁の整理に従ってそのポイントをあげておくと、「教師用参考書の充実」「全国画一的な教科書を否定し、地方別教科書編纂を提起」「今から段々と前代へ登って行く形で教える倒叙式学習の提案」「合科学習、総合教科の主張」「町村の地図の活用とフィールド調査の重視」「学習の目標は、問題の喚起、問題解決、判断力の育成」といったことで、杉本は、「歴史は要するに人の一生涯の需要であり、普通教育に期待し得るものはその片端にも足りない」という柳田の言葉を引用し、「学校教育の有限性と、生涯教育の無限性を説いた」としている(3)。ここに柳田の教育構想がほぼあらわれていると言っていいだろう。それは柳田が築き上げてきた民俗学の理念に基づくものであったと言ってもよい。

昭和二十二年四月から六三制の新しい教育課程が発足する。文部省は国定教科書を廃止し、同二十四年から検定制度を設けたうえで民間が編集する教科書を採用する方針を決定する。この動きに対して柳田もまた精力的に教科書作りに邁進していく。柳田は成城学園初等科の教員たちと新しい社会科の構想をめぐって何度も話し合いを持った。その内容は『柳田国男先生談話　社会科の新構想』（一九四七年十月、成城教育研究所刊）としてまとめられる。この座談で柳田は新しく創設された「社会科」が教育改革の中心になってほしいと語る。

新しく設置された社会科は、アメリカの社会科を模倣したもので、歴史のみならず社会についての様々な内容を学ぶという幅広い内容のものであった。柳田はこの社会科を民俗学の内容とほぼ重なると考えた。昭和二十二年に民俗学研究所を設立するが、その設立を急いだのは「新しく発足する社会科教育のことが念頭にあったため[4]」とされる。民俗学研究所は、民俗学研究のみならず、「柳田の目指した社会科教育ならびに国語教育の理念を深め、それを実践する研究機関として発展していく[5]」のである。この「実践」とは、教科書作りを指す。柳田が作ろうとした社会科教科書そして国語の教科書の執筆者には民俗学研究所の所員が深く関わっていくことになる。戦後の民俗学はまさに教科書作りという大きな課題を負って出発したとも言えるのである。

柳田は、成城学園の教師たちと研究会を重ね、民俗学研究所の所員とともに社会科教科書編纂の作業を進めていった。同二十八年五月に小学校の教科書『日本の社会』（実業之日本社）がようやく完成する。その年の八月に文部省検定に合格し、翌年刊行された。同二十五年に朝鮮戦争が始まり、二十六年には日米安全保障条約を締結、日本政府がしだいに保守化を強めていった時期である。その流れを受けて文部省は同年に「小中学校指導要領」を定め、戦後すぐの自由活発な民主主義教育への熱気に歯止めをかけ統制しようとした。そのため教科書検定も厳しくなり『日本の社会』もかなりの訂正を強いられたが、ぎりぎりのところで妥協して何とか合格にこぎつけたという。(6)

柳田はこの教科書の内容見本で、その特徴を三つあげている。第一は、この教科書は少数の優秀児童を相手にするのではなく、中もしくはそれ以下の児童を対象とし、正しい選挙のできる判断力を身につけさせることを目標としていること。第二は、従来の教科書によくある架空の物語形式の記述を排し、児童の日常経験に基づく疑問から出発するように工夫していること。第三は、従来の教科書のような全国に共通することをねらいとせず、地方の自主教育を尊重し、それぞれの地方に合わせた教育ができるような工夫が試みられていること、である。

自分の判断で選挙ができる公民を育てること、自分の住む地域での経験に基づくところから出発すること、そして全国画一ではなく地域の固有性を重視すること、これらは社会科というよりは、柳田が戦前から民俗学に課していた重要なテーマだと言ってよい。

『日本の社会』は初年度は十六万部の売り上げがあったが、翌年からはかなり落ち込んでいった。その結果、昭和三十四年まで印刷されるが、三十六年度には姿を消した。その原因として、中学校版の教科書が不合格（同二十八年）になったことが大きいと言われている。現場の教師は、教育の連続性から、小中学校で連続した内容の教科書を希望する。が、柳田の作った教科書は中学校が不合格であったため小学校の教科書しかなかった。それが普及しない一つの原因であった。また、昭和三十年代には受験競争が激しくなり、全国一斉学力テストも行われるようになる。この時代の流れの中で、教育は実質的に受験教育に対応する画一的な知識偏重になっていく。それは小学校もまた同じであり、三つの特徴を誇らしげに語った柳田の社会科教科書は時代に合わなくなっていったのである。そして昭和三十八年に『日本の社会』は発行が停止された。

柳田は国語教科書にもまた情熱を注いだ。昭和二十四年、国定教科書に代わって新しい検定制度ができると、国定教科書の大手であった東京書籍が柳田に国語教科書の出版について打診をし、柳田はそれを受ける。そして同年に柳田国男監修、東京書籍版の小学校国語教科書と中学校教科書の『新しい国語』が完成する。この教科書は、特に小学校の教科書が売れ行きがよく、市場占有率は五十パーセントを超えたという(7)。

柳田は国語教科書の編集にあたって三つの原則を掲げた。一つは、中もしくはそれ以下の児童を対象とすること。二つ目は、従来の教科書は純文学、芸術の方に偏り過ぎているので、そういった偏向をなくすこと。三つ目は、新しい教科書は、子供の言語活動を十分に伸ばし、表現能力を高めるため、子供の言語生活に即した広さと詳しさを持たなければならない、というものである(「国語検定教科書を監修して」全集三十一)。社会科教科書の三つの特徴の、国語版と言っていいものである。特に子供の言語生活を重視するところに、民俗学が生かされていると言える。子供の生活の中には、諺や歌や昔話のような口頭伝承があり、それらも子供の言語生活を構成するものであって教育に資する、と柳田は考えた。文学・芸術作品ではなく、言語生活を彩る口頭伝承も含めて幅広い教材を教科書に載せようと考えたのである。

その後、柳田は高校の国語教科書作りにかかり、昭和二十九年に完成する。この高校教科書は小中学校の教科書に負けずユニークなものだったが、翌年に文部省による『学習指導要領』が改められ、国語の内容も画一的なものへと規制されていくことになる。柳田監修の教科書は、生徒が疑問を持ち自ら考える問題解決型の方針のもとに作られていたが、学力を重視する文部省の指導要領はそのような問題解決型の教育を否定するものであった。柳田監修の高校国語教科書も、改訂を重ねるたびに文部省の指導要領に沿ったものへと変えられていく。また、高校の教科書は受験に対応することが求められ、その点でも柳田監修の教科書は現場から敬遠されたのである。

柳田は昭和三十五年、教科書監修の仕事を辞退する。理由は高齢ということであった。その二年後に柳田国男は死去する。死後、「東京書籍の小学校国語教科書は、昭和四十年度からの『新編新しい国語』に改訂され、監修者に『学習指導要領』の立案委員長であり、『文学教育』を提唱してきた時枝誠記が就任すると、目指す方向性は変更されてしまう」(8)ことになる。覚えるのに効率のよい、時枝誠記の教育観をベースにした「体系と系統の学習」が導入されるのである。

戦後、教育に情熱を注いだ柳田の教科書作りは挫折したと言っていいであろう。世に出たときに大きな話題になったとはいえ、国家による教育内容の統制が強まり、一方で効率性を重視し、受験のための教育が幅をきかせる戦後の教育状況の中で、柳田の作った教科書はやがて忘れ去られていったのである。

## 二　教科書作りの挫折

以上、戦後の柳田国男が情熱を注いだ教科書作りとその教科書がたどった経過について述べてきた。

それにしても、なぜ柳田の教科書は消えていったのだろうか。すでに指摘したようにその要因はいくつかあるのだが、大きくは、柳田が民俗学的教育構想を土台とした教科書作りという理想にあまりに固執したため、現場の教員の使い勝手への配慮が行き届かず、また戦後の高度成長期に要請された学力偏重主義に対応できなかった、ということがあげられるだろう。

柳田が教育に熱心だった一つの理由は、自分の言葉でものが言える一人前の大人（公民）をつくることであったが、そのためには、自分が生活している郷土の歴史、文化（たとえば方言や諺など）について、自ら疑問を発して考えていくことが大事なのだと柳田はことあるごとに述べている。当然、教科書は、そのような教育方針を反映したものとなるが、それを実践するためには、地域（郷土）ごとに内容を異にしていかなければならないということになろう。また、生徒の疑問をいかに引き出すかという現在の教育現場で流行っているような問題解決型の授業を実践するとすれば、教科書に書かれたことを教えるという授業ではなくなり、その場での教師と生徒の双方向的な対応が要請される。こう考えた場合、柳田の教科書は、全国的に同内容の教科書でなければならないという制約がある以上、中途半端にならざるをえず、また、個々の教員の教科書に頼らない実践力が初めから要求されることで、現場の教員には使いづらく敬遠したくなる教科書ということになろう。

つまり、柳田の、民俗学を基本としたかなり理想的な教育観は、教科書に結実させるのは最初から無理があったということである。それは柳田もわかっていたことである。だから、戦後すぐに国定教科書『くにのあゆみ』が出たときに、教科書を否定する発言をしたのである。むろんそれは戦前からの柳田の考えであった。『青年と学問』（昭和三年）で柳田は次のように述べている。

### 歴史の欠乏

歴史は此の通りまことに大きな意味のある公の学問である。がそれにしては今ある教科書はいかにも物足らぬようである。過去三千年間の出来事を、一年間で学ぶやうに出来ているのはいいとしても、その本の中に書き上げてある国の大きな事件と、我々自身の生活との関係が何分にもよく呑《の》み込めないので、「昔」は別世界よその国であるような感じがする。（略）ある家では皆殺されて赤ん坊ばかりが遁《に》げてやっと助かり、その隣村のある家では、運がよくておいおい出世をして大名になった。戦争に出ていかない農家でも、やはり上に十分な監視がないから、仲間同士で奪われたり取ったり、激しい生存競争があったに違いない。そうして世が乱れて田舎もいったんは大いに荒れていたのを、後にやって来て新たに野を拓き静かに栄えた村もあった筈である。そんな土地土地の事情が、まるで教科書には記してない。諸君は世界の一箇人にして同時に日本人であるごとく、また同時に県民であり町村の人であり家の人であるが、どうしてまたそうであるのか。いかなる因縁原因を以て今日この付近近くのある村に、栃木県の青年として生存するようになったのであるか。これを考へることが公生活の初歩であるが、書物はまだこの問には何物をも答えていないのである。

### 教育方法としての言語

教育方面に携わる人ならば、もう夙《つと》に親しく経験せられたことであろう。以前の世の農村の教育法は、よほど今日とは異なったものであった。今の小学校に該当するものは私塾の素読や寺子屋の手習いでは決してなかった。年長者と共に働きまた父兄などの話を脇で聴いていて、いわゆる見習い聞覚えが教育の本体であった。何度も何度も繰り返されて、いつと無く覚え込む言語の感覚が、主要なる学課であった。方言そのものが今日の教科書に当たるものであったことは、近世全国一律の教授要領の下に、遠方から来た先生が多くなった結果、親から子への連鎖が著しく弱くなったことを考へてみればよくわかる。もちろんこれを防がん為に小学校を罷《や》めて、再び家庭と郷党との感化に、普通教育を一任する訳には行かぬが、少なくともこの全国一率の国家教育時代の大きな影響を意識して、なんらかの用意をもって避けがたい弱点を補充しようと試みることだけは必要である。

ここで述べられている教育観は戦後もゆらいではいない。柳田の歴史や国語への教育観は最初から教科書を敵《かたき》にしていたところがあった。それは教科書が日本人を画一的に一括りにし、ただ知識を与えるだけの教育にしてしまうからである。むろん、「再び家庭と郷党との感化に、普通教育を一任する訳には行かぬ」と言っているように、教科書が象徴する普通教育がだめだと言っているわけではない。「避けがたい弱点を補充しようと試みる」には教科書なしで教える工夫が必要だということであろう。

それならなぜ柳田は教科書作りに情熱を注いだのか。柳田が教科書などない方がよいと言ったのは、「この段階で中途半端な内容の教科書がつくられ、これまで教科書が絶対視されてきた経験を持つ教育現場にそのまま受け止められてしまうようなことが起きたら大変だと心配していたのだった[9]」、あるいは「彼は、教科書がまったく無用だと主張したわけではなかった。彼は、教科書を作るのなら、何のために普通教育で歴史を学ばせるのか歴史教育の意義を考えるべきことを主張している。戦後、柳田が教科書を使わない方針を提示したのは、学習者の生活の実際や需要を無視する教育方法に異議を唱えるためであった[10]」というのが、柳田の教育を論じる者の大方の意見であるようだ。つまり、決して柳田は教科書を否定していたのではなく、日本の教育の現状が、柳田が考えるような意味で教科書が使われるにふさわしいレベルに達していないという判断があったということである。

が、それなら、柳田が教科書作りにのめり込むことになる終戦からの数年後には、日本の教育は、そういったふさわしいレベルに達したということであろうか。むろん、そんなことはないはずである。民主主義への期待があふれ、新しい時代に向けた教育の方法を、官僚も現場の教員も模索していた混乱の時期である。柳田は、日本の教育がリセットされるこの時期に、自分の理想とする教育の実践を試みようと燃えていた。とすれば、日本人の教育に大きな影響を与える教科書に主体的にコミットできるのに、それを見過ごす手はなかったということだ。

さらには、社会科という新しい科目ができたことによって、柳田が育ててきた民俗学をその科目を通して広げることができるという期待もあった。とすれば、教科書は民俗学を認知させる大きな戦略的武器となる。つまり、民俗学を基盤として教育を厳密に実践しようとすれば、教科書など使わないという判断が当然なのだが、ひょっとすると理想の教育を一挙に実現する千載一遇の好機かもしれないと思わせる時代の雰囲気に、柳田は抗えなかったと見るべきだろう。とすれば、戦前からの柳田の教科書批判は、揺るがないようでいて、実は大きく揺らいだということになる。それは柳田の地方重視の教育理念が、国民国家の規模で実現できるかもしれないという、それ自体矛盾したことであるにもかかわらず、その国民国家的なレベルでの実現性への期待に抗しきれなかったということではないか。実はそのことは、単に理想主義の陥穽というよりは、柳田の教育理念が内在的に抱えていた問題であった。

## 三　柳田国男の教育観が抱える矛盾

結果的に柳田の教科書作りは挫折した。すでに述べたように、それは文部省の教科書の方針とも合わず、また時代のニーズにも合わないことに原因があったということだが、実は柳田の教育理念そのものにも問題があった。というのは、伝統的な家や共同体における教育的な機能を肯定していくことと、選挙において自分の意志で投票できる公民を育てるという、柳田教育論の大きな二つの柱は、一緒に論じるには、矛盾とは言わないまでも無理があったということである。

学校以外の生活の場における教育を重要視するという柳田教育論の大きな柱は、たとえば先に引用した『青年と学問』の「年長者と共に働きまた父兄などの話を脇で聴いていて、いわゆる見習い聞覚えが教育の本体であった。何度も何度も繰り返されて、いつと無く覚え込む言語の感覚が、主要なる学課であった」というところからわかるであろう。子供は学校以外の生活の場で、親から、また地域の人たちから様々な訓育を受け、あるいは口碑を伝えられている。それもまた大事な教育であって、それをまったく失ってしまうような学校教育には批判的だったのである。

一方、選挙において自分の意志で投票できる公民を育てることにあるとするもう一つの柱は、『青年と学問』の最初の見出しが「公民教育の目的」であるように、柳田が一貫してこだわっていたテーマである。そこで柳田は「祈禱・祈願によるのほか、より良き支配を求めるの途を知らなかった人たちを、いよいよ選挙場へことごとく連れ出して自由な投票をさせようという時代に入ると、始めて国民の盲動ということが非常に恐ろしいものになって来る」と述べ、公民教育の必要性を説く。柳田は戦争という事態にも、そのような国民の盲動に一因を求め、戦後の小学校教科書『日本の社会』の特徴に、正しい選挙のできる判断力を身につけさせることを目標とすると述べたように、その反省を教科書に反映させようとしたのである。

が、考えてみれば、選挙民の育成とは一人の自立した市民の育成である。選挙制度による政治制度の成立は、旧来の伝統的な地域共同体の利害や人間関係にとらわれない近代市民社会の成立を前提とする。柳田が、付和雷同になりがちな日本人の事大主義的傾向を嘆いたのは、この市民社会が未成熟だったからである。これは、いわゆるアンシャンレジームの市民革命的克服を経ないで、旧い社会の仕組みをそのままに国民国家の形成に走らざるをえなかった発展途上国が等しく抱えた問題である。日本もまたそうだった。

その意味では柳田の嘆きは発展途上国の知識人に共通したものだと言えるが、柳田が違っていたのは、その旧い社会の仕組みを、近代によって克服されるべきものとする弁証法的論理で否定せずに、むしろ生活者のアイデンティティとして把握し直すことで、近代的な意味での公民になりえる、と考えたことである。だからこそ、国民を画一化する教育を批判し、たとえば方言のような地方の独自性を積極的に生かす国語教育を唱え、先に引用した『青年と学問』の「歴史の欠乏」という文では、「いかなる因縁原因を以て今日この付近近くのある村に、栃木県の青年として生存するようになったのであるか。これを考へることが公生活の初歩である」と語る。自分の住む地域の歴史を自分との関わりにおいて知ること、それを「史心」と言うが、それもまた公民を育てることだと考えていくのである。

この柳田の論理には一見矛盾はないように思える。が、よく考えると、地域の独自性や、その地域に古くからある教育の仕組みを尊重することが、果たしてよき選挙民を育てることにつながるのかどうか疑問に思えてくる。宮本常一の『忘れられた日本人』の中に、村の寄り合いの話がある。宮本が対馬のある村を訪れ古文書を見せてほしいと頼むと、その家の主人は村の寄り合いにかけることにする。この村では決めごとがあると村人が集まって納得のいくまで話し合うという習慣なのである。そして寄り合いが開かれるのだが、二日間昼も夜も村人はいろいろな世間話ばかりしている。しびれをきらした宮本が再度頼み込むと、会場にいた一人の老人が「みればこの人はわるい人でもなさそうだし、話を決めようではないか」と提案するが、それでもなかなか決まらず、宮本に頼まれた老人が再度はかると一同「あんたがそういうなら」と話が決まったというものである。

いったい延々と続いた村人の話し合いは何だったのか、と考えさせるところが面白いのだが、これを民主主義的な合意形成という観点から見ると、克服されるべき旧い慣習ということになろう。だが、世間話に明け暮れた村人の話し合いは、合意形成において決して無駄ではなかったという見方も可能だ。村人は、一つのテーマについて効率的かつ集中的に議論をしなくても、全員でいろいろな話をする中で暗黙のうちに合意を推し量っていたとも言える。こういう議論の方法もありえるということである。柳田の民俗学の見方からすれば、こういった合意形成も地域共同体が育んできた一つの智恵であり、付和雷同的で未熟な合意形成の仕方として排除されるべきではないはずだ。だが、良き選挙民を育てるという観点からはどうだろうか。

柳田の言う良き選挙民とは、民主主義的国民国家の形成に責任を持つ市民といった、地域を超えた社会の普遍的な仕組みに自覚的な近代的個人の意味に近い。国政選挙で、右のような村の寄り合い的な合意形成はありえず、そこでは選挙民は長老に一任せずに自分の考えで投票することが求められる。柳田の教育論の柱は、そのような自分の考えで投票できる個人の育成ということである。が、それなら、「こんな非効率的で旧弊な寄り合いなど何の意味もない。テーマを決めてみんなで議論して早々に決めようじゃないか」と自己主張し、村の寄り合いを否定する個人を柳田は育成するということだろうか。そうではないだろう。柳田は、一方で、地域共同体文化の独自性による教育効果を肯定する。村の寄り合いの世間話にもそれなりの意味がある、という観点を柳田はとるはずだ。

とすると、柳田の二つの柱による教育論は、相容れない要素を抱え込むということになる。先ほどと同様に、矛盾とまでは言わないが、それらを教育論として一括りに実現するには無理がある、ということになる。

大塚英志は、昭和初期における柳田の「公民の民俗学」を評価し、戦後の柳田の民俗学を「世間の民俗学」として批判するのだが、それを次のように述べる(11)。

しかし、「個」を孤立させ、それぞれが自分の「心意」をことばとして表出する技術を持ち、それぞれの差異を踏まえて公共性を立ち上げようとするかつての「公民の民俗学」と、一方では「国家」の、他方では「母」の代償としての「世間」の中で、すでにある秩序に合わせることで「正しい」選挙民たれと説く「世間の民俗学」の差はあまりにも大きい。

（略）

昭和初期に束の間に台頭した「公民の民俗学」こそが、ぼくたちが「日本」や「ナショナリズム」という、近代の中で作られた「伝統」に身を委ねず、それぞれが違う「私」たちと、しかし共に生きうるためにどうにかこうにか共存出来る価値を「創る」ための唯一の手段であると考える。

私はこの大塚英志の主張にほぼ賛成なのだが、ただ違うと思うところもある。それは、柳田の二本の柱による教育論は、戦前も戦後も変化していないと考えるからだ。確かに戦後、教科書作りに夢中になる柳田の教育論は大塚に批判されても仕方がない面がある。柳田の教育論は戦後「国家」に深く関わる。だが、それは柳田の教育論の変質というよりは、最初からその可能性を柳田の教育論が持っていたからであり、戦後その教育論が置かれた時代の文脈が変化してしまったために、大塚の批判する面が出てきてしまった、という点にあると考えるのである。

昭和初期、柳田は「郷土教育」を唱える。それは地方の地域共同体に生きることの自覚を通して、自分の言葉を語れる人間の育成という理想的な教育論であったが、それは同時に良き選挙民の育成であって、その教育論が戦後のたとえば社会科の教科書にそのまま反映されているのである。この教育論が果たして良き選挙民の育成につながるのかどうかは疑問を呈しておいた。市町村の長を決める選挙民の育成という意味でなら、郷土から自分をとらえなおしていく教育論は効果的だろう。が、柳田の言う良き選挙民は国政選挙を想定している。先に引用した『青年と学問』の「祈禱・祈願によるのほか、より良き支配を求めるの途を知らなかった人たちを、いよいよ選挙場へことごとく連れ出して自由な投票をさせようという時代に入ると、始めて国民の盲動ということが非常に恐ろしいものになって来る」と述べたのは、大正十四年の長野県東筑摩郡教育会での講演の文章であるが、これは同年に交付された「普通選挙法案」を念頭においたものである。つまり良き選挙民とは、どちらかと言えば国民国家を形成する個人（市民）を意味するのであって、その個人を郷土的な存在の自覚から育成していくとする論理には無理があろう。

というのは、選挙で為政者を選ぶ近代国家は、伝統的地域共同体の発展形態ではないからである。選挙は、地域共同体の崩壊によってよりどころを失った民衆を国民国家という幻想に誘い込む装置としての面も持つ。ナショナリズムも、崩壊しつつある地域共同体の親和的機能を国家レベルにおいて人為的につくりだそうとする共同幻想であって、対外戦争に国民を動員する幻想装置となる。柳田は、そういった国家的な規模でつくられる幻想には距離を置き、地域共同体に軸足を置いた国民（常民）の育成を目指したはずである。だが、良き選挙民の育成という言い方によって、距離を置いたはずの国家の側にも実は軸足を置いてしまっている。

柳田が教科書に一貫して批判的だったのは、国家に距離を置こうとしていたことと無関係ではない。近代の国民国家は、地域共同体（郷土）の独自性に無関心であり、むしろ画一的な国民像を望むからである。それならなぜ、良き選挙民の育成という国家的なテーマを民俗学的教育論のテーマに掲げたのか。そこには、公というものに対する柳田のある意味での無自覚さがあったと思われる。つまり、地域共同体レベルの公と、国家という規模も性質も異なる公とを区別しない無自覚さである。また、彼の民俗学もしくは教育論が、国家もしくは国家的権威を背景にしたアカデミズムとは無縁な場所でほそぼそと行われていたということもあったろう。そういう状況では、教育論の二つの柱が抱える相反する要素が表にあらわれることもなかったのである。

ところが戦後、柳田の民俗学的教育論は脚光を浴び、突然国家的レベルでの教育現場に取り上げられることになった。教科書作りへの機会がやってきたのである。最初、柳田はとまどう。昭和初期から一貫して教科書に批判的だったからである。しかし結局、教科書を肯定し熱心に参加していく。それは、柳田が距離を置いたはずの国家へと軸足を積極的に移すことだった。教科書は教育における国家統制という幻想をまとう。その教科書に主体的に参加することは、ある意味では、教育における権力もしくは権威に近づくことであり、国民を画一化する仕組みに荷担することである。そういった教育管理に批判的であったはずの柳田が、なぜ教科書作りに参加したのか。柳田は、もともと良き選挙民の育成といった国家レベルでのテーマを抱えていた。その教育論にとって、国家レベルで取り上げられるという絶好の機会を無視はできなかったということだ。

が、そのことは、その教育論が抱えていた相反する要素を表にさらすことになった。昭和初期以来の「郷土教育論」から唱えていた地域の独自性の側からの学びと、戦後民主主義国家の良き選挙民の育成といったテーマとを直結する教育は、すでに述べたように現場に混乱をもたらした。国家という公に距離を置きながら、一方でその国家レベルの公に依存した柳田の教科書は、当然のごとくうまくいかなかったのである。

## 四　柳田教育論の再評価

ここまで、柳田の教育論が抱える問題点を指摘し、また教科書作りへの参加を批判的に論じてきた。だが最後に、柳田の教育論は再評価されるべき点があることを述べておきたい。地域の独自性を大事にし、その地域に生きることをとらえかえすことで自らの意志で語る言葉を獲得させる、という柳田の教育論は今でもその意義を失っていない。ただ、それが国家規模の教科書という公のレベルで実践されたことが問題だったのである。とすれば、柳田の教育論はもっと小さな公の範囲で実現されるべきだったということになる。

私は、戦後、柳田は教科書作りに参加するべきではなかったと思っている。そこは初心を貫くべきであった。むしろ、国家に距離を置いて、地域地域における特色ある手作りの教科書を地道に作るべきだった、と思う。それは良き選挙民の育成という点からはもどかしいことかもしれないが、選挙という制度がつくる公の範囲を、少なくとも、国家のような大きな範囲ではなく、地方の小規模な公の範囲に想定すれば、柳田の民俗学的教育論はそれほどの無理を抱えることもなくなり、評価しうるものになるはずである。

内田樹は、現在の日本という国家はそのキャパシティが大き過ぎる、「廃県置藩」を行ってかつての藩の規模くらいに公の範囲を縮小するのがちょうどいいのではないかと主張しているが[12]、賛成である。柳田の教科書は、内田の言う藩程度の公の規模でなら（もう少し小さくてもいいが）、その教育の力を発揮しえたと思えるのだ。

注

（1）『展望』創刊号　筑摩書房　一九四六年一月一日
（2）杉本仁『柳田国男と学校教育』梟社　二〇一一年
（3）注2に同
（4）後藤総一郎監修、柳田国男研究会編著『柳田国男伝』三一書房　一九八八年
（5）注4に同
（6）注2に同
（7）注2に同
（8）注2に同
（9）田嶋一「柳田社会科と歴史教育」『柳田国男「日本の社会」別冊資料解題』第一書房　一九八五年
（10）関口敏美『柳田国男の教育構想』塙書房　二〇一二年
（11）大塚英志『公民の民俗学』作品社　二〇〇七年
（12）内田樹『街場の憂国論』晶文社　二〇一三年

# 《II》葛藤する表現

# 北村透谷論　永遠の未完

## 一　二つの小説家像

明治二十年（一八八七）八月十八日の北村ミナ宛書簡を読むと、透谷が小説家なるものをどのように想い描いていたかがよくわかる。たとえば、

生は既に自ら生活を営む可き身にてあり、鋭敏に商政を計るべき一個の無間暇《むかんか》男児なり、汝をして小説家となるべき企図を抱しめんか、汝は一椀の飯をも得る能はざるべし、然れども汝の胸中にある小説家とならんと云ふ望みは、遂に奪ふ可からざる者なり、(1)

といった自問自答の文章を読むと、透谷における小説家像といったものが浮びあがってくる。ここで透谷は、小説家は喰うという次元とは対立する職業であり、それが故に自分は小説家にならざるをえないのだと主張しているのである。

明治二十年における小説家の社会的地位が、現代の知的職業としてのその地位より格段に低いものであったことはわかるが、小説家が一椀の飯も得ることのできない職業であるわけがない。ここは小説家に高い精神性を付与するあまりの透谷独得の過剰な言い回しを読むべきであろうが、それよりも、一椀の飯を得るための小説家であってはいけない、そのような小説家像がここで透谷によってつくり出されたと考えるべきなのだろう。

ところで透谷は、この手紙を書いている時点で、「小説家とならんと云ふ望みは、遂に奪ふ可からざる者なり」とか、その前の文章で「以上縷述し来りたる生の経歴と性質とは、以て生をして自ら小説家たるを得んと自負せしむるに足る者なり」といった言い方で自己の小説家たることの必然性は強調するのだが、自分は小説家になるのだ、といったような直接的な言い方はしていない。このとりようによっては素直でない小説家への自己言及に、文学を志す青年の、自分の才能に対する自負と不安の入り混じった屈折した心情を見ることができよう。たとえばこの八月十八日の書簡の直前、すなわち明治二十年七月下旬か八月上旬に執筆されたと思われる北村ミナ宛書簡草稿「夢中の詩人」(2)に透谷は、

> 公歴《まさつぐ》兄、の、思想豊富なる事、君の如き人をも交際の、籠の中に入れて置きたるを想ひ出で、そぞろ感慨に堪へず、久しぶりにて、机の上に、ほふひじ〔頬肘《ほほひじ》〕つき、ペンを持ちはじめました、知らるゝ如く、年若く、識狭く、思想乏しき、一個の愚人、故、交際の価直なしとて、直に、なげ出したまわぬこそ望ましけれ

と書きつけた。この卑下のしかたは、八月十八日書簡の「小説家たるを得る自負」とは大違いだが、このそれほど時期の違わない二つの自己評価に、自負と不安の間の「ゆれ」、言い換えれば自分で自分が把握できないことによる「ゆれ」を見ることができるだろう。このことから確かに、小説家であることの必然を強調はしたが、断定する言い方は避けたふしがあるその微妙な屈折を説明することはできる。が、透谷がここで小説家たりえる自己と、ありうべき小説家像を同時につくりあげねばならなかったのだとしたら、この微妙な屈折した言い回しは、あまりに先駆的すぎる小説家像に、自己の存在を重ねてしまうことに対する不安あるいは困難の故だと考えるべきかもしれない。

同じ八月十八日書簡の「以上縷述し来たる生の経歴と性質」のその経歴の項で、透谷は、

翌明治十八年に入りて生は全く失望落胆し、遂に脳病の為めに大に困難するに至れり、然れども少しく元気を恢復するに至りて生は従来の妄想の非なるを悟り、爰に小説家たらんとの望を起しけり、然れども未だ美術家たらんとは企てざりし、希くは仏のヒューゴ其人の如く、政治上の運動を繊々たる筆の力を以て支配せんと望みけり、

と書いている。このように明治十八年の回想の時点では、「小説家たらんとの望」とか「筆の力を以て支配せんと望みけり」と言うように、透谷は小説家であろうとする意志を、まわりくどい言い方をせずに正面きって表明しているのである。この小説家像は「以て生をして自ら小説家たるを得んと自

負せしむるに足る者なり」「小説家とならんと云ふ望みは、遂に奪ふ可からざる者なり」と書かれた意味での小説家像とはだいぶ違っている。とすれば、この明治二十年八月十八日の現在時に書かれた「小説家」と、明治十八年の回想時における「小説家」は、透谷の中で、その像において区別されていたと考えることができよう。

問題はその違いだが、明治十八年における小説家たらんとする望みは、政治家になろうとするような、あるいは商人になろうとするような意味で小説家たらんとする望みであった。それはほとんどなろうとする者の意志の問題であると言えるが、明治二十年の場合の小説家像は、なろうとする意志とは関わりなく、あるいはそのような次元とはまったく別にならざるをえないものであり、同時にどんなに意志したところで必然というものがなければなることができないものであると言えるだろう。透谷は明治十八年においては俗的な意味での小説家になろうとしたのであり、明治二十年のこの書簡の段階では、小説家を高尚な位置に置いたために、小説家になる望みを「奪ふ可からざる」と表現しなければならなかったのだ。

つまり、透谷は高尚な存在であるべき小説家像を希求するが故に、同時にそのような存在となるべき自己の現在と重ねることで、自己と小説家の両方を確証しようとしたのだ。北村ミナ相手にというよりは、北村ミナという聞き手を借りて自分相手に自己のアイデンティティをまわりくどく確認したのである。この二つの小説家像の違いは、たんに自己の意志した像の過去と現在時の違いというだけでなく、近代において定立されてくる「小説家」という像そのものの登場を暗示するという意味において重要である。

## 二　『富士山遊びの記憶』の文体

この二つの小説家像の違いは、明治十八年の夏に書かれた『富士山遊びの記憶』の文体と、「奪ふ可からざる者」である小説家にならんとした透谷の創作、たとえば『楚囚之詩』や『蓬莱曲』の文体との違いとしても語ることができるはずである。

『楚囚之詩』や『蓬莱曲』は伝統的な詩のリズムでもなく散文でもない、透谷独得のリズムを持った文体によって成立しており、その意味で透谷の不安定な内面が文体の不安定さとしてあらわれている。が、『富士山遊びの記憶』は戯作体とは言わぬまでも、それに近い文体で最初から最後まで統一されており、透谷の創作の中ではもっとも安定した文体を持つものと言えるだろう。文体における安定ということは、作者である透谷の表現意識の安定をさす。つまり、この『富士山遊びの記憶』の文体の安定は、透谷の表現意識の安定を示しており、それは透谷が小説家像を俗的な位置に置いたことに対応すると考えるのである。

別な言い方をすれば、『富士山遊びの記憶』において透谷は、伝統的な文学という場所に自らを位置づけたのであり、それ以降の創作においては、「奪ふ可からざる者」としての小説家像を選び取ったが故に、新しい文体による新しい文学創造の場に身を置こうとしたのだと言えるだろう。いわばそれは二つの小説家像の問題であるより前に、透谷における二つの表現意識の問題であるとも言えるが、ここではその二つの差異を「作品」という構造に関わらせて考えてみたい。

『富士山遊びの記憶』は一個の作品として完結しえている。この場合の作品とは、あるまとまりを持った言語表現がその展開の中で自己完結しえているとき、固有性を持ってあらわれる表現の全体を意味する。自己完結しているかどうかの判断は、作者と読み手の作品を了解するコードによっていると言えるが、その判断が一般にその時代に共通した既成のコードによっているとき、その作品は制度としての既成の作品構造を持つと言える。『富士山遊びの記憶』はそのような意味での既成の作品構造を持つものであると言っていいだろう。それはこの作品が紀行文としての体裁を崩していないということや、

吾は元より貧しき書生にしあれば、馬車や車の贅沢は吾身の分にあら《されば》ず、健康のそこなひなさぬ限りには、杖を語らひたどりあゆむこそ、誠の本意と申すべけれ。

といった書き出しの戯作調の文体が、安定して最後まで貫かれているといったことなどによって理解できるだろう。

この作品の文体が安定しているのは「作品」という既成の枠の中に透谷の表現意識が安住しているからに他ならない。ここで透谷の表現意識は既成の作品空間を成就させるものとして機能しているわけである。

別な視点で語れば、この作品には、作者の透谷と一定の距離を保った無性格な語り手が安定した位置を動かずにおり、「奪ふ可からざる」小説家としての透谷はまだ文体において姿をあらわしていな

い。

『富士山遊びの記憶』の書き出しは「吾《われ》」という一人称で始まるが、これは語り手による自明の「われ」であって、透谷が透谷自身に問いかけるような不透明な「われ」ではない。たとえば富士山頂の場面で、「金明水といふはわれ石の麓にあり、金明水、銀明水非常に冷たく、咽を過ぐる時《気》咽管も氷るばかりに思われたり」と語るときの「われ」は、金明水を飲みそれに固有な何かを感じる意志的な「われ」ではなくて、富士山に登って金明水を飲めば誰でも咽が凍るばかりに感じる、そのような大勢の感覚を代表する「われ」であると言えるだろう。

このような「われ」は自明であるが無性格である。語り手が自明な「われ」を作品のあらゆる場所に潜ませるとき、作品はそれこそ自明な作品として完結する。『富士山遊びの記憶』が作品として完結しえているのは、隅々にまで潜んでいるこの自明の「われ」によるのだと言っていいだろう。

小沢勝美は『富士山遊びの記憶』の生原稿の綿密な考証によって次のような指摘をしている。(3)

原稿には朱筆の読点と黒の読点が二重になっている部分があり、その二重の部分は朱筆で文章を是正する際に読点の必要性を確認するために、すでに黒で読点があったところの上にさらに朱でも読点をうったらしい部分であること。そして朱筆の是正が冒頭の部分（廿六丁のうちの四丁分）に集中していること。

小沢勝美はこのことから透谷は読者を意識した、つまり公的な場へ発表することを前提として推敲

に推敲を重ねたからだろうとし、その推敲による文体の意識について、

すなわち、明治十八年夏の透谷の内部には、かつての日本の政治小説とは異ったもう少しスケールの大きい、しかも内面的な苦悩を表現できるような仏のヒューゴのような小説を書きたいとの志向があり、同時に後にのべる渡辺崋山の「游相日記」におけるような「風景の賞味家」、「人情の研究家」としての「政治小説家」をめざして筆をとったが、いざ書き出してから読みかえしてみると、それはさきにAの部分にとり出したようなあまりにもその会話調のやりとりが軽すぎて戯作的な文体（略）を感じて、墨で消し、こんどは、本来の政治小説的な文明批評をもう少し盛り込もうという意識が働いた結果、そのあとのつづきを書いたところ、これも時間がたって読みかえしてみると、今度は逆に何とも啓蒙的な批評（略）が出すぎているように感じられて、それを朱筆で抹消したのではなかろうか[4]。

と述べ、そこに政治小説家意識と小説（美術）家意識の間のゆれを読んでいる。すぐれた考察だと思うが、明治十八年の透谷における小説家像を微視的に分ければ、このような分析も納得できる。だがすでに述べたように、明治二十年八月十八日の書簡に書かれた二つの小説家像という視点で分ければ、政治小説家意識も小説（美術）家意識も「奪ふ可からざる者」でない俗的な位置における小説家像であって、その差は問題にはならない。むしろ、ここで小沢勝美の指摘に注目するのは、冒頭部分の推敲や読点への意識といったものは、既成の作品空間を成就させるための表現意識をあらわすものでは

ないかと思うからだ。

　小沢勝美の指摘する推敲部分を見ても、作者・透谷自身の不透明な内面が、安定した語り手による「われ」を押しのけて顔を出すわけではない。つまり、その推敲は後年『楚囚之詩』や『蓬萊曲』などで透谷の内面を体現した不透明な「われ」によって語られる、不安定であるが水準の高い文体を知っている私たちにとっては、どちらにしてもたいしたことのない推敲なのである。したがって、このような推敲は「作品」という完成体に照準を合わせた推敲であり、それこそ当時の自明な読み手のために、つまり自明な公的読者層に向かって骨折られた推敲と言えるだろう。

　ところが、『富士山遊びの記憶』は作品として実質的に完成しているにもかかわらず、透谷はその奥書に、

明治十八年夏中
昼寝の隙を見
て起草す但し
当分清書せぬ者
に候

と書くことで、作品として公表することを思いとどめている。何かの事情があって公表できなかったのか、それとも透谷自身が作品として認めなかったのか、その真意はわからないが、いずれにしても

それは『富士山遊びの記憶』の執筆時期に関わってきそうに思われる。つまりこの奥書にある「明治十八年夏中」という時期が、政治活動からの離脱を決定的にした大阪事件（本書「はじめに」参照）以前なのか以後なのかということが問題になっていそうな気がするのである。

この執筆時期が大阪事件による離脱以後とすれば、透谷の政治からの訣別の負い目を考慮することなしに読むことは不可能となり、したがってその戯作調の文体の印象はがらりと変わってしまう。つまり『富士山遊びの記憶』の執筆時期がいつかという問題は、その読みに関わる問題であり、従来研究者によって様々に言及され、そして説が分かれているのである。

前田愛は離脱後として次のように述べる。

透谷の内面にわだかまったこの訣別の負い目は、『富士山遊びの記憶』前半の韜晦と屈折にみちた異様な表現で蔽い隠されなければならなかった。これまで戯作調の文体と規定されてきたものがそれである。『富士山遊びの記憶』の評価は、この戯作調の文体から、透谷の精神の弛緩を読みとるか、その苦渋を読みとるかによって、大きく二つに分れてくるだろう(5)。

私も離脱以後だと考えているので、このような前田愛の「読み」には賛成なのだが、しかし、その読みが果たして離脱以後であるという先見性を排除して読まれたものなのかどうかという確証が、その読みの中にはない。少なくとも『富士山遊びの記憶』は離脱以前という予見で読めば、韜晦や屈折を見いださない読みを可能にする文体であるはずである。たとえば、「いざ一足とうなづきて、踏み出す足より胸の中、今の苦界は如何ばかりか、盟ひの友にも言い兼ぬる、世みちを渡る杖ひとつ、ほんに暗みとは月無き夜を云ふになん、日なき昼をば何と云ふ」といったところなどは、離脱以後という予見で読めば、訣別の負い目を持った透谷の胸中を重ねることで、この紀行文全体を代表する文ということになるが、離脱以前として読めば、景と心情の描写の繰り返しによってつづられている紀行文の中の一節として全体の中に紛れてしまうものであろう。

つまり、全体として見たとき、紀行文として完成され安定した文体として統一されているこの「作品」自体が結果的には離脱以前と読ませる根拠になっているのである。

離脱以後ととる立場の弱点は、その確証が読みの中にしかないということであり、その読みが何かの先見性に頼らざるをえないという読み本来の曖昧性にあることだと言えようか。したがって、離脱以後とする立場を補強するためには、この紀行文の安定した構造をどう評価するかにかかってくるだろう。

私の考えでは、離脱後の透谷がそのショックから立ち直るために俗的な位置における小説家像へと自己を重ねようとした結果、安定した文体を引き寄せたのだと思う。おそらくはそこが絶望と対極にある安定した文学世界であったからこそ、透谷はそこへ自己を投入しようとしたのだ。そう考えれば、ところどころに苦渋に満ちた文体が出てくるのも理解できる。したがって『富士山遊びの記憶』の安定した表現意識は、俗的な小説家になろうとした透谷の積極的な意志の産物と言うことができよう。

ここで透谷はまだ〈苦界〉を表現主体の苦渋の文体として表現しきっているわけでも、またそれを可能にするような小説家像を手に入れているわけでもない。とりあえずは、既成の作品という安定を保証する文学空間に浸るのが目的だったろうと思われる。しかし、奥書に書きつけられた「当分清書せぬ者に候」は、離脱後の透谷が陥った深刻な事態が、彼と作品の間に介在し始めたことを物語るのではないか。つまり、ここで執筆時期の問題が表に出てくるのである。

確かに透谷は作品を確保しえた。が、あらためて作品に対峙したとき、その作品が彼自身の〈苦界〉の意識とあまりにかけ離れていることに気づいたことは十分に予想される。そのとき透谷の意識に作品を完結させるコードの変容が起こったとしても不思議ではない。清書を断念したのは、少なくとも公表するのを断念したことであり、既成の文学空間としての「作品」を色あせたものとして受感したことに他ならないからだ。この『富士山遊びの記憶』という作品と向かい合ったとき、透谷は文学に対する自らの態度の変容のきざしを感じとっただろう。それは、大阪事件による離脱以後の負い目を抱えこんだ不透明な「われ」に、透谷の表現意識がつき当たったことを意味するに違いない。以後、透谷は簡単には作品を生みだせなくなる。新しい表現へのきざしが、「作品」という既成の文学空間への違和を透谷の内部に生じさせたからである。

## 三　反古になった作品

『富士山遊びの記憶』以降、透谷がいかに「作品」というものと苦闘したかを示す資料として、『透谷全集』第三巻（岩波書店）に勝本清一郎の手によってまとめられた「未完並びに散逸作品記録」がある。

その中に島崎藤村「亡友反古帖」が収められていて、初期の透谷の創作活動を知ることができる。

透谷子が始めて詞壇に志せしは十九歳または二十歳頃なるべしと覚ゆ当時風南子、無性子などの号あり。その頃の反古多くは散逸して首尾全からざるもの多しと雖も、草稿の吾許に存せるものにて、江藤浩作、新奇好男子《スキヲトコ》（脚本第四齣まで会話躰）、南州の石碑、薄命、袖はぬらさじ（韻文）、桃太郎遠征記、小児《こども》の時、貴人（滑精流の詩として中等以上の人士が遊惰放縦なるを詰責すべしとあり）、東北振興中原之鹿（小説又脚本めきたり）、林中会義、四条畷（脚本草稿）、世の感、文学の平天地、志士の門出、僧雄正坊、南州翁（脚本第一齣丈）、洗礼を受けたる夕べ、これらは小説脚本韻文小品等の題目にして、論文の草稿には、女子に就て、嗚呼遊廓の大弊害、自由党自身の病性、日本の婦人に代り俯仰天地に訴ふ、などあり。

十九歳または二十歳という年齢は数えであろうから、同全集年譜の年代にあてはめれば、明治十九年または二十年のころとなる。多少の年代の幅を計算に入れ、散逸した反古が多いという藤村の言葉を信ずれば、透谷は明治十八年、小説家たらんとする望みを抱いてから、かなりの作品を創りあげようと努力していたことがよくわかる。

また「亡友反古帖」には、二十二歳から二十三歳のころとして二十八編、『蓬萊曲』を書いたころのものとして十四編の反古になった草稿をあげている。「亡友反古帖」の他に透谷の日記である「透谷子漫録摘集」から、明治二十三年に四十六編、二十四年に十八編、二十五年に十八編のまだ発表されていない作品名があげられている。

「亡友反古帖」と「透谷子漫録摘集」には重複する作品がいくつかあり、また同じテーマを推敲したらしい草稿も入っているが、それにしても透谷の残した反古の山はかなりの数になると言わねばならないだろう。そして公にされた透谷の作品の少なさを思い合わせてみるならば、これは注目すべきことである。

なぜ透谷は次から次と作品を書き続けながら、それを完成した作品として提出できなかったのだろう。おそらく、その理由の初源は、『富士山遊びの記憶』が反古になったときの透谷の作品に対する態度から始まる。

それは、透谷の自明な「われ」による作品のための表現意識が作品から乖離して、彼自身の自明でない固有な言語表現そのものへ向かったことを意味する。その不透明な「われ」を孕んだ文体は透谷の言語体験そのものとして表現に定着されなければならない。作品として成就する前に、まずそのことが確認されなければ透谷にとって表現などありえないように、透谷は自らの表現意識を変容させていったはずだ。

明治十九年または二十年における未完の草稿が、果たして『富士山遊びの記憶』のように作品としての体をなしたものなのか、それとも初めから作品としての構造を持たないものなのかはわからないにしても、それらをことごとく反古にしたのは、それらを一個の作品として成就させるように表現意識が働かなかったからだろう。不透明な「われ」を言葉としていかに刻印するかということにしか表現の価値を見いだせなかった状態が、次から次へと生み出されていく創作物を作品へと結実することを妨げたのだ。そうでなければ透谷が、できあがった作品をそれが作品であるという理由で色あせたものとしてしまったのである。

全集の第三巻にある年譜、一八八六年（明治十九年）の項に、「まだ文壇に顔を出しません前に、北海道あたりの新聞へ小説を出して居た事がありましたが、くだらないものばかりで、自分でそれ等は全て破り捨てて残してはありません」という北村ミナの記事（「『春』と透谷」『早稲田文学』一九〇八年七月号）が載せてある。これによっても、明治十九年に透谷が小説を作品として書いていながら、それを色あせたものとして見ていたことがよくわかるだろう。

作品という枠は、良かれ悪しかれまだ完全でありえぬ作家の表現行為を途中で切り取るものである。しかし、いったん作品として成立してしまえば、作品は歴史、社会、文化といった様々なコンテクストの中で読まれなければならない。つまり作家の手の届かぬコンテクストの中に作品が位置づけられてしまうのであり、その意味で作品は作家の手から離れるのである。そして作家にとっては不完全な作品であっても、読み手は完結した作品として読むことができる。が、読み手は作家をそのコンテクストに位置づけられた作品から見失うことはない。読み手も基本的には読むという行為の中の言語体験を読むからであり、その体験こそ作家と共有しうるものであるはずなのだ。したがって、真の作品という枠は、様々なコンテクストの網目をかいくぐって作者と読み手に共有され、そして創造的な言語体験を可能的に保証する器なのである。が、一般的には作品という枠は様々なコンテクストの網目そのものとして了解されているから（たとえば、作品が様々にジャンル分けされるのも、このようなコンテクストに従うからである）、言語体験を無視しうる制度的な枠組みにならざるをえない。したがって、読み手は常に二重の作品という枠に向き合わざるをえない。だから、いかに読むかという「読み」の評価が問われ続けるのである。

従来どの時代にあってもすぐれた作品は、既成の作品という枠を破るという形であらわれている。自己の言語体験を表現に定着させることのない既成の作品という枠に、不満を感じることから真の創作が始まるのである。そのとき、作品を破る作品の構造、すなわち作者が読み手と共有しうる言語体験を露出させる構造をいかにつくるか、ということから新しい作品の創造は始まらざるをえない。

透谷が『楚囚之詩』を発表するまでの数年間の、激しいまでの創作活動と結果としての沈黙は、この新しい作品を生みだそうとする胎動だったのである。

## 四　『楚囚之詩』の構造

『楚囚之詩』（明治二十二年）は、既成の作品を拒否した透谷の表現意識が不可避に抱え込んだ生みの苦しみの中からようやく生みだされた作品である。ということは、透谷は『楚囚之詩』に、作品が作品を破るという構造を与え、そこに自己の言語体験がそのまま体現されるような文学空間をつくりえたと判断したのである。透谷は『楚囚之詩』の自序に「元とより是は吾国語の所謂歌でも詩でもありませぬ、寧ろ小説に似て居るのです。左れど、是れでも詩です、余は此様にして余の詩を作り始めませう」と書いたが、こう書かざるをえなかった理由がよくわかるだろう。世間の基準に従えば『楚囚之詩』は詩でも小説でもないことを明らかにし、従来の意味での作品ではないことを、すなわち己にとっての詩であることを強調せざるをえなかったのだ。
が、問題は、それでも一応作品として成立した『楚囚之詩』が、透谷の意気込みに堪えうるものであったかどうかだ。

『楚囚之詩』の文体が、伝統の定型的な詩の韻律によるものでなく、また散文でもない独得なものであることは、従来指摘されてきたところである。まさに透谷は文体の選択においてすでに自己の言語体験を体現しているのである。菅谷規矩雄は『詩的リズム――音数律に関するノート』でそのことを的確に指摘している。

> 透谷は、出自である〈漢詩―俗謡〉系から、七五律をほぼかんぜんに排除するにいたる自覚をへて、《楚囚之詩》を書きはじめた。しかもなぜ、散文＝小説ではなく、律文＝詩でなければならなかったのか――《楚囚之詩》の大胆さとは、ひとつにはそれが新体詩のさいしょに、〈意識〉の内部で自律する屈折を表出の主題としてみちびきいれたところにある。この屈折は、まったくあらたな〈体験〉であったために、内的な時間の不連続という感覚をまずもたらした。七五律のふくむ平易な連続感とはあいいれない時間性であり、他方、散文によっても統括されない断＝続をなしてあらわれたのである。(6)
>
> （傍点原文）

菅谷の述べるように、『楚囚之詩』の文体が散文でもなく七五律でもない透谷独自のリズムを持った理由は、それによってしか「内部で自律する屈折」を表現できなかったからであるが、私の言葉で言えば、不透明な「われ」を刻印する言語体験をそのようなリズムによってしか確認できなかったからである。この言語体験を、あるまとまったストーリーのもとに構成できて初めて、透谷は作品という枠を破りうる作品の誕生を納得したに違いない。「然るに近頃文学社会に新体詩とか変体詩とかの議論が喧しく起りまして、勇気ある文学家は手に唾して此大革命をやってのけんと奮発され数多の小詩歌が各種の紙上に出現するに至りました。是れが余を激励したのです、是れが余をして文学世界に歩み近よらしめた者です」と自序で述べる大革命を、ようやく自他に認めさせる形で結実させることができたと透谷は考えたに違いない。この自序の一節にはそのことの気負いがよく出ている。

確かに『楚囚之詩』という作品は、

曾って誤って法を破り
　政治の罪人として捕はれたり、
余と生死を誓ひし壮士等の
　数多あるうちに余は其首領なり、

といった簡単な導入部による舞台設定の後、

余が口は涸れたり、余が眼は凹《くぼ》し、

曾って世を動かす弁論をなせし此口も
曾って万古を通貫したるこの活眼も、
はや今は口は腐れたる空気を呼吸し
眼は限られたる暗き壁を睥睨し
且つ我腕は曲り、足は撓《た》ゆめり、
嗚呼楚囚！　世の太陽はいと遠し！
噫此は何の科《とが》ぞや？
ただ国の前途を計りてなり！

といった不透明な、苦痛に満ちた「われ」に析出された独得の文体を一貫して持続させている。その限りで読み手は、この牢獄に囚われたことの物語性よりも、この文体のリズムによって織りだされる牢獄の波及的イメージを「読む」のである。おそらくこの「牢獄」は透谷の言語体験そのものに共振するが故に、読み手の言語体験の共振となってあらわれる。いわば牢獄の心的なイメージが透谷の言語のゆれとしてこちらに伝導されるのである。この伝導が保証される限りで、『楚囚之詩』は真の意味での作品性、すなわち作品が作品を破りうるという構造を有するという意味での創造的な作品性を持ったと言えるだろう。

が、そのような作品性をそのまま作者・透谷から切り捨てて投げだすことは容易な技ではない。この作品性の処女飛行を待ちうける伝統的な「作品」のコンテクストは、それほど甘くはないのである。

『楚囚之詩』は次のような終わり方をせざるをえなかった。

鶯は余を捨て、去り
余は更に快鬱《あううつ》に沈みたり、
春は都に如何なるや？
確かに、都は今が花なり！
　斯く余が想像中央《おもひなかば》に
久し振にて獄吏は入り来れり。
遂に余は放《ゆる》されて、
大赦の大慈《めぐみ》を感謝せり。
門を出れば、多くの朋友、
　集ひ、余を迎へ来れり、
中にも余が最愛の花嫁は、
　走り来りて余の手を握りたり、
彼れが眼にも余が眼にも仝じ涙——
　又た多数の朋友は喜んで踏舞せり、
先きの可愛《かは》ゆき鶯も爰に来りて
　再び美妙の調べを、衆に聞かせたり。

ただ政治の罪人という説明のみで牢獄につながれていた主人公は、最後に「放《ゆる》され」たという説明のみで牢獄から解き放される。なぜ罪人となり、なぜ「放され」たのかという作品上のストーリーにこだわれば、『楚囚之詩』は読者に対してかなり不親切な作品である。むろん透谷の眼目は、牢獄の中での主人公の独白にこめられた言語体験の持続にあり、自序においてこれは小説ではないとことわっていることからすれば、この不親切はさして問題にならないことかもしれない。しかし、それなら牢獄内の独白でそのまま終わったとしても、それはそれで作品として自立しえたはずであり、最後に大団円を迎える必然性は何もなかったはずなのだ。

それにこの大団円の一連の出来事をただ並べただけの文体における「われ」は、それまでの文体を持続させてきた不透明な「われ」ではない。出来事の経過を述べるためだけの「われ」、つまり自明な「われ」なのである。透谷が排除しようとしたはずの「われ」がここで登場してきたのである。確かにストーリーを展開させるために地の文の役割を担うこのような「われ」を、ところどころにはさまねばならないという事情はある。しかしこの「われ」は、ただそれだけの意味を担うのではない。それまで主人公が演じてきた牢獄内における独白、つまり透谷の独得の文体の持続そのものを既成の作品という枠のもとに括ってしまう作用としてあるのである。

結果的にその作用の効果はそれほどではなかったにしても、それは透谷が旧来の作品という枠に頼らずには自己の革命的な文体、すなわち作品の枠を破る創造的な作品の構造を完結させることができなかったということを示している。言い換えれば、透谷の表現意識はまだ作品という重みに堪えることができなかったのである。

最後に自明な「われ」によって完結せざるをえなかったという事実を考慮に入れ、もう一度『楚囚之詩』を読んでみると、この作品は不透明な「われ」の文体が、作品を意識しようとする自明な「われ」の文体によって囲まれて成立していることがわかる。これは透谷の表現意識が文学という制度に取り込まれたときに不可避に抱え込んだ分裂と言っていい。

## 五 『浮雲』における表現意識

二葉亭四迷の『浮雲』は『楚囚之詩』とは逆に未完で終わっている。おそらくは二葉亭もまた「作品」の終わらせ方にこだわっていたと考えることができるだろう。そこで二葉亭の『浮雲』における表現意識についても考えてみよう。

原子朗が指摘するように、二葉亭はその全表現において「各種文章の見本市(7)」と言えるほどの実に様々な文体を駆使した。それは「文章形式の多種多様さは、そのまま二葉亭自身の存在様式であり、また時代が大きな過渡期にあることを、良心的な文学者が一身で示したものといえるだろう(8)」と評価されるべきものである。

この評価に従って『浮雲』の文体を見るなら、『浮雲』も戯作調の文体から言文一致の文体へと移り変わっているという意味において、二葉亭はその文体の変化を自らの存在様式として生きたはずである。一般的には、『浮雲』における戯作調から言文一致の文体への変化は、二葉亭が内面を発見する過程ととらえられ、そして表現の発展過程ととらえられている。むろんこのような見解は、近代における表現を史的に眺めるという立場において重要である。しかし問題は、このような文体の変化がつくり出す言語空間を、二葉亭という表現者が統括しているという事実であり、二葉亭という名の表現主体がそのような言語空間を生きているという事実である。読者の『浮雲』への接近は、その事実において導かれる以外にはないのである。

表現者の言語体験抜きに言語空間としての作品を扱うことはできない。問題はその文体の変化が示唆する二葉亭の言語体験そのものなのだ。

『浮雲』前半の戯作調の文体を分析した林原純生の論に「浮雲と滑稽本」(9)がある。林原は滑稽本の直接話法の発言が「庶民生活の不適格者に対する庶民生活の場からの、鋭い批判的な写実的世界を作りあげているのである」とし、この方法が『浮雲』に継承されているとする。そして式亭三馬作『早変胸機関《はやかはりむねのからくり》』(文化七年)の独語と、内海文三の独語とを比較している。孫引きになるが引用しよう。

ア、こりた〳〵モウ〳〵〳〵〳〵恐ろしや〳〵、思へば思ふほどぞっとする。おれが口よりいふじゃアねへが、これまで悪い事はした覚えなし、両親も相応に見送るし、人さまに損はかけず、のう、そしてからにつね〴〵臆病者ときているから、虫を踏殺すのも嫌ひ、どういふ理屈で酒の上がわるかろう、酒が性に合はねへかしらん。このぢうも大勢にかつぎこまれるし、何の意趣遺恨もねへ人に喧嘩をしかけたり、理窟もねへ理窟をつけて、こなたにくってかゝる。マアろくな事はねへのに。料簡さっせへ。ヨウ、みんなおれが悪いか、酒が悪いか(略)

それはさうと如何《どう》しよう知らん。到底言はずには置けん事《こつ》たから、今夜にも帰ッたら、断念《おもひき》ッて言ッて仕舞はうか知らん。嘸《さぞ》叔母が厭な面をする事《こつ》たらうなア……、眼に見えるやうだ……しかし其様な事を苦にしてゐた分には埒が明かない、何にも是れが金銭を借りようといふではなし、毫《すこ》しも耻ケ敷《しい》事はない。チョッ今夜言ッて仕舞はふ……だが……お勢がゐては言ひ難いナ。若しヒョット彼《あれ》の前で厭味なんぞを言はれちや困る。是は何んでも居ない時を見て言ふ事《こつ》た。ゐない……時を……見……何故。何故言難《いいにく》い。苟《いやしく》も男児たる者が零落したのを耻づるとは何んだ。其様《そん》な小胆な糞ッ今夜言ッて仕舞はう（略）

前者が『早変胸機関』、後者が『浮雲』であるが、このように比較されると確かに両方とも主人公の独語であって文体も類似している。そこで林原は「発言者の優柔や意志的弱さ、その弱さを容認、又は自覚し得ず滑稽な自己偽装、自己欺瞞を行う姿を表現し、発現者の人間性の一端を表現する方法においては共通」しているとするのである。

この林原純生の考察は面白く、学ぶところも多いのだが、ただ不満であるのは、両者の比較が表現上の効果、機能に限定されていて、文体における表現主体の問題を欠いていることである。たとえば、式亭三馬の独語は一種の一人芝居であり、一人による調子のよい言葉のかけ合いによって一般的な社会の逸脱者が造型されるにすぎない。そこに言葉を一定の距離において自在に操る、語り手と化した表現主体の存在を見落としてはならないだろう。落語家がどんなに滑稽で意志の弱い人物になりきった話をしても、それによって落語家自身は傷ついていないだろうという聞き手の判断によって、造型された人物は、一般的な逸脱者の位置から少しも深められない。おそらくそれと同じことがここでも言えるはずである。

ところが『浮雲』の主人公・内海文三の独語はまったく性質の違うものである。ここには言葉のかけ合いという印象はない。「……」という記号に注目する必要がある。これは言葉が行き詰まった状態をあらわしているが、この記号が象徴するように、内海文三の独語は、すでに言葉が行き詰まった状態にある主人公の沈黙に介されて表出されているのである。「言うべきこととして強く意識されている事柄が、お政の不機嫌や本田の嘲笑という状況的な阻止に出合って沈黙の側に押し戻されてしまう。そのとき、外に向って言うのとは全く性質の異る、内的な意識の言語が改めてかれ自身の意識の対象となってくる」[10]と亀井秀雄が見事に指摘するように、この自問自答の文体は、庶民から逸脱したものの一般的な造型へではなく、逸脱したものの内面へと向かっているのである。まさに、不透明な「われ」を織りだす自問自答の文体がここにある。

おそらくこのような文体の表現主体は、『早変胸機関』のような安定した語り手ではなくなって、作者である二葉亭そのものと重なり始めていると言っていいだろう。作者の固有な体験をワンクッションおいて一般化してしまうような文体ではなくて、表現することが表現主体を無事ではすまさぬ文体、亀井秀雄の言葉を借りれば「みずからの表現に強いられて自分という個人を問題にせずにはいられなくなった作者自身のあり方が反映されてしまう[11]」文体へと変容したのである。つまりここで作者は、作者が表現する言葉と一体となって受感されるという構造の中に位置づけられたのである。

このような構造において、作者は表現主体の背中に貼りついたような形で受感されるから、読み手は、内海文三の苦渋に満ちた独語を、表現主体である作者の内面の傷跡を見つけていく行為のように読む。それは読み手の内部の傷跡を見つける作業へと共振していくだろう。ここに〈読む〉という行為が完成していくわけだが、むろんこの〈読み〉は近代に限定されるわけではなく、『源氏物語』の読み手が作者にではなく、共同幻想と言っていい深さと幅を持った〈語り手〉に共振したように、本来は、作品という器に盛られた言語体験を共有するかしないかという次元において時代を超えて語られるものである。ただ、作者が〈語り手〉の位置を奪って、「人間」「個人」「内面」といった仮構のもとに語り始めたとき、その言語体験を運ぶ器そのもののシステムが違ってしまった。それが近代の問題なのである。

林原純生の比較する両者の文体の間の差異を強調すれば以上のようになる。類似の文体であっても、文体上の水準的な違いがあることを無視してはその共通性は語れない。その差異を明らかにしないで共通性を見つけだす方法に不満が残るわけだが、ただその共通性の主張そのものの意義は全面的に失われたわけではない。それは、滑稽本による直接話法による発言を、庶民生活の場からという視点に結びつけたことにあると言っていいだろう。批判的写実世界をつくりあげたかどうかということより、直接話法の発言が庶民生活の場に降りた表現意識を抱えこまざるをえないという、そのことの共通性を指摘したことが重要なのだ。

それは、吉本隆明が『言語にとって美とはなにかⅡ』の「表現転移論」で「話体は、根源的意識として生活であり、文学体は幻想のとりうるある水準である」[12]と規定したその規定に重なるものである。

二葉亭は『浮雲』という作品を出発させるにあたって、庶民生活の場に降りた表現意識を抱え込んだ。だが一方で、沈黙の側に押し戻され内面を仮構する表現意識をも抱え込む。引用した二葉亭の自問自答の文体は、庶民生活の側から、逸脱した主人公を批判的に扱う表現意識と、沈黙の側で言語を自身の内面の傷跡としてたどろうとする表現意識との、せめぎ合いの中で生まれたものである(13)。

おそらくこのような文体の成立は、二葉亭のような知識人の立場が、庶民にとって逸脱としてあらわれ始めたことに二葉亭が敏感に気づいたことに対応する。そして、その逸脱を、庶民の生活の側から眺める視点を持ったことが、このような戯作調の文体で作品を始める大きな理由になっているはずなのである。また、逸脱によって強いられる、内面を発見する文体とのせめぎ合いにおいて、結果的には、「知」へ上昇する自己を相対化する役割をも果しているのである。

ところが、『浮雲』の後半において、文体は次のような言文一致体に変わっていく。

あれほどまでにお勢母子の者に辱められても、文三はまだ園田の家を去る気になれない。ただ、そのかわり、火の消えたように鎮まッてしまい、いとど無口が一層口を開《き》かなくなッて、呼んでも捗々《はかばか》しく返答をもしない。用事がなければ下へも降りて来ず、只一間にのみ垂れ籠めている。余り静かなので、つい居ることを忘れて、お鍋が洋燈《ランプ》の油を注がずに置いても、それを吩附《いいつ》けて注がせるでもなく、油が無ければ無いで、真闇な坐舗《ざしき》に悄然《しょんぼり》として、始終何事をか考えている。

このような文体においては、前半の自問自答の独語によるリズム感はすでになく、表現主体の背中に貼りついた作者の観念の働きが、意味の働きとしてこちらに伝わるだけである。つまり、前半の自問自答の文体によって織り出された不透明な「われ」の沈黙が、言葉によって説明づけられているのである。

これは、前半の、庶民の生活意識と「知」への上昇という両極を抱えていた文体が、優柔不断な作者を「知」の側に追いこんだことを意味しよう。

内海文三の陥った事態はすでに解決不可能であり、亀井秀雄が述べるように(14)、この事態は戯作体を継承した自問自答の文体ではすでに描写できなくなっている。『浮雲』第三編での、自虐的なまでの高い精神性の維持とそれを裏切るお勢への執着という内海文三の二律背反は、庶民の生活の意識をまったく切り離したところでしか成立しないからだ。したがってそれは、「知」の場所によって説明づけられる他なかった。もともと、内海文三の陥った立場は、明治の知識人が庶民の生活意識から逸脱したそのことから始まったのである。後はその逸脱を、庶民の生活意識から眺めるか、知識人の側から眺めるかの問題である。ただその判断には時代というものが関わってくるだろう。知識人の側から眺めるには、生活意識から疎外される知識人の被害意識が、共通した層の被害意識として共感されるほどにふくれあがっていなければならない。いわば、その定量に達したのが明治二十年代ということであり、そういった共感のもとに、二葉亭は逸脱がひきおこした沈黙を説明づけることができたのだ。

『浮雲』における解決不可能の事態（といっても生活意識へ降りてしまえば解決がつくのであるが）は文体を「知」の場所へ追いこんだが、そこは明治の知識人が生活意識から切り離されたところで自らの存在様式を決定した場所である。庶民の眼から見た逸脱者は滑稽な変人にすぎないが、「知」の場所における逸脱者は、近代的知性や自意識や内面といった仮構のもとに自ら語り出す「悩める者」であると言える。

したがって、近代の読み手は消失した語り手に代わって新たな語り手を「知」の場所に発見したのだ。新たな語り手は初めから「悩める者」としての刻印を受けており、その被害意識を読み手の前に現前させることが重要な役割となる。解決不可能の事態を打開するような文体は必要ではなく、語り手すなわちその背中に貼りついた作者の傷跡を再現し続ける文体が必要とされるのである。そのような文体による表現は、解決不可能の事態を意識することだけに固執するから、いきおい説明の文体になる。

言文一致の文体とは、解決不可能の事態を説明（意識）することで、その事態から遠ざかろうとする新たな語り手（作者）の誕生によって完成されたのである。

二葉亭は『浮雲』という作品に、生活意識からの逸脱そのものとしての言語体験を刻みつけた。が、その言語体験は前半から後半にかけて大きな「ゆれ」を伴った。それは二葉亭の存在様式の「ゆれ」であり、二葉亭が意志したかどうかは別として、「悩める者」としての新たな語り手の誕生を意味するものであった。

問題は、二葉亭がその「ゆれ」を作品としてどう完結させようとしたかである。『浮雲』は未完であるが、なぜ未完なのか。

少なくとも、『浮雲』以後の近代の作品の終わり方を知っている読み手なら、『浮雲』が未完であるという事情を知らない限り、この作品を未完と思うことはないだろう。

漱石の『道草』最後のあの有名なせりふ「世の中に片付くなんてものはほとんどありゃしない」が象徴するように、解決不可能の事態が現前されたとき、近代の小説は作品としての構造を完成させたのである。したがって『浮雲』は未完であるにもかかわらず、近代小説の終わり方を最初に提示した作品とも言えるのだ。

二葉亭が『浮雲』を未完にしたのは、おそらくは彼の表現意識がまだどこかで生活意識とつながっていて、「知」の場所へ追いこまれた語り手の役割を認めようとしなかったからであろう。もしそこで作品を成立させてしまったら、二葉亭は、生活意識から疎外された「悩める者」として自らを決定づけてしまうことになる。一方で、社会と関わろうとする意識を持ち続けた二葉亭は、それを恐れたに違いない。

言文一致の文体がすでに既成の作品という構造を超えているという意味で、二葉亭の前にはもう作品という構造はあらわれようがなかった。残された道は、いつのまにかつくりだしてしまった言文一致の文体による解決不可能の事態を、時代が認める前に自ら作品の終わりとして認めるかどうかだった。それを拒否したとき、二葉亭は同時に書くことを放棄する道を選んだのである。

## 六　未完という宿命

さて、透谷の文体もまた、『浮雲』の前半に見られるような自問自答の文体に近いものであることに注目する必要がある。たとえば、引用した八月十八日の北村ミナ宛書簡「奪ふ可からざる者」としての小説家像を述べる文体もそうであるし、『楚囚之詩』の牢獄における独白もまた自問自答の文体と言っていい。むろん近いといっても、『浮雲』は戯作調によるかけ合いのリズムを色濃く残しているのに対し、透谷の文体は透谷の思考の動きによって織り出されるリズムといった感がある。

その差というのは、生活意識からの逸脱を、二葉亭がお政や本田に内海文三を対立させるという外在的な構図によってしか表現できなかったのに対し、透谷は自らの体験に起因する内部の屈折の構図において表現できた、ということにあろう。だから透谷は、逸脱が引き起こす沈黙を「……」とあらわす必要はなく、屈折の文体とも言うべき自問自答のリズムの中に吸収することができたのだ。

一方、二葉亭と透谷の自問自答の文体における共通性は、どちらも「話体」から抜けきらないということにある。それは表現意識の中にまだ生活意識を抱え込んでいるというようにも言い換えられる。『浮雲』の自問自答の文体が、生活意識からの逸脱を生活意識の側から見るか、「知」の場所である内面の側から見るか、というせめぎ合いの中で生まれたことはすでに述べたが、同じことが透谷の文体についても言える。透谷の場合は、内部の屈折の構図の中にそのせめぎ合いがあるのである。

自問自答の文体における表現意識の中に、透谷は生活意識への下降と「知」への上昇という両極を分裂のまま抱え込んだのだ。抱え込んだ理由として、政治上の挫折によって生活意識に下降し、キリスト教体験や北村ミナとの形而上的恋愛によって「知」へ上昇したという体験の屈折によると言ってしまえば簡単に説明できる。が、本当は「知」の場所にあっても現実に積極的に関わる生き方を選んだことが、現実への通路である生活意識に結果的に足場を築かせることになったからだ、と考えるべきだろう。そう考えれば、透谷が創作において言文一致の文体へ行かず、後に「国民と思想」で民衆と政治の距離を正確に把握するに至った理由も見えてくるはずである。

二葉亭が言文一致の文体へ進んだのは、言語表現において彼が「知」の場所へ追いこまれたからに他ならないが、透谷はそうではなかった。透谷の小説『我牢獄』や『星夜』『宿魂鏡』の主調のリズムは依然として自問自答のリズムであり、説明の文体へ至る可能性を持っていない。つまり、透谷は説明の文体である言文一致の文体とは無縁だったのであり、それによって現前されるような「悩める者」とはならなかったのである。

生活意識からの逸脱を、「知」の場所に立った被害意識からではなく、生活意識と「知」の場所の両義的な地点から現実総体へ折り返そうとしたために、透谷は、層としてあらわれたところの知識人の共感に支えられた文体を選ばなかったのである。透谷は、自分の陥った事態に対しては、打開しようと積極的に悩む者であり、したがって解決不可能であるその事態を説明する必要もなかった。ただ打開のための思考のうねりを、文体のリズムに刻みつければよかったのである。その意味で、透谷は孤立しており、その文体は透谷の膂力《りょりょく》によって支えられるしかなかったと言えるだろう。

自問自答の文体を創出したとき、二葉亭も透谷もすでに既成の作品という構造を超えていた。その時点で、文学という制度はそのような文体に見合う作品の構造をまだ持っていなかった。いずれにしろ彼らは、独力で自らの言語体験を包む作品を見つけなければならなかったわけであるが、それが容易なものでなかったことは『楚囚之詩』と『浮雲』の終わり方が示している通りである。

二葉亭にとって悲劇だったのは、言文一致の文体によって近代の小説に見合う作品の構造を提示してしまったにもかかわらず、おそらくは彼がそれを認めなかったことだ。透谷は逆に自分の文体を詩として提出することによって、透谷独自の作品の構造を示したが、透谷にとってそれは未完でしかなかった。だから旧来の作品の構造によって締めくくらねばならなかったのである。

透谷が自問自答の文体に自己の言語体験を重ねる限りにおいて、完結した作品構造を強要するような詩や小説という作品には違和であり続けたろう。その意味で評論こそ透谷の表現意識にもっとも適したものだったのである。なぜなら、評論は未完であることを宿命づけられた作品である他ないからだ。作者の現実への関与が評論を成立させる重要な契機だとすれば、それを読み手に読ませるのは作者の言語体験が孕む説得力に他ならない。ここで評論が未完であるというのは、現実が未完であるからと言ってもいいだろう。つまり、未完であるべき舞台の上で透谷は説得力そのものに言葉を託せばよかったのである。

さて、このような透谷の表現意識を私たちはどう評価すべきなのか。伝統的文体からリアリズムの文体への過度期における混乱を体現していると、表現史的にとらえるのはたやすい。しかしそのようなとらえ方では、たくさんの反古の山を築いた透谷の表現意識は見えてこないだろう。むしろ、私たちはここで、「知」という特権的な場所を超えて私たちの生きた現実へ深く関わろうとすれば、私たちの表現自体が未完として投げだされてしまうという一種の宿命を見るべきなのだ。透谷は、永遠の未完となった反古の山によって、そのことを私たちに示したのである。

注

（1）透谷の引用は『透谷全集』（全三巻　岩波書店　一九五〇年）によった。なお引用するにあたって旧字体の一部を新字体に直したことを付記しておく。
（2）この執筆時期の推定は、岩波版全集第三巻「夢中の詩人」解題での、勝本清一郎の説に基づく。
（3）小沢勝美『北村透谷——原像と水脈』勁草書房　一九八二年　四六頁
（4）注3と同　三二頁
（5）前田愛「透谷の原像」『国語通信』筑摩書房　一九七〇年十一月号（『近代日本の文学空間』新曜社　一九八三年所収）
（6）菅谷規矩雄『詩的リズム——音数律に関するノート』大和書房　一九七五年　一四九頁
（7）原子朗「二葉亭四迷、内面の言語へ」『国文学』一九八〇年八月号
（8）注7と同
（9）林原純生「浮雲と滑稽本」『国文学』一九七八年十二月号
（10）亀井秀雄『感性の変革』講談社　一九八三年　七六頁
（11）注10と同　七七頁
（12）吉本隆明『言語にとって美とはなにかⅡ』角川文庫　一九八二年　一八七頁
（13）注12の一八一頁で、吉本隆明は「かれはおそらく生活者であり、同時に思想者であるという二重の意識をかつてない鮮やかな輪郭で生きたはじめての知識人であった。『浮雲』で実現されている表出位置の定立がそれをしめしている」と述べている。
（14）注10と同　七四頁

# 樋口一葉『にごりえ』論　情の行方

## 序

樋口一葉の『にごりえ』は、読み手である私にとってもどかしい作品である。様々な読みを許すような解釈上の「ゆれ」を抱えた作品であるということもあるが、何より、私自身なぜこの小説に心打たれるのかそれをうまく説明できないというところがもどかしいのだ。したがって、このもどかしさをいかに解きほぐすのか、これが『にごりえ』を論じる私自身の態度である。それは当然、『にごりえ』を読む私自身を解きほぐすという作業であるだろう。

『にごりえ』から新しい読みを引き出すとか、隠されていたテクストの構造を見つけるとか、フーコーにならって、言語の権力構造を見いだすとか、そういうことに興味はない。なぜ私がこの作品に心打たれるのか、ということにしか興味はないのだ。

今さらそういう初歩的なことにこだわる必要はないということもあるだろう。が、そういうことではない。どんな論であれ、たとえばきわめて冷静なテキスト分析であれ、樋口一葉もしくは一葉の作品に惹かれるという契機がどこかに内在されて、そのような作業が成立しているはずだ。言い換えれば、どんな生物もその個々の個体としての発生が、全生物の系統発生の中の一つとしてくり返されているように、個々の読みは、たとえ先達の論のうえにのったものだとしても、全体の系統発生に匹敵する個々の発生に基づくものであるに違いなく、個々の読みの初発の契機というものを内在させているはずである。そういった初発の契機から出発し、そこに帰るというようなことを始めたいということなのだ。つまり、自分の樋口一葉への感動とそれによって引き起こされるもどかしさを、私自身の樋口一葉論の初発の契機と見なし、その初発の契機にこだわりたいということである。

私は『にごりえ』を読み、この作品に心打たれるという私自身を解きほぐすことから始めるしかない。読むことによって見えてくる世界というのは、たとえすでに指摘されていることであったにしても、私自身の固有の世界であることに違いはない。それを、このような論として表現することが無駄であるとするなら、その原因は私自身の初発の契機が、普遍的な広がりや深さを持っていないということに尽きる。むろんこれは私を語る論ではなく、樋口一葉の作品を語る論ではある。が、樋口一葉の作品が、研究者の手によって動かしがたい不動の実体として君臨させられているわけではなく、その作品を享受する読者の初発の契機の蓄積の中に存在するということを信じる限り、一見私自身の読みの契機を語るような論であっても、樋口一葉の作品論として成立するには違いない。

## 一　非行としての情

亀井秀雄の『感性の変革』(1)に収められた「非行としての情死」という論の中の「密淫売屋の酌婦という不名誉性に絶望的に開き直ってしまうこと。言ってみれば、そういう情念自体が非行であった」という箇所に、私は私自身の『にごりえ』へのこだわりが説明されている気がした。というのも、最近私がこだわっている問題は、人間にとって「情」とは何かということであり、樋口一葉に私が惹かれた一つの理由も、樋口一葉の作品に人間を突き動かす情の圧倒的な働きというものを感じたからなのだ。

人間はある場面でまったく「情」として存在してしまうことがある。誰もそれを逃れることができない。そのような場面は多くは劇的であり、物語的である。近代の小説が、情としての人間の存在形態から距離をとることにおいて人間を描こうとしたことはあらためて指摘するまでもないことだが、むろんそれは近代になって人間が情をなくしたということではけっしてない。

文学における情とは、自分を制御しようとする自省的な意志を無力化し、人と人とをがんじがらめの関係の中に呪縛し身動きできなくしてしまう力そのものである。情の前では、人をとりまく世界は無時間になり、閉塞し、エロスの行き着く先としての死の世界に暴力的に向かうしか抜け出ようがなくなる。これは、江戸における近松門左衛門の心中ものの劇のイメージを「文学における情」の範として語っているのだが、われわれがわれわれを表現する一つの様式的なありかたとして、この近松の人間の情の発現の仕方は普遍的なモデルになるだろう。

近代がこのような情の劇を回避していくのはある意味で当然であった。人と人との関係を、身動きならぬほどに呪縛してしまうことが起こりうるのは、人と人とがそれぞれを抽象的な存在、つまり一人の「人間」だとか個人とか市民とかいうものとして見ることがないからである。それらの抽象性は、いずれも人と人の関係を運命的なものとして見なす共同体の関係の解体によって成立する。つまり、近代になって、人間を運命的な存在として扱う共同体が解体するにつれ、文学における情は成立の基盤を失う。

近代の一つの定義を、人がそれぞれを抽象的な存在として見なし始めたこと、とするならば、近代になって人はお互いの関係をまずそれぞれの抽象性によって規定し始めたことになる。仮にそのような関係にドラマが成立するとするならば、そのドラマの一つの方向は、抽象的な人と、生活者として共同体的な関係にとらわれている人との葛藤であるということになろう。それは、抽象的であろうとする自己と、なりきれない自己との葛藤ということでもある。そのようなドラマは情のドラマではない。情のドラマは、人が人を抽象的な存在と見なす条件のないところで成立するのである。人と人を劇的に動かすのは、抽象性と非抽象的な人間存在がもたらす違和ではなく、運命的とも言える共同体（神）の手によるものである。だから情のドラマでは、人が自分をとりまく世界を内面化し、その内面化の過程で自分の人格を変革し、新しい自分に脱皮していくというようにはならないのだ。情のドラマが照らし出すとすれば、共同体（神）に従わざるをえない人の宿命と、人がその宿命を負うことの理不尽さとの葛藤である。そこにあるのは、共同体の矛盾の告発というより、苦を負う人間存在へのまなざしであろう。

近代の表現が、近代的な人間の苦悩を語るものだとすれば、情のドラマは、情のドラマの流通空間であり、そのドラマの語り手が帰属する共同体の物語であることにおいて、その共同体の中で苦を負って生きている成員にとっての、死と再生とも言うべきカタルシスの役割を担っているとも言える。

近代がこのような共同体を一挙になくしたというようなことはない。ただ、少なくとも近代文学の表現の意識が、このような情のドラマから次第に遠ざかっていったことは確かである。

亀井秀雄の「情念自体が非行であった」という言い方に注目したのは、すでに人を抽象的な存在と見なし始めていた明治二十年代に、情のドラマにとらわれながら小説を書こうとしていた樋口一葉の苦闘を的確に言い当てた言葉ではないかと感じたからだ。

現実の困難を自省的な態度や未来へ向けた意志の力で堪えることは、われわれの生き方の前提であるが、仮に「情」という存在の仕方でしか堪える方法がないとすれば、たぶんその情は社会にとって「非行」となるはずである。ただし、問題はその非行の質なのだが、近松の情のドラマにあっては、情で堪えるときにはすでに理不尽な身動きならぬ状況に追い込まれた後であった。その追い込まれた状況の運命的とも言える動かしがたさが、情の暴力的とも言える劇的な死（非行）をもたらすのである。

だが、『にごりえ』のお力や源七が、本当に動かしがたい運命的な状況に閉じられていたとは言えないはずである。仮にそうだとすれば、この小説は、いわゆる涙腺を刺激するための安っぽい情のドラマに陥る危険性を持つ。近代において情のドラマの成立が難しいのは、主人公たちの陥った困難が、情にたてこもるしか、まったく解決ができないというほどに絶対的ではないということである。主人公たちを追い込む共同体の力が衰退した分だけ、彼らの生の選択の幅は広がり、危機を回避する抜け道はいくらでもある社会になったはずなのである。したがって、そのような状況で、あえて情のドラマをつくりあげようとすれば、虚構の感情共同体をでっちあげて読者を引き込むしかない。安っぽい情のドラマはそうやって大量生産される。

それなら、お力や源七は動かしがたい運命的な状況に閉じられたわけではないのか。ある意味ではそう言えるだろう。少なくとも、近松の劇において主人公たちを追い込んだほどに、お力や源七をとりまく社会は彼らを追い込んではいない。それなら、この『にごりえ』は情のドラマではないのか。そうも言えない。お力はやはり情にたてこもろうとしている。終末の源七の狂気の行動も、やはり情という人間の存在のあり方から解いた方がわかりやすい。とすれば、彼らの情を成立させた動かしがたい状況とは何なのか。

亀井秀雄は「お力の情念を非行にまで徹底させた時、一葉は明治二十年代の人間思想の最も深いところにまで達した(2)」と述べる。その通りであって、近松の劇のようではない、情が非行として発現する新しい展開が、この『にごりえ』において試みられたのだということは確かであろう。問題はそれは何かということになる。亀井秀雄は「生身の女としての敗北感」と、非行のただ中にいるお力を評している。確かにお力が自らを語るときの無念さが、お力という自己へのある自覚を引き寄せているのだとすれば、それは「生身の女としての敗北感」という言い方がふさわしいだろう。状況に抗する可能性を与えられた時代に、その能動的な生そのものを否定されてしまった、自身の可能性の墓場という状況こそ、一葉の小説においての動かしがたい状況だったと言えば言える。ただし、この小説は自覚の劇ではない。「敗北感」を身体に蔵した一人の女がどう行動するかの劇である。亀井秀雄は次のように述べている。

前章との関連で言えば、私たちには「私」感性と意識されてしまうような制度的な感性があり、さらにその身体性の深処には地獄の共同性とも呼ぶべき受苦的な感性が潜んでいて、同じ受苦性に引きずられた人間と、あたかも惚れ合った同士のように一緒に葬るしか救済はない。

これは一種の供犠の思想であって、近松の劇に登場する人間も近代の人間も、自らを死に追い込む感性において共通すると語っている。私も、人間とはたとえ現代であってもそのように行動するものだと思う。ただし、ここで問題にしなければならないことは、そのような人間存在の普遍的とも言える性質のことではなく、亀井の言う「生身の女の敗北感」が、近松の浄瑠璃における情のドラマとは違う状況において成立したものである以上、その「敗北感」が、少なくとも明治二十年代という時代の刻印を受けた情の小説に展開せざるをえない理由である。近松の情のドラマとの違いを前提にして「一緒に葬るしか救済はない」とする一葉の情の小説が成り立つとすれば、その供犠の劇の実質とはどのようなものなのか。そこに、新しい、非行としての情のあり方があるのではないか。

結局、私が亀井秀雄の論に導かれてたどり着いた『にごりえ』の読み方とは、以上のようなものである。私は、お力や源七の情死にもとれる最後の結末と、そこへ至るプロセスに、明らかに情に動かされる人間のドラマを感じ取っていたが、しかしどこかで違和感を拭いきれなかった。私のこの作品に対する感動は、お力や源七に内在した「地獄の共同性」が死に向かって突き進むことにあるとは思えなかった。しかし、それならどこにあるかと自問してもうまく説明できない。そんなとき「情念自体が非行であった」という言い方は、一つの糸口を与えてくれた。どういうことかと言えば、人間を動かす情の働きは、情死に至るような物語を失って、それこそむき出しの情のままでも、「非行」になりうるのかもしれないと思ったのだ。そういう情のあり方こそ、『にごりえ』を解きほぐすことになるのではないか。

## 二　削られた激情の語り

源七はなぜ死んだのか。その説明がそれほど難しくはないということを踏まえて、私は源七の死に違和感を抱いている。源七の死が不自然だというのではない。少なくとも、作品の展開の必然の中で、死を選択するほどに源七は情において自分を追い込んでいたのかと言えば、そうではないと言わざるをえないのだ。

情において自分を追い込むとは、情という自己の発現のスタイルにおいて、自己を否定しようとする現実世界に対して自己を絶対化することだと言い換えてもよい。その絶対化が、いわゆる自意識の劇と決定的に違うのは、情は徹底して関係の劇としてあらわれるということにある。関係のねじれにおける相手との不均衡こそ情発現の契機であるが、それが情という人間の様式的な発現経路を経るのは、当然情という人間の発現形態が日常世界を超えうるという共同幻想に支えられているからである。その共同幻想が、結局は情の暴走を抑えていた社会の、あるいは人間のたがを取り外し、日常の向こう側の世界へと情を解放する。それは情死のメカニズムでもある。

自分を情において追い込むとは、自己の現実に抗するためにはそのように日常の向こう側に行くしかないまでに、自分を高ぶらせる、もしくは高ぶらされることにある。とすれば、源七はそのように高ぶったのか。あるいは、お初はそのように源七を追い込んだのか。それとも、お力が追い込んだのか。

『にごりえ』に描かれた場面の中で、お力が直接源七を翻弄したり裏切ったりする場面はない。前半で菊の井を訪ねてきた源七に会わないという場面はあるが、この場面は源七に何かを決定させるほどの重要さで描かれているわけではない。この場面を除けば、この作品の中でお力と源七とは、最後に二つの棺桶が運ばれるまで二人でいる場面は登場しないのである。むろん、二人の出会いの場面がそれまでありえないということではないだろう。二人が心中したか、あるいは源七が殺したかの最後の場面以前に、二人が会って何らかのドラマを演じたという想像は当然できる。しかし、そのような大事な場面が描かれていないということが、ここでは重要である。

仮に源七の死への道行きをお力との関係の劇による終焉として重視するならば、源七とお力とはもっと交錯してもよかったはずだ。実は、定稿より未定稿C(3)の方がそのように配慮されている。お力は結城に自分の過去をついに打ち明け結城と一夜を過ごす。その明くる朝の場面を定稿は描いていないが、未定稿Cでは詳しく描いている。なぜなら、この場面は源七とお力とが直接出会う重要な場面だからである。

何で結城さんがえらい人であろう、かしこい人であろう、つゝつとほりの男一人、あのこすさうな眼つきをおもふても素性は何であろうか知れた物ではなし、つまらぬくだらぬ馬鹿〳〵しい、何といふ私の心か、これが夢であれば善いがと返らぬ事を数へてふと振かへれば向ふ横丁の角に立て此方を一目に睨みたる人、それよとみるより俄かに恐ろしく成りてはた〳〵と駆こみて腰障子ぴつしやりとしめれば、あはてかへつてどうした事とみな人の聞くも苦しく、二階へ上がつて障子のひまよりうかゞへば、其人は我家の方を見もかへらず、横丁に姿はかくれてお力はふたゝび息出る心地のしたりき、

『にごりえ』をお力と源七の関係の劇として構成したいのならば、この場面の重要さは明らかで、ここで源七はお力の裏切りを自分の目で確かめ、お力は源七の怨念とも言える視線を背負うのである。この直接の出会いによって当然読者の誰もが二人の未来が無事ではないことを予感する。つまり、最後に二人が死という結末を迎えるための重要な伏線となる場面である。言い換えれば、情のドラマとしてこの作品が動いていくためには必要な場面である。だが、一葉はこの場面を削ったのである。

なぜ削ったのかは後に考えるとして、少なくともこの場面が削られることで生じることは、死に向かう源七（当然お力も）の高ぶりがそれほどのものではなくなってしまうということである。そして、未定稿Cから定稿へと書き換えられた中で、もう一カ所源七の高ぶりが消えた場面がある。

力仕事から帰った源七は、妻のお初と子の太吉と膳を囲む。当時としても貧しい食事と前田愛が評した青紫蘇と冷奴だけの夕食である。(4) 源七はふと食べる気がなくなったと食事をやめてしまう。女房のお初は、また菊の井のお力のことを思っているのであろうと源七を責めたてる。その言葉をじっと聞いていた源七は、やがてお力から逃れられない自分のふがいなさを責め、情念を身体に閉じこめたまま横になってしまう。だが、この場面も未定稿Cと定稿ではかなり違うのである。未定稿Cではこの場面は次のように描かれている。

こんな可愛い者さへあるに、あのやうな狸の忘られぬは何の因果かと源七は胸の中かき廻さるゝやうなるに、我れながら未れんもののめと叱りつけるあとより、むら〳〵とお力の面かげうかび来て、今夜らはどんな客めが来居つてげら〳〵と馬鹿わらひに、嬉しさうな鼠なきなどをして、誠らしく持て参つて小遣ひ銭の魂たんをでも極るであろう、此やうな身にされて未れんは残らねども逢つたらば胸ぐらをとらへてたぶさをむしつて、打つてけての丶しりたほして、これで縁きれだぞと彼奴の横つらに空涙の血起証たゝきつけて、いふだけの事いふて別れゝば何のそのほかに思ふ事あるべき、女房の親切も子の可愛きも知らではなけれどこれが心の障りに成りて、何商買に取つかう考へも出ず、一日もしやくしやとてはかなき土方風情がともかくも口をぬらす口惜しさ、我れとても男一匹あのやうな悪魔に何のみれんがあろう、打つてけての丶しり仆したその後には美事に切かへて出世の小口もさがし出してみせうもの、此まゝ人に笑はれて仕舞ふが口惜しい、あゝ此さまには誰がしたあの悪魔めがと憎くゝかなしく、あはれ涙のつッかくるをじっと我

まんして

この源七自身のくどきの場面は続稿で削られ、結局、定稿では次のようになっている。

こんな可愛い者さへあるに、あのやうな狸の忘れられぬは何の因果かと胸の中かき廻されるやうなるに、我れながら未練ものめと叱《しか》りつけて、いや我れだとて其様に何時までも馬鹿では居ぬ、お力など名計《なばかり》もいつて呉れるな、いはれると以前《もと》の不出来《ふでか》しを考へ出していよ〱顔があげられぬ、何の此身になつて今更何をおもふ物か、食がくへぬとても夫《そ》れは身体《からだ》の加減であろう、何も格別案じてくれるには及ばぬ故小僧も十分やつて呉れとて、ころりと横になつて胸のあたりをはた〱と打あふぐ、蚊遣りの烟にむせばぬまでも思ひにもえて身の暑げなり。

何が削られたかは明らかであろう。源七のまさに自己を高ぶらせていく語りそのものが消えている。この削られた源七の語りは激情の語りとでも呼ぶべきものである。本来この場面は、お初と源七の会話の場面であり、源七の言葉はお初に向けられたものである。しかし読んでいけばわかるように、源七の言葉は次第に誰に向けた言葉かわからないように、源七の激した情そのものを語っていく。語りながら自分で自分を激させていく。

浄瑠璃などで、登場人物のせりふがいつのまにか語り手の言葉と一体化し、身動きできぬところまで追い込まれた自己の事情を語りだしながら、場面全体がその語りによって次第にクライマックスへとなだれ打つのはよくあることである。つまり、会話としての言葉が、いつのまにかその場面の制約（たとえば会話の内容を規制する相手との現実的な関係性）から解き放され、劇の流れそのものを統括するほどにせり出し、その登場人物の存在そのものを変えてしまう、という力を持ってしまう。たとえば、近松の『心中天の網島』で、治兵衛は女房おさんのはかりごとによって遊女の小春が自分を裏切ったと思いこむ。治兵衛はおさんの前でその無念さを語り始める。

治兵衛、眼《まなこ》を押し拭《のご》ひ、悲しい涙は目より出《い》で、無念涙は耳からなりとも出るならば、言はずと心を見すべきに、同じ目よりこぼるゝ涙の色の変らねば、心の見えぬは、もつとも〳〵、人の皮着た畜生女が、名残も糸瓜《へちま》もなんともない、遺恨ある身すがらの太兵衛、銀《かね》は自由、妻子はなし、請け出す工面《ぐめん》しつれども、その時までは小春めが、太兵衛が心に従わず、ちとも気遣ひなされな。たとえこなさんと縁切れ、添はれぬ身になつたりとも、太兵衛には請け出されぬ。もし銀堰《かねぜき》で親方からやるならば、物の見事に死んでみしよと、たび〳〵言葉を放ちしが、これ見や、退《の》いて十日もたたぬうち、太兵衛めに請け出さるゝ、腐り女の四つ足めに、心はゆめ〳〵残らねども、太兵衛めが、いんげんこき、治兵衛身代いきついての、銀に詰まつてなんどと、大坂中を触れ廻り、問屋中の付合ひにも、面《つら》をまぶられ生き恥かく、胸が裂ける身が燃える、エ、口惜しい無念な。熱い涙、血の涙、ねばい涙をうち越え、熱鉄の涙がこぼるゝと、どうと伏して泣きければ、

未定稿Cの源七の語りは、この治兵衛の語りをヒントにしたのではないかと思われるくらいよく似

ている。このおさんに対する治兵衛の語りは、すでにおさんに対する会話という性質を超えてしまって、語り手と一体になった、治兵衛自身を高ぶらせていく激情の語りになっていることがわかるだろう。この語りをきっかけに、おさんは自分のはかりごとを打ち明け、治兵衛は高ぶらせた自分をすでにおさんとの生活に着地させることはできなくなり、小春との心中へと突き進んでいくのである。

誰にも向けられたものでもない、語る者を次第に高ぶらせて向こう側の世界に連れていく、このような言葉の性格を、少なくとも源七のくどきは受け継いでいる。だが、書き直した定稿では、源七の言葉はお初に向けられたいわゆる普通の会話でしかなくなっている。つまり、源七自身を高ぶらせ、そのまま源七という存在を変えてしまうほどの強い力が削られ、「蚊遣りの烟にむせばぬまでも思ひにもえて身の暑げなり」と冷静な語り手にただ説明されてしまうのである。源七自身、治兵衛のようにどうと伏して涙を流すのではなく、暑くなった身体を静かに横たえるだけである。

実は、樋口一葉の初期の作品には、このように自己を激させ高ぶらせていく語りが目立つ。ときに主人公が狂気に陥ったり、越えてはならぬ一線を越えてしまう。表に出すことのならぬ、ひそかに蔵していた情が、激情の語りで外側に奔出するのである。そのとき語り自身がせり出し、その話者である主人公は、自らの言葉にうながされるように自分を高ぶらせ、この世の規範から逸脱していくのである。たとえば、一葉の最初の小説である『闇櫻』は、ほとんどが常軌を逸していく千代の会話によって成り立っている。幼なじみである良之助へのしのぶ恋が、狂気という出口しかないまでに千代を追い込んでいくのである。なぜ追い込まれるのかは問われなくてもいいという物語的了解を前提に、ただ、一線を越えて狂気に陥っていく千代の言葉の激情化に、この小説の中心はあると言っていい。

『たま襷』もまた激情の語りが重要なものとして機能している小説である。さる大名の孫にあたるが今では落ちぶれ身よりのない糸子を、その大名に仕えていた家老の息子である松野雪三が、忠義の心によって何かと面倒をみている。糸子と松野は主従の関係であるが、糸子に縁談が持ち上がると、突然、松野は糸子への恋をひそかに隠しておくことができなくなる。その場面も「是は魔神にや魅入れられけん、有るまじき心なり、我れに邪心なきものと思《おぼ》せばこそ、幼稚の君を托し給ひて、心やすく瞑目し給ひけれ、(略)仮にもかゝる心を持たんは、愛するならずして害するなり、いで今よりは虚心平気の昔しに返りて何ごとをも思ふまじと、断念いさましく胸すゞしくなるは、青柳家の門踏まぬ時なり、糸子が愛らしき笑顔に喜こび迎へて、愛らしき言葉かけらるゝ時には、道に背かば背け世の嗤笑《ものわらひ》にならばなれ」と語り手と一体化した激情の語りになっている。松野は糸子の縁談を勝手に断り、松野の自分への思いを知った糸子は、松野のこれまでの忠義や松野の思いへの理解と、主従の関係が裏切られたことへの口惜しさとの板挟みになり、やはりその追い込まれた自分を激情の語りによって高ぶらせ、死を決意するのである。

多くが短編という性格もあるが、一葉の初期の小説では、激情の語りを引き出すまでの深刻な関係の劇がそれこそ複雑に展開されるというわけではない。また、狂気にまで引き込む激情の語りが出てきた後の、悲劇の結末までを丁寧に描くというわけでもない。多くは、読者の想像にまかせて物語を閉じてしまう。たぶんに、一葉の初期小説の主題とは、この激情の語りによってもたらされる人間の高ぶった状態を描くことにあったと言っていいのではないかと思う。

このような激情の語りの手法は、ある意味で、人間を情という存在形態でとらえる描き方である。

それが成り立つのは、情のドラマというものを成立させる伝統的手法やその手法への時代の了解が当然あった。一葉はそれらに頼って小説を描いたということである。

未定稿Cでの源七の激情の語りとは、そのような一葉の小説の手法に基づいたものであった。当然、その激情の語りを削ったということは、そのような手法をやめたということであり、そのような手法では描けない問題にぶつかったということである。

いずれにしろ、『にごりえ』の定稿では、源七は自分を情死という結末以外に身動きできぬほどの状況に追い込まれるようには描かれていないのである。少なくとも、源七を追い込んでいく情のドラマは、お力と源七との出会いの場面と、源七の激情の語りが削られることで、成立しがたくなっていることが理解できよう。

## 三　源七の不気味な寡黙さ

一方で、源七はお初に追いつめられている、という見方があることは承知している。源七が死を決意する重要な伏線としてお初との離縁、つまり源七一家の解体がある。源七がお初を離縁し、お初が太吉を連れて家を出て行かざるをえなくなる一家解体の場面は、直接的には、子の太吉がお力にカステラを買ってもらったことを知ったお初の逆上が引き金になってはいるが、源七の弱さを考慮することなく、ただその夫としてのふがいなさを責めるだけのお初の言葉こそが、源七の一家解体の決意を促したと言える。とするなら、源七を死にまで追い込んだのは、お初の容赦ない攻撃的な言葉にあったと言えないことはない。源七はしっかりと追いつめられているではないか。

だが、本当にお初の言葉によって源七は追いつめられたのだろうか。お初がその言葉によって、それこそ死ぬしかないほどの身動きできぬ状況に追いつめた相手とは、お初自身ではなかったのか。お初の激しい言葉がそれこそ出来させたものは、お初自身が予想もしなかったお初自身を路頭に迷わせる現実であったのである。源七は、ある意味ではお初から自由になった、つまり身動きできぬほどの関係のしがらみから解放されたとも言えるのだ。仮に死ぬしか仕方がない現実を引き受けたのはどちらかと言えば、それは明らかに自分では生活の手段を持たないお初の方である。

いや、源七は一家の解体によって日常の生活を生きる根拠を失った、もう二度と普通の生活には戻れない、後は自分を自暴自棄に追い込んだお力とともに死ぬしかない、という考え方も当然ある。それを認めるとして、そのときの源七とは、結局、自暴自棄に陥った近代的な意味での敗北した人間ということになる。つまり、そのときの追い込まれるという意味は、関係の劇の中でそれこそ身動きできぬ状況に囚われ、情の力でそれを超えるしかないというものではない。『心中天の網島』における治兵衛もある意味では女房のはかりごとによって追いつめられるが、実際は、女房のはかりごとは一つのきっかけにすぎない。むしろ、どうあがいても治兵衛は情死に至るしか他に動きようがない現実に囲まれていた。しかし、必ずしも源七はそうではなかった。

『にごりえ』では、源七の自暴自棄の原因が、自分への甘えにあると言ってもおかしくはないように展開されていることに注意すべきだ。源七の頽廃は、結局、源七の生き方、つまり意志の問題に還元されるように書かれている。あの貧しい夕餉の場面で、お初の非難に対して、「我れながら未練ものめと叱りつけて、いや我れだとて其様に何時までも馬鹿では居ぬ」と自分自身のふがいなさに自分を責めてしまう定稿の源七の言葉、そして、夫に裏切られた自分の立場のつらさや自分を裏切った夫への憎悪をただぶつけるのでなく、「だまされたのは此方の罪、考へたとて始まる事ではごさんせぬ、夫れよりは気を取り直して家業に精を出して少しの元手を拵へるやうに心がけて下され」と、問題は源七の意志の持ちようなのだと諭すお初の言葉がそれを証していよう。お力を忘れて出直そうと、どんなに決意しようとそれが許されないほどに宿命を負った人間の姿として必ずしも源七は描かれていないのだ。だからこそ、源七の意志の弱さを責めるお初の言葉は、意志的に生きなければだめな人間になってしまう近代社会の生み出した現実の中で、夫や子どもの弱さを責める妻や母の言葉が夫や子どもに突き刺さるように、源七の内部に突き刺さるのである。ただし、それを追いつめるとは言わない。そういう言葉は、敗北者としての自覚を植えつけさせ、立ち直る力を萎えさせるという結果をもたらすことはあるが、場合によっては本人の奮起を促す言葉でもありえるからである。

したがって、源七はお初に追いつめられたというわけではないのだ。ここで言う追いつめるとは、情において退路のない袋小路に追い込むことである。そこまでお初は源七を追いつめてはいない。源七は、お初を追い出したときでさえ、意志的に生きようとすれば立ち直れる余裕を残しているはずだ。そう読むべきであろう。したがって、源七が追いつめられたとするなら、それは意志的に生きることを放棄した源七が自分で自分を追いつめたと言う方がよい。ただし、この場合の追いつめたことの意味とは、自分を失ったという、ただそれだけのことであったろうと思われる。

それなら、源七の死とは、女に溺れ意志的な生を喪失した情ない男の最後のあがきなのか。切腹という行為は、自分の意志を回復しようとする源七が最後に見せた意地だったのか。確かにそう読めないことはない。しかし、そう読んでしまってはつまらない。それでは、源七は近代社会の厳しい現実に敗北したわかりやすい人間でありすぎる。

ここまでで確認したことは、源七が死へと追いつめられる道筋は、身動きならぬ状況の中、激情の語りにおいて自分を追いつめていくような情のドラマではないことであった。そして源七の破滅とは、関係の劇の中にどうしようもなく閉じられていく結果のものではなく、どちらかと言えば、意志的に生きることを喪失した弱い人間の頽落した姿であろうということであった。だが、これで源七が本当に見えてきたということではない。少なくとも、源七を死に追いつめる物語的必然も、あるいは心理的必然も見いだせないということが言えるだけである。

しかし、私は源七の死に違和感を抱きながら、その死をどこかで了解する部分がなかったわけではない。その部分とは、書き直されたあの貧しい夕餉の最後の場面「ころりと横になつて胸のあたりをはた〳〵と打あふぐ、蚊遣りの烟にむせばぬまでも思ひにもえて身の暑げなり」にある。ここでの源七は不気味である。暗い情念を身体に蔵して何をしでかすのかわからないような落ち着きがある。未定稿Cでは、饒舌なお初に対して源七も寡黙ではなかった。しかし、書き直された定稿では、お初と対照的に源七は寡黙になっている。一葉は源七から言葉を奪ったのだと言ってもよい。

言葉を奪われた源七が何を見つめたのかはわからない。自身の内部の闇だという言い方はわかりやすい言い方でつまらない。この場面の源七の描写において言えることは、源七はまだ情を失ったわけではないということだ。むろん、未定稿Cのような激しく自己を高ぶらせる情の力はないとしても、蚊遣りの煙がくすぶるように、情が源七に宿ったことは読みとれる。

その情は源七を狂気にではなく、何を考えているのかわからないような不気味な姿へと変えた、ということではないか。私が源七の死をどこかで了解したのは、この不気味さを源七に感じたからである。その不気味な寡黙さが必ず死に結びつくと了解したわけではない。ただ、他人にはよくわからない理由で自死した人間の心の奥には、きっと源七のような得体のしれない不気味さがあるだろうと、そのように思ったにすぎない。一葉が、どのように考えて源七を寡黙な存在にしたのかはわからない。ただ、源七から激情の語りを削った大きな理由に、情を宿しながら寡黙になった人間の方が実は怖いものであるという洞察があったに違いない。

定稿では、一葉は『にごりえ』を情のドラマとして描くことをやめている。それは、源七がお初によっても、さらにはお力によってさえ実は追いつめられていないことを、明らかにしてしまうことである。しかしそれでも、源七が自死に向かって生きざるをえないとするなら、それを促すものは、源七のこの不気味な寡黙さでしかありえないように、一葉は源七から言葉を奪ったのだと思われる。

## 四　わかりにくいお力像

私が『にごりえ』に感じる違和感の一つにお力像の問題がある。お力の人格に優しさと純粋さと高潔さを感じとったと言えば、いくらなんでもそれは誤読に過ぎると言われるだろうか。むろん、この読み方は少々極端に過ぎるとしても、少なくともお力が、社会の最底辺の場所で男の欲望を相手に生きていかなければならない典型的な酌婦的なる人格として描かれていないことだけは確かである。だが一方で、お力は確かにしたたかな酌婦なのである。一葉の描くお力像を悪意にとれば手練手管で男をたぶらかす女に見えないこともない。そういうことを考慮に入れてお力像を確定しようとすると、突然お力は、一つのイメージではとらえることのできない人格に変貌する。

冒頭の客引きの場面は、『にごりえ』というイメージに象徴されるように社会の底辺で男の性的欲望を相手に生きてきたいわゆる酌婦然とした女性、「二十の上を七つか十か引眉毛に作り生際、白粉べつたりとつけて唇は人喰ふ犬の如く、かくては紅も厭やらしきものなり」と形容されるお高と比較しながら、そのお高以上に、お力の酌婦としての存在感、そしてしたたかさを印象づける。「お力と呼ばれたるは中肉の背格好すらりつとして洗ひ髪の大島田に新わらのさわやかさ、頸《えり》もと計の白粉も栄《は》えなく見ゆる天然の色白をこれみよがしに乳《ち》のあたりまで胸くつろげて、煙草すぱ〳〵長烟管に立膝の無作法さも咎める人のなきこそよけれ」と描かれるお力の姿からは、女目当ての客を手玉にとるほどに老練な酌婦像が浮かび上がる。しかし一葉は、一方で「少し容貌の自慢かと思へば小面が憎いと陰口いふ朋輩もありけれど、交際《つきあつ》ては存《ぞん》の外《ほか》やさしい処があつて女ながらも離れともない心持がする」と、その優しい性格を強調することも忘れてはいない。菊の井の一枚看板と言われ、皆から一目置かれているはずのお力は、それでも酌婦仲間に対して奢ることがない性格なのである。

結城朝之助を引っぱり込んだお力は、結城の財布から勝手に金を取り出し他の女たちに祝儀としてあげてしまい、自分はその金をとらない。この場面なども、お力の酌婦としての老練さと仲間の酌婦への気遣いが見て取れるところである。ここで「十九にしては更けてるね」と結城の言葉によって初めてお力の十九という年齢が明かされるが、ここにも一葉の計算があるだろう。語り手の形容の言葉ではなく、結城のせりふによって年齢を明かすことは、この年齢にある意味を帯びさせているということにほかならない。一葉は、お力と対照的なお高を何度も三十女という呼び方をしている。このお高よりも酌婦としてのキャリアが上であるかのように描かれているお力は、少なくとも十九とは思えないはずだ。菊の井で随一若いと形容されてはいたが、さすがに十九という年齢であることに驚かされる。むろん、現在の十九よりは、今の中学生の年齢ぐらいから奉公に出される明治のこの時代の十九の方が大人であったとしても、若過ぎよう。そのふるまいや存在感において三十女であるお高よりも老けているのに十九であるというこの落差、なぜこんな場所にいるのか不思議な美貌、酌婦然とした老練さと仲間への優しさというように、その人物像を固定化しない描き方、ここにお力像を物語的なわかりやすい人間にしまいとする一葉の意図が、冒頭から働いている気がしてならない。

お力像のとらえがたさは、源七に対する態度からも見て取れよう。お力の源七に対する態度にはわかりにくさがある。お高に源七にも手紙を出したらよいのにと言われ、お力は次のように返す。

菊の井のお力は土方の手伝ひを情夫《まぶ》に持つなど、勘違いをされてもならない、夫《それ》は昔しの夢がたりさ、何の今は忘れて仕舞て源とも七とも思ひ出されぬ

むろんこれは本心の吐露ではなく、同輩のお高に対して、皆から一目おかれる酌婦としての自分を崩すわけにはいかない虚勢であることは、容易に見てとれる。お力のもとに通い始めた結城朝之助は、

ある夜、源七がお力のもとを訪ねたことを知り、逢えばいいとけしかける。それに対して、お力の答えと態度は次のように描かれている。

町内で少しは巾もあつた蒲団屋の源七といふ人、久しい馴染《なじみ》でござんしたけれど今は見るかげもなく貧乏して八百屋の裏の小さな家にまい〳〵つぶろの様になつて居まする、女房もあり子供もあり、私がやうな者に逢ひに来る歳ではなけれど、縁があるか未だに折ふし何の彼のといつて、今も下座敷へ来たのでござんせう、何も今さら突出すという訳ではないけれど逢つては色々面倒な事もあり、寄らず障らず帰した方が好いのでござんす、恨まれるは覚悟の前、鬼だとも蛇《じや》だとも思ふがようござりますとて、撥《ばち》を畳に少し延《の》びあがりて表を見おろせば、何と姿が見えるかと嬲《なぶ》る、あゝ最《も》う帰つたと見えますとて茫然《ぼん》として居るに、

お力は、自分と源七との過去と現在、源七が今置かれている状況、どうして逢うわけにいかないのかといったことなどを、短い言葉で実に的確に述べている。ここから、お力は源七の近況についてよく理解しており、源七に逢わないということは、自分の側の問題なのではなく、源七の側に対する配慮であるのだということを言外に語っていると見ていい。少なくとも、新しい情夫である結城に、前の情夫などもう関係ないなどという言い方はしていない。むしろ、家族もろとも苦境に陥れたのは自分かもしれない、だからこれ以上逢うわけにはいかないのだと、朝之助に向かってでなく自分に言い聞かせているように読める。お力は源七の姿を見ようと表を見おろすが、いないことに「茫然として

居る」。「茫然」としたのは姿が見えることの期待がどこかにあったからだ。そのことは、お力がまだ源七に未練があったからだとか、愛情を持っていたからだとかと簡単には言えないにしても、現在のお力にとって源七という存在は決して無視できぬ男であり、源七に情において縛られていることを暗示していよう。

この後、水菓子屋で桃を買う源七の子供を見て、「可愛らし四つ計りの、彼子が先刻の人のでござんす、あの小さな子心にもよく〳〵憎いと思ふと見えて私の事をば鬼々といひまする」と悲しげに語るお力からは、たとえ自分が恨まれても、子供のためにも源七をこれ以上苦境に陥れまいとする気遣いがあることは察することができる。ここだけを取り出せばお力はとても優しい情に篤い女である。

確かにそのことを否定はしないが、一方で、源七を破滅に追い込んだ酌婦としての非情さがなかったわけではないはずだ。いや、お力の酌婦としてのしたたかな態度はほとんど虚勢であって、外面は非情に見えても、実は内面は情に篤く、とても優しい女なのだとする主張も当然あるだろう。しかし、酌婦としてのしたたかさが仮の姿で、真の姿は内面の優しいところもあるという、人間の本性を善意の内面にだけ認めようとする通俗的人間観には与したくはない。どちらかが本当のお力というのではないだろう。かといってお力が分裂しているというのでもない。ここでお力は一つの固定した人格として描かれていない、そのことが理解されればいいのではないか。

朝之助は、源七になぜほれたとお力を問いつめる。問いつめられたお力は「大方逆上性なのでござんせう、貴君の事をも此頃は夢に見ない夜はござんせぬ」とはぐらかす。真剣に答えるというより、これは明らかにはぐらかす言い方だが、本当はお力は源七にのぼせてしまったのかもしれない。あるいは、そうではなかったのかもしれない。お力と源七とがどういう事情で知り合い、そして別れたのかが書かれていない以上、そのことの詮索に意味があるとは思えないが、ここでわかることは、お力の源七に対する態度は、したたかな女として金のない男には非情になるわけではないということである。源七を気遣う優しさを見せるが、それは愛情を断ち切れないとか、未練があるがつきあうわけにはいかないといった煩悶でもないということである。もし、お力の優しさが源七との関係に縛られた情愛とするなら、お力が身動きできなくなるにつれ、お力と源七は、情のドラマを以降展開し、情死としての道行きに至るはずである。だが、そうではないのだ。もしそうなら、最後の死の場面ももう少し心中らしく描かれたろうし、すでに述べてきたように、未定稿Cからの書き換えもなかったのだ。お力が源七に見せた情は、少なくとも、源七との男女の関係に呪縛されたものでないことは確認しておくべきだろう。

ここまでで言えることは、この『にごりえ』において、お力は少なくとも社会の最底辺の場所に生きる酌婦としては、ありえない人格として描かれているということだ。誰よりも酌婦的であり、誰よりも酌婦的ではないように造型されているとも言える。あるいはその存在において非情であるのに、その心根において非情ではないというように。一葉はおそらく、お力を、その置かれた境遇に無意識に抗する存在として描きたかったのである。お力について「女ながら離れともない心持がする」と書かれた後に「あゝ心とて仕方のないもの面ざしが何処となく冴へて見へるはあの子の本性が現れるのであろう」と描かれる。この「冴へて見へる」が、美貌という外面の問題ではなく、鋭く感じやすい感覚を秘めたお力の内面を指摘する文であることに注意すべきだ。そこに酌婦という境遇に抗するために冴えた感覚で周囲に反応しなければならないお力像が浮かび上がるだろう。意志的にというのではなく、その身体的なありようにおいて境遇に抗する存在として描く姿勢が、結局はいわゆる酌婦的な、あるいは一人の不幸な女性の物語という固定的な造型を回避させている。そこにまずお力像のとらえがたさがあると言っていいと思われる。

## 五　お力の自己語り

朝之助を前に「貴君の事をも此頃は夢に見ない夜はござんせぬ」と述べるような、いかにも酌婦と客との本音とも嘘ともつかぬ駆け引きのような言葉のやりとりは実は続かない。お力は、ふと次のように語ってしまう。

私はどんなに疲れた時でも床へ這入ると目が冴へて夫れは色々の事を思ひます。貴君は私に思ふ事があるだらうと察して居て下さるから嬉しいけれど、よもや私が何をおもふか夫れこそはお分りに成りますまい、考へたとて仕方がない故《ゆえ》人前ばかりの大陽気、菊の井のお力は行《ゆき》ぬけの締《しま》りなしだ、苦労といふ事はしるまいといふお客様もござります、ほんに因果とでもいふものか私が身位かなしい者はあるまいと思ひます

このお力の言葉を、朝之助は受け止めることができない。朝之助は「珍しい陰気なはなしを聞かせ

られるものだ」と言うしかない。お力が眠れぬ夜に何を考えていたのか、それはお力にもはっきりとは言えない身の不幸にまつわる様々なことには違いない。しかし、この言葉のポイントはお力が誰にも理解されていないということにある。つまり、突然お力は自分が誰にも理解されない悲しい人間であることを語り出すのである。

ここからわかることが二つある。一つは、お力自身が周囲と齟齬をきたしていると思いこんでいること、そして周囲と齟齬をきたしている自分を語ることは、源七との関係を語ることよりはるかに大切であるということである。源七との関係を語る会話より、はるかに身動きできぬ問題として語られることは、結局は自分を語ることなのである。これは、情夫に裏切られる酌婦自身の不幸を語るような会話とは本質的に違う。自分のことなど誰にもわかるまいと語るとき、ただ自分は酌婦だから何も考えていないだろうなどと周囲は思うが、自分だって考えごとくらいする、ということを言っているのではない。実は、自分というものは、誰にもそう簡単にはわかってもらえない何者かなのだと言っているのだ。だからこそお力の悲哀は強いものになる。なぜなら、この言葉は最初から理解を拒絶した言葉として語られているからだ。普通、この種の言葉は、なぐさめを期待する言葉かもしれない。しかし、この場面ではどう癒していいかわからない言葉として語られる。お力が自己を語る言葉にはそういった響きが一貫してあるのだ。それはたとえば、朝之助にいよいよ自分の不幸の来歴を語るときでもそうだ。「顔をあげし時は頰に涙の痕はみゆれど淋しげの笑みをさへ寄せて、私は其様な貧乏人の娘、気違ひは親ゆづりで折ふし起こるのでござります、今夜も此様な分らぬ事いひ出してさぞ貴君御迷惑で御座んしてしよ、もう話はやめまする、御機嫌に障つたらばゆるして下され」と自己を語り終えたお力に、なぐさめを必要とするような弱さは見られない。

ちなみに、朝之助にただならぬ様子で語ったお力の来歴は、語られたこと自体は、さほどにお力の不幸を際だたせるものではない。たぶんに、貧しい生活ではよくある家族や生活風景の一こまでしかない。この来歴の語りでお力が強調したかったことは、お力の父や祖父が無念さを抱いて生きていたということ、そして、ある日自分は「気違い」になってしまったということ、つまり酌婦のような職業に身を落とすきっかけが、それこそ「狂気」という形で訪れたこと、したがってそれは自分ではどうしようもない宿命のようなものであること、である。しかし、本当にお力が語りたかったことは、以上のような語りによって逆に隠される性質のものではなかったか。お力にとって自己とはこんなに明瞭に語ることのできるものではないはずだ。お力の饒舌な語りは逆にお力から乖離していくと、この場面は読むべきではないか。お力が自分を突き動かしている何かを簡単に言葉にできるとは思えない。お力の語りを以上のように解せば、この語りに対する朝之助の「出世を望むな」(「出世を望んでいるな」という意味)という言葉は、当然一つの意味を帯びるはずだ。

この朝之助の言葉は様々に解釈されている。お力をまったく理解していない言葉であるという説があるが、果たしてそうだろうか。ここのお力の語りが、お力自身を十分に把握したものではないとするなら、そのお力に対して、お力を理解しない陳腐な言葉を朝之助が吐く必然は少なくともこの場面の切実な展開から見てありえない。むしろ、お力自身をお力以上に看破した言葉であると読むべきである。ここでのお力の自己語りは、周囲との齟齬を来している自分という存在のとらえどころのなさを、世間に認められずに死んでいった祖父の代からの宿命として、そしてその宿命を引き受けるには

「狂気」しかないというように何とか説明づけるものであった。とすれば、自己の来歴の語りにお力自身が込めた、お力自身にもうまく語ることができないようなお力像を、お力に代わって、朝之助は「出世」という言葉で言いあらわしたのである。とすれば、この「出世」は、玉の輿に乗るというような通俗的な性格のものではない。

すでに朝之助は、お力に茶屋に引き込まれた最初の場面で、「殊にお前のやうな別品さむではあり、一足とびに玉の輿にでものれそうなもの」とお力をからかっており、また同じ言い方をここでくり返すはずもない。ところが、お力は「出世を望むな」という言葉に驚いて「何の玉の輿までは思ひがけませぬ」と返すが、これは、「出世を望むな」に対する答えというより、自分の何かを言い当てられたように感じて驚いたお力が、どう答えていいかわからなくて、とっさに以前朝之助が自分に対して「玉の輿にでも乗れそうなもの」と言っていた言葉にひっかけ、「出世をのぞむな」という言葉の矛先をかわしたのだととるべきだろう。つまり、「出世を望むな」という言葉は、それだけお力自身を打つような、お力自身にも答えられない言葉だったのである。そして、うまくはぐらかしたお力のペースに今度は朝之助も乗り、「思い切ってやれ〳〵」とはやすのである。

「出世」とはお力の何を言い当てたのか。言い当てたという言い方はおかしいのかもしれない。そうではなく、とりあえずそのような言葉によって、お力自身が自分を語ることにおいて説明づけようとしていた何かをすくいとったということだろう。とすれば「出世」という言葉の意味にあまりとらわれる必要はない。強いてその「出世」という言葉の意味にこだわるとするなら、それは、お力の何かに抗するような姿勢に上昇しようとする情念を見たということであろう。

実は朝之助が敏感に感じ取ったのは、関係の中で身動きできなくなるようなお力の不幸ではなくて、お力が自分というものを語らねばならぬ不幸ではなかったか。不幸だから語らねばならぬのではなく、語らねばならぬ自分を宿命のように背負い込んでしまった不幸だと言ってもいい。それは、お力自身が自分にとらわれることの不幸であり、そのように自分にとらわれる根拠は、周囲との齟齬に対し、根底では納得しない態度と言えよう。そこの過剰さを、おそらく朝之助は「出世」と形容したのだ。

あるいは、朝之助は、お力がこのように自分の来歴を語るその語りの過剰さに何かを感じ取ったと言えるかもしれない。お力のこのような自己語りは、情のドラマにおける激情の語りと似てはいる。語ることにおいて自己を高ぶらせることは一葉の小説の手法なのである。が、この自己語りは、激情の語りとは性質はまったく違っている。この高ぶりがもたらすものは、誰かを巻き込んで死へと至るような劇ではなく、結局は、その語りの内容によっては決して語られることのない身動きならぬ自己を、ただ確認するだけの断念とでも言うべきものなのである。おそらく誰にも理解されないだろうが、この断念を饒舌に語らずにはいられない、というのがお力の自己語りなのだ。そのお力の自己語りの過剰さに、朝之助は、決して断念を納得しているわけではない情念のような何かを察して「出世」という言葉でとりあえず形容したのだと理解することもできよう。

お力像のとらえがたい原因は、一葉が、お力像に固定的なイメージに抗するように多様な性格を与えたということがまずある。だが、それよりも、お力が源七との関係を忘れるかのように、もう一人の語られるお力とでも言うべき自身を語ることに夢中になるお力の自己語りに、読み手がとまどうからだ。源七の寡黙な不気味さとは違って、お力は異様なほど饒舌なのである。この饒舌さには、自己を省察する冷静さではなく、自分をやみくもに突き動かす情念とでも呼ぶべきものがある。一葉が源七から言葉を奪ったとするなら、お力からは、自己を抑制する寡黙さを奪ったのだ。お力はとにかく語らなければならない。何のためにか。語ることにおいて自己を直視するといった近代の人間の殊勝な試みのためではない。本当のところ、お力にもわからないのだ。

お力の側でもやはり情のドラマは解体している。しかし、情はその働きをやめてはいない。お力の自己語りに情はしっかりと存在している。

## 六 「新開」の論理

ここで言う情の働きを、心と身体を偶発的にあるいは不規則に動かす何か、と言うことができる。ただし、情はそれ自体ではあらわれない。必ずある発現形態を必要とする。その発現形態はわれわれを縛る様式と言うべきものだが、それはわれわれの身体までをも規範化する文化形態と言ってもいいだろう。

表現の世界において、この文化形態としての情は支配的である。たとえば「もののあはれ」は、われわれの表現を縛る代表的な情の発現形態であろう。『にごりえ』の未定稿Cにおいて、源七が激情していくのもその様式化された発現形態であった。ここではそれを情のドラマと呼んでいるわけだが、定稿の『にごりえ』において、情のドラマが解体しているということは、この文化として様式化された発現形態が解体したということである。

人間の情を一つの価値として様式的に描いていくのは、それを描くことが、西欧的な文脈とは違った意味で、超越的な世界を引き寄せるからである。情はそれ自体とめどなく人間を異界に向かって突き動かす働きでもある。そこに情の文学、すなわち情のドラマが成立する理由がある。われわれが文学を享受するのは、誰もが自分の枠を超えたいと思っているからであろう。西欧的な文脈での超越的なイデアを思い浮かべなくても、情の働きが垣間見せる至福と地獄の異界は、それなりに自分というものを超えさせるものなのだ。ただし、そのような情のドラマが成立するためには、すでに述べたように、われわれが情に縛られていなければならない。つまり、語り手も読者（聞き手）も、情の発現形態の文化を共有する条件（共同幻想）が問われる。情のドラマの解体が、そのような情の発現形態の文化の解体としてやってくることは言うまでもないことだ。

『にごりえ』においては、やはり遊郭ではなく「新開」という場所（ここでは新しく開かれた遊興地）であることが情のドラマの解体を説明するだろう。都市論的に言えば、異界として隔離されていた遊郭の空間は、近代都市が性的欲望を商品化する資本主義の論理によって人間の性的な欲望を都市社会の中に解放すると同時に、異界という場所で性的欲望を管理していた自らの文化的もしくは社会的役割を終焉させた。むろん、それは人間の性的欲望に課していたタブーを解放したということではない。都市社会は、商品化される性的欲望の放恣が表立たない限りは目をつぶるということにすぎない。一方で社会の道徳の堕落を説くことを忘れてはいないのだ。とすれば、社会に露出してきた性的欲望の放恣は当然、遊郭という文化的空間を離れて、都市社会の人間にとっての身近な場所に進出してくる。それが、新しく開かれた場所としての新開である。ただし、性にまつわるタブーが解放されたわけではないから、そこは社会の最底辺のいかがわしい場所としての刻印を当然受ける。

したがって、新開という場所は、情という人間のありようを文化的に規定するその発現形態が最初から機能していない場所である。情の文化的発現形態が、遊郭という文化的空間においてその効力を発揮したとするなら、新開は、その文化的発現形態がそれほど必要とされない空間なのである。したがって、そこでの人間の欲望は、情という様式への転換を経ない。たとえば、「或る夜の月に下座敷へは何処やらの工場の一連れ、丼たゝいて甚九かつぽれの大騒ぎ」とあるように、そこでの大騒ぎは、欲望を異界的な空間に解放する騒ぎというより、ただ工場の労働における日々の疲れを癒しているだけのものである。そこでは人間の欲望は情に転換されないまま、明日からの過酷な労働へ向けてただ一時的に解放されるだけなのである。人間を孤立させ疲労させる仕組みを内在させることで出発した近代都市社会は、疲労した人間を癒す場所としての機能をこのような疑似遊郭に求めたのだ。新開とはまさにこのような社会的機能を遊郭より現実的に請け負った場所なのである。その意味で、新開とは、文字通り非情を信条とした空間と言えるだろう。たとえその中で男女が商売を超えて互いを癒すことがあったとしても、新開という場所は、それを弱い人間の織りなす日常の一こまとして始末し、決して情のドラマとしてすくい上げることはないのだ。この新開には人間に異界を幻想させるほどの余裕はない。吉原の遊郭や赤坂の芸者街よりは、人間と人間の関係は流動的であり、金銭の冷徹な論理で男女を動かしているはずである。

非情を信条としたこの新開にお力はいるのである。お力のとらえがたさも、そしてお力と源七の情のドラマがわかりやすいように展開していかないのも、この新開のイメージに対応することは明らかである。

源七もお力も、この新開という場所がそうであるように、近代社会の刻印をやはり受けている。彼らの関係には、非情な金銭の論理が、異界を幻想させるほどに猶予を与えない社会の流動性が、支配していたはずである。むろん、そのことは一方で、情という発現形態に縛られずに生きる選択肢があることを示唆する。近代社会は、源七をお力から離れがたくさせるほどに退路を断つ社会ではない。お力に対しても、源七に対して非情であるからといって、人間にもとるというほどのうしろめたさを与えはしない。そうであるのに、源七が行き詰まり、源七よりは孤立した生き方に堪えられそうなお力が、結局は情という発現形態から逃れられないのはなぜか。問題は、ようやく振り出しに戻った。

## 七　滞留する情

情という発現形態が解体したとするなら、人間は、孤立した自分の人格の抽象性を自覚し、その抽象的人格を目指すことで現実の困難を克服し、自己を超越しようとするというのが、いわゆる近代的人間観である。したがって、このような人間観からすれば、源七もお力も評価は容易である。彼らは結局、自分を抽象的に自覚することに失敗した人間たちなのだ。しかし、むろん私は、このような評価をとらない。近代的人間観を否定するのではなく、人間における情の働きはそんなに単純ではないと考えるからだ。

結論を先に言えば、この『にごりえ』は、発現形態を失ってしまった情のドラマ、言い換えれば、裸形化された情のドラマである。

一葉が定稿において情のドラマを書くことを放棄したのは、すでに情の発現形態が失われている場所での人間たちに、情の劇を負わせることが、その人物たちからリアリティを奪うと判断したからであろう。かといって、現実の困難を一人で引き受け、それを直視することで克服するというような近代的人間観に基づく人物像も、現実離れはしている。社会の最底辺では、現実の困難を直視して意志的に克服していくというような生き方は、ある程度余裕のある、しかもその困難など最初からたいしたことのない人間のやることに見えるのだ。ここで人々は、人間はこうあるべきだという理念で生きない。かといって犬のように日々を生きるわけでもない。彼らが自分を縛りつける最悪の現実を超えようとすれば、それは情という働きに任せるしかないのだ。理性ではなく、彼ら自身には統御できない偶発的で不規則な働きそのものによって、自分を取り巻く状況を打開するしかないのだ。一葉が描く人間とはほとんどそういった人々であり、近代的人間観に基づく意志的な人間ではない。その意味で一葉の描く人物たちを突き動かしているのはやはり情なのだ。新開という場所がたとえ非情の場所だとしても、そこに属する人間がすべて非情となるわけではないということである。

とすれば、一葉が描かざるをえなかった人間とは、情において突き動かされながらも、新開が象徴する非情の社会の中で、その情の発現の方法を奪われた者たちということになるであろう。そこにおそらくは、一葉の時代を生きる人間のリアリティの問題があったはずである。発現できない情は、心と身体に滞留し、心と身体を蝕んでいくはずである。通路を失った情は裸形化し、情の器である心と身体を傷つけるだろう。源七の寡黙さが持つ不気味さも、まさに源七の中に滞留した情の働きが源七を蝕むしるしであったと言える。お力はどうなのか。お力の過剰な自己語りも出口を失った情の作用と言える。だが、お力において情の作用は半端ではない。たとえば、お力の頭痛は、お力の心と身体の中に滞留してしまった情の一つの逃げ道であったのではないか。前田愛はこのお力の頭痛から離人症という病を導きだしたが、(5)離人症はともかく、情の滞留がお力には病としてあらわれたということは言える。

情は、その発現の物語を奪われることで、彼ら自身を突き動かす得体の知れぬ力として作用した。源七が死へと追い込まれたことも、お力が突然街中にさまよい幻聴を聞くのも、あるいは頭痛の後に自己を語り始めるのも、この得体の知れぬ作用のせいではなかったか。そうだとすれば、そのような滞留した情の作用に、わけもなく突き動かされる彼らを描く必然とは何なのか。それが一葉の時代の人間のリアリティの問題だというなら、そのリアリティはどうして成立するのか、それが問われる。

それは、動かしがたい現実というものに直面したときの人間の問題なのだ。この動かしがたい現実とは、情のドラマにおいて、関係の劇の中で身動きできぬ状況に追いつめられることとは違う。源七は、意志的に生きれば立ち直りができるはずである。お力も、どんな事情があれ、その美貌と利発さがあれば酌婦になるはずはなかった。少なくとも、近代社会の現実はそういう可能性を与えることにおいて出発したはずだった。だが、現実は違うのである。いったん敗れた者は簡単にははい上がれない、最底辺まで落ちてしまえば、どんなにはい上がる可能性があろうとも宿命的とも言えるほどに現実は動かない、という厳しさを用意したのも近代社会である。それは最底辺にいるから認識できた現実であると言ってもいい。そういった身動きできぬ現実の理不尽さに従おうとしない態度こそ、実は彼らの情が簡単には消失せずに滞留したまま彼らを突き動かす理由だったのだ。仮に閉じられた現実に従うなら、そこには共同体的な情のドラマが彼らをとらえたことであろう。情は彼らに滞留はしないはずだ。そういう意味では、滞留し裸形化した情は、源七よりはるかにお力に強く働いている。お力のほうが孤立しており、まさに身動きできぬ現実に深くとらわれていたからだ。亀井秀雄が言う「情念自体が非行であった」とは、まさにお力をわけもなく突き動かす情の働きのことである。

## 八　非情の死

源七とお力の死が、合意のうえの心中なのか、それとも無理心中なのかという議論がある。ただし、これまでの読みからすれば、二人が合意の心中として描かれなかったことは納得がいく。二人が情のドラマを形成していなかった以上、合意の心中はありえない。それなら無理心中なのか。いや、源七は自死の道連れにただお力を殺したということなのか。それよりもどうして二人は死ぬのか。書かれていないことの詮索はやめた方がいいのかもしれない。むしろここで問題なのは、なぜ二人の死の様子が書かれなかったのか、ということであろう。

私には、彼らの死の様子が描かれていないことに納得がいく。仮に、死の様子が克明に描かれたなら、彼らの死はそれこそ物語に昇華された死になってしまう。それは、情のドラマの帰結を導くことであるし、たとえ無理心中にしても、語り手がその死の場面に立ち会えば、語り手は冷静ではいられなくなる。つまり、語り手が興奮して死の様子を克明に語れば、情に動かされながら情の物語に還元されない緊張を生みだしていたそれまでの成果が、全部台なしになってしまうことは明らかである。

その意味でこの定稿の死の描き方は絶妙である。ほとんど噂だけの構成で、あたかも新聞の三面記事に実に簡単に扱われているような死として描かれている。語り手も立ち会うことができなかったということも重要であるし、その死の具体的な経過がわからないということも重要だ。ここには、二人の死という出来事を絶対化しない配慮がある。それまでお力と源七を語ってきた語り手は、死の場面で突然二人を突き放したのである。二人の身動きならぬ現実の出口が死でしかないとする結末は理解できる。しかし、その死を情のドラマにしないようにするためにはどう描くか。たぶん、このような描き方しかなかっただろう。

毎日のように、人が殺されたという新聞の小さな三面記事を読むとき、われわれは何を思うだろう。また人が人を殺したというこの世の醜悪さの確認だろうか。たぶん、われわれが生きている社会というものの持つ一つの現実をリアルに確認し、そして忘れてしまうのではないか。特に知り合いが関わっているとかいうものではないかぎり、そういった出来事は風景のようなものだ。あるいは、ワイドショー向きに何か物語をそこに見つけて楽しむだろう。どんなに残酷な出来事でも、いや残酷であるからこそ、それを消費するという享受の快楽をわれわれは知っている。それほど日常が退屈だということではないだろう。むしろそのような残酷さが、異界の出来事ではなく、まぎれもないわれわれの生きる社会の出来事であるというリアルさへの賢明な対処として、われわれは残酷な出来事を風景と見なすのだ。そしていつしか、われわれはそのような残酷さなしでは、この世を生きる実感が持てなくなる。そのためにも、残酷な出来事はわれわれの日常に必要なのである。

源七とお力の死は、このようなものとして描かれているのではないか。二人の物語は、最後に風景としてただの三面記事で終わるのである。しかもワイドショー的な要素もはらんで。強いて言えば、二人の死は異常であるがために、社会の好奇心の対象となり、現在ならワイドショーの格好の対象になるように社会に消費されてしまったのだという言い方もできよう。まさに、一葉は二人に対してもっとも「非情」な死を選んだのだ。

彼らの死を情の物語として鎮魂することは、いわば彼らの魂を、情という文化を共有する共同体に帰すことである。しかし、二人の魂はすでに帰る場所を失っている。最後に人魂を見たという噂がある。この人魂を鎮魂されないお力の無念と見るよりは、お力の魂は結局、噂という形で新開という場所が象徴する流動的で無情な社会の中に浮遊しているのだと見るべきだろう。源七の死もお力の死も社会の噂に消費されたのだ。情を失った非情の社会は、このように人の死を取り扱う。これは、情を失った社会の新しい供犠のありようである。貪欲に、人の無念の死を消費しては三面記事化する。そこでは死にまつわるロマンチシズムは通用しない。一葉は、この非情社会の新しい供犠に二人を供したのだ。それは、身動きならぬ非情の現実のただ中で、情によってしか生きられぬことの帰結を示したのだと言ってもいいだろう。まさに非行としての情の無惨な帰結である。

三面記事的な二人の死は無惨であるが、その死からロマンチシズムを排した一葉の姿勢は最後まで揺るぎがない。非情の社会に抗するように生きることがどういうものであるかを、一葉はそれこそ非情に描いたのだ。特に、その姿勢はお力に込められた。一葉はお力であるという評価があるが、私もそのように思うところがある。

注

（1）亀井秀雄『感性の変革』講談社　一九八三年

（2）注1と同

（3）『にごりえ』は何度かの推敲を経ている。『樋口一葉全集』第二巻（筑摩書房）では、定稿とその推敲の段階を「未定稿A」「未定稿B」「未定稿C」に分け収録しており、ここでの「未定稿C」はこれによる。

（4）前田愛「『にごりえ』断想」『前田愛著作集3』筑摩書房　一九八九年

（5）前田愛『樋口一葉の世界』平凡社　一九九三年

（付記）一葉の作品の引用は『樋口一葉全集』（筑摩書房）によった。ただし、ルビの省略や、旧字体の漢字を新字体に直すなどしている。定稿と未定稿の資料も同様に全集に頼っている。『心中天の網島』の引用は、日本古典文学全集（小学館）による。こちらもルビの省略や漢字字体の変更がある。

# 森鷗外論　曖昧者の悲哀

## 一　明治の知識人と天皇幻想

島崎藤村の『破戒』（明治三十九年）がドストエフスキーの『罪と罰』に驚くほど似ていることはよく知られている。ラスコリニコフが自分の罪を告白したい衝動につき動かされながらさまよい、結果的に自己の罪を暴露していく葛藤のプロセスを、丑松はほとんどなぞっているのである。この類似において問題なのは、丑松の告白の衝動が自分が被差別民であるということだ。丑松は、自分の出自を告白の対象、つまり「罪」のような意識として扱っているのである。厳密に言うなら、被差別民が罪であるという意識ではなく、それを隠している自分の意識を、罪を抱えてそれを告白できない意識のようなものとして扱っているのである。

この丑松の意識はかなり複雑である。彼は、自分の身分を明らかにして強く生きていこうとする立場を一つの極として持つ。罪のような意識は、そのような立場をとれないうしろめたさの意識としてまずやってきたと思われる。ある意味で、この罪のような意識は、丑松の弱い内面の告白のようだが、しかし、実際には、明治の社会における被差別民が直面しなければならなかった深刻な矛盾が作用している。それは、被差別民にとって、被差別民であることが「暴露」するかしないかという心理の負担としてあらわれてきたということである。封建制の厳密な身分制社会では、このような暴露ということが大きな心理的負担としては意識されなかっただろう。しかし、身分制を廃止し平等な市民社会の体裁を整えた国家が、建前上、被差別層を社会の表層から消去すると、被差別層は現実には社会に残るが、形式的には存在しないという落差が生じ、表層の市民社会の側に位置しようとした被差別層の誰かが、その社会に現にある身分の暴露に脅えるという構造ができあがる。丑松の意識もまたこの暴露への脅えに対し、いっそ自分から暴露してしまおうかと考える葛藤であったと言えるだろう。

いわば被差別層は隠されている。だから、その解放のためには、その隠されてあることを自ら暴露しなければならない、という心理がそこで生まれる。そして、そこまでいけば、隠しているのは、社会の側ではなく自分かもしれないという罪のような意識が生じてもおかしくはない。『破戒』は、まさに隠されてある被差別層としての位置からの自立（その層そのものの解放ではない）を描いているが、その隠されてある自己を隠す自己へとすり替えることによって、そのうえで隠す自己の弱さと戦っていくという心理のドラマを描いているのだと言ってよい。

この島崎藤村の小説を、思想の問題として見れば、当然さまざまな批判は可能である。差別の問題の要所は、被差別層を隠すことによって近代国家としての体裁を整えながら、実際の被差別民の実態には無頓着であった明治国家の犯意と、差別意識を生活意識の中で現実化していった明治の共同体的社会の犯意にある。『破戒』はそのどの犯意にも直接に向き合わないように、うまく自立できない個人の内面の犯意として描いたわけである。

むろん、小説の遠近法と思想の遠近法は違うのだから、藤村の思想的限界をここで云々しても始まらない。ただ、『破戒』の丑松が、もっと啓蒙的に、人権活動家やプロレタリア革命運動の活動家のようにふるまえなかったのは、自分の被差別層としての出自そのものが、社会の無意識の領域に深く沈潜しているものであって、啓蒙的意識やイデオロギーといった近代的な視線ではとてもとらえられないという予感があったからだと思える。いわば、自分の出自の触れうべき本質が無意識的領域にあることを漠然と実感したために、そこに生まれたことが負う負担を社会や国家に直接転嫁できず、自己がとりあえず負うという形で、丑松は「罪」を負った者のようにふるまったのだと考えることができる。

明治の近代は、その社会理念によって被差別層を表層から隠したが、そのことはある意味で、社会構造の変化によって表層では誰もが一個の市民として装えるようになったことを意味している。そのことが逆に、社会の意識下に紛れている被差別層の存在に気づき、そのことを意識して生きていこうとする知識人の位置を成立させる。これが『破戒』を書いた島崎藤村の位置であるとすれば、この位置は、近代の始まりにおいて天皇幻想を意識の上では消去したが、意識下では深くとらわれ、何かの折りにその幻想に呪縛されてしまう知識人の位置のアナロジーだと言えないか。

野間宏は岩波文庫版『破戒』の解説で次のように書いている。

天皇の身分が最高の存在として神とされていたちょうどその対極にあるものが、人間ならぬ人間とされた部落民だったのである。一方は神としてあがめられ一方はこの上なく卑しめられるとはいえ、その差別の内容は同質のものであり、この両者は同質の存在、身分とみられるのであって、いずれも天皇制によってつくりだされたものなのである。

国家的な制度を基準にした遠近法を使えば、天皇と被差別層は天と地の差になるが、社会の共同体的意識に基準を置けば、天皇と被差別層は共同体から同質に逸脱した位置にあると見なすことができる。野間宏はそのことを言っているのだが、この論理は、文化人類学にとどまらず歴史学や国文学などの学問が、天皇制を日本の王権論として論じてきた成果によってより具体的に明らかになってきた。特に、網野善彦による中世における異形の天皇像と非農業民層の連環の解明は、被差別層も天皇も共同体秩序から逸脱した位置にあり、相互が共同体に対する外部性として連環するという、歴史の直線的展開を超えたモデルが、歴史のある時点で生き生きと再現できることを示した。むろん、モデルとしての限界性はあるとしても、このモデルによって、社会そのものがときに混沌と見え、ときに歴史の蓄積を無視するように見える事情はある程度説明される。

たとえば、明治初期の天皇への幻想というものは、天皇が明治憲法において国家そのものの元首として絶対化されるあり方とはかなり違っている。明治初期に、明治天皇は全国を行幸するが、そのとき庶民は、天皇が滞在した家におしかけた。たとえば東北への行幸のおり、天皇の行在所となった渡辺作左衛門宅に十日間に十万人もの民衆が訪れている。彼らは天皇の触れた柱や畳に自らの手で触れ、「カクスレバ一生無病ナリト悦ベリ」と、その霊力を拝んだのである。(1) このことは、当時の民衆レベルにおける天皇幻想がどういうものであったかを示している。天皇は、霊力を持った民衆信仰の神と同一視されたのである。こうして明治天皇が国家の神として次第に神格化されていく過程が、天皇の視覚化であったということを、多木浩二は『天皇の肖像』で述べているが[2]、御真影として視覚化される以前の天皇は、庶民にとってその視覚的想像力の外にある存在であった。だからこそ、天皇に生き神としての霊力を見たと言える。言い換えれば、庶民にとっての天皇幻想は、秩序の外にあるものと考えられていた。国家の側から見れば、この秩序外の天皇幻想は明治維新における旧秩序の打破としての運動において役に立っただろうが、新秩序の確立にとっては桎梏となる。したがって、天皇幻想を秩序の頂点に立つ神として視覚化し、さらに、その法制度としての近代国家秩序と矛盾なく併存できるように、その役割を、教育勅語のような道徳的秩序の要として象徴化していったわけである。

このような明治期における天皇幻想の変遷において重要なのは、少なくとも明治初期においては天皇幻想は庶民にとって秩序外のものとしてあったということである。このことは、天皇幻想を支えていた一つの基盤として民衆の土俗的信仰があることを示すと思われる。むろんそれは、土俗的信仰が直接天皇幻想を支えるというより、天皇幻想そのものがそういった土俗的信仰と結びつきやすい性質を持っていたということだろう。だが、明治初期の土俗的信仰と結びついた天皇幻想は、近代国家の出現とともに失われていった。しかし、ある意味でそのこと自体は庶民にとってどうでもいいことであった。土俗的信仰の対象となる神は別に天皇でなくてもよかったからである。神がなくては、やっていけない世俗にはいつも何らかの生き神があらわれる。天皇でなければ新興宗教の生き神様でも、それはそれでよかったのである。

しかし、知識人においてはどうだったか。明治初期に自己という観念の形成を、国家秩序の形成と同一視した知識人にとっては、天皇幻想は近代国家幻想にとって代わられるものにすぎなかったろう。たとえば福沢諭吉は、「帝室は政治社外のものなり」と『帝室論』(明治十五年)で書いているが、彼にとっての自己形成の意識は新国家建設の意識なのであり、その意識に関わらない、たとえば秩序からの逸脱を本質として持つような天皇幻想は無意識の領域に追いやられたと考えられる。ところが次の世代になると、近代国家幻想そのものへの失望感が出てくる。特に自由民権運動の挫折を経た、明治二十年代以降に登場する知識人にとって、近代国家幻想に代わる別の価値が求められ始める。島崎藤村の『破戒』は、近代国家幻想がもはや知識人の唯一の価値でなくなってきたとき、社会の中に埋もれているものの中に自己の価値となしうる幻想を見いだそうとした一つの試みと解してもいいだろう。

近代国家幻想からずれてしまった明治二十年代以降の知識人たちは、近代という幻想にやや失望を感じ始めた彼らの時代において、何かの機会に、意識の表層から消去された天皇の幻想に向き合う必然を持ったはずである。そのとき、それを不合理なものとして退けるのか、あるいは拘束されるのか、無関心な態度をとるか、親和的なものとして受け入れるか、不合理ゆえに伝統的文化として価値化しようとするか、意識の表層にある天皇制国家に重ねて絶対化しようとするか、いずれかの態度をとったと考えられる。が、そういった態度の中で区別しておきたいことは、その態度が、自分の属する世界の明瞭化といった意識に沿ったものであるか、それとも天皇の幻想が潜む曖昧な無意識の領域(共同幻想の領域と言ってもいい)に自己を投げ出すようなものであるかという点である。

多くの知識人がマルクス主義にとらえられたのは、その主義が明瞭だったからだ。また逆に、日本浪曼派が天皇幻想を美的伝統として価値化したのも天皇幻想が明瞭化できると考えたからで、無意識の領域にある天皇幻想をそのまま肯定したわけではない。近代における自己形成とは、徹底して明瞭化への意志としてあらわれたのであり、結果的にイデオロギーに殉じるというかたちで自己を失うということがあったとしても、そのことは問われない必然を最初から持っていたのである。しかし、そのとき、明瞭化するべき自己そのものが曖昧であると実感し、その実感に忠実であったとしたら、このような近代の自己形成は不可能になる。

ここで取りあげようとする森鷗外は、そのような不可能性に直面した一人である。というより、日本の近代で最初にその不可能性に身をゆだねて生きた一人であったと思われる。言い換えれば、天皇幻想を無意識の領域の中に保持したまま、その無意識の領域を率直に受け入れ、その無意識の領域から、明瞭化という方向ではない自己像の確定を考えた一人であったと考えられる。

## 二　共同体世界への違和

鷗外の『青年』（明治四十四年）はほとんど、主人公である青年の性的欲望の分析劇といったものである。物語の展開としては、未亡人に対する主人公・小泉純一の心理の葛藤によって動いていくドラマであるが、しかし、全編に貫かれているもう一つのドラマは、小泉自身の性的欲望の放恣と抑制とがおりなす光景を冷静に分析しようとする鷗外自身の精神の劇と言ってよい。その鷗外自身の分析劇は、すでに『ヰタ・セクスアリス』（明治四十二年）によって十分に展開されているが、その『ヰタ・セクスアリス』の最後に次のような文がある。

世間の人は性欲の虎を放し飼にして、どうかすると、其背に騎《の》つて、滅亡の谷に墜ちる。自分は、性欲の虎を馴らして抑へてゐる。羅漢《らかん》に跋陀羅《ばっだら》といふのがある。馴れた虎を傍に寝かして置いてゐる。童子がその虎を恐れてゐる。Bhadraとは賢者の義である。あの虎は性欲の象徴かも知れない。只馴らしてある丈で、虎の恐るべき威は衰へてはゐないのである。

鷗外が自分の性欲にどういう距離の取り方をしていたかがよくわかる。まず、鷗外は性欲を「馴らして」いるだけのものととらえる。そして、その性欲によって「滅亡の谷に墜ちる」ところを、自分は「抑へてゐる」と言う。それを「賢者の義」と形容するが、その賢者と自分をほとんど同一にとらえようとしているのは明らかである。性欲そのものが人間の意識を左右することへの興味と、その性欲を抑えている自分への興味とが、この『ヰタ・セクスアリス』を貫いている分析劇の骨子となっているのである。

鷗外は明らかに自分の性欲に関心を抱いているが、その分析癖は性欲それ自体を自分から切り離しており、その意味では、その関心は性欲それ自体への好奇心というより、自分自身を不合理につき動かすものを普遍化しようとするものと言うべきだろう。それはほとんど自己の無意識的部分（理性の対極としての身体）への関心と言ってよく、その無意識的部分への鷗外自身の意志的な支配の問題を語っていると見ることもできる。

ところで、このような自己の内部に潜む不合理なものへの関心は、鷗外の初期の代表作『うたかたの記』(明治二十三年)、『文づかひ』(明治二十四年)にも見ることができることを、百川敬仁が指摘している。(3) 百川によれば、『うたかたの記』で、画学生の恋人となった少女の隠された欲望の真の対象は国王であり、その欲望は抑圧され無意識になっているとする。そして『文づかひ』の姫君も、欠唇《いぐち》の醜い少年に対して強い嫌悪と深い欲望を向けており、その無意識の劇として物語は展開しているという。この指摘によって気づいたのだが、鷗外の初期の三部作に流れる強い物語性には、共同体世界の無意識がかなり深く作用しているのではないか。鷗外の前近代的なロマン的精神を指摘したいわけではない。むしろ、鷗外自身の無意識的部分への分析癖を用意したものとして、この物語性に密着した鷗外像が重要ではないかと思うのだ。明治二十年代に書かれたこの三部作のような物語性が、明治四十二年以降に執筆が再開された鷗外の小説にはあらわれないことを考えると、このことはもっと注目されるべきだと考える。

この三部作には日本の共同体に醸成された無意識の物語世界があると言えないか。たとえば、『うたかたの記』の少女も『文づかひ』の姫君も、共同体的無意識が醸成する異人とも言うべき王や欠唇の少年に、共同体によって捧げられた巫女的存在と言える。そして、その捧げられるという宿命から逃れようとする悲劇こそ、この二作を貫く物語性であるだろう。『舞姫』はこの二作からはやや異質に見えるが、こちらは男と女の立場が入れ替わっただけである。エリスは異界の女性であり、太田豊太郎こそが共同体の無意識を負って異界の女と交わる未成年なのだ。『舞姫』における太田豊太郎の選択肢は、エリスを選ぶか選ばないかという二者択一のように思われるが、しかし、選択肢は実際にもっと多くあってもいいはずである。その場でのドラマ的決着を強制されなければ、エリスを得て日本の共同体に生きるという両方を成立させる道がまったくなかったわけではないし、日本の共同体から離れて異国で生活することもそれほど困難でなく、また悲劇的でもない選択肢としてはありえたはずだ。彼らは自分の置かれた悲劇的二者択一の状況に盲目的に従うほど旧弊な世界に住んでいたわけではない。

むしろ問題は、太田豊太郎が多様な選択肢を拒否して、エリスを選ぶか日本の共同体を選ぶかなどという最初から悲劇になることがわかっている二者択一を選んだ時点で、自分にとっての物語的状況をつくってしまったということである。つまり、太田豊太郎は、ここで自分の意志による選択の自由行使において悲劇を生んだのではなく、日本の共同体の無意識が彼に強いた物語的状況に呪縛されることで、悲劇的であるような生を選んだということにすぎない。したがって、その選択による罪責感は、エリスに対する個人の倫理的責任というようには明瞭にはならない。むしろ、いつのまにか悲劇的な状況にいる自分をそこに見いだした、というように振り返られるだけである。「げに東に還る今の我は、西に航せし昔の我ならず」と続く『舞姫』の冒頭の文章を思い出せばよい。そこでは、自己の引き起こした事実が痛切に反省されているわけではない。むしろ、昔に比べ現在のあまりに変化した自己をそこに見いだして溜息をつくだけである。太田豊太郎にとって、自分の劇は日本の共同体が強いた物語でしかなかった。はからずも彼は、異界の女性に魅いられ異界にひきこまれるか、共同体に残るかを煩悶する物語の主人公になってしまったのである。

『舞姫』が近代小説であるとすれば、この「なってしまった」という述懐がこの物語の語り手の位置として見いだせることであろう。つまり、本来ならば共同体の成人の通過儀礼として語られるはずのこういった物語が、通過儀礼として認識されず、ただ共同体的無意識の支配する劇に翻弄されてしまった不条理として意識されたことにある。

このように見ていくと、三部作は、共同体の無意識的世界に支配されることによって生じる悲劇的物語が、不条理として観察されている小説だということが理解できる。また、この三部作では、物語そのものの当事者の位置が重い役割を持ち、その当事者と関わりながら語り手の役割も持つ傍観者が、共同体の物語を不条理の劇として眺めることで、その物語を近代小説に変換させる位置に弱い荷重でへばりついているのだということが感じられる。傍観者とはもちろん『うたかたの記』では画学生の巨勢であり、『文づかひ』では日本人の士官であり、『舞姫』では東に帰る船上の太田豊太郎ということになる。

この三部作において鷗外が示した関心とは、結局、自己の身体に潜む性欲のような無意識の世界それ自体への関心というより、明治という時代とともに自分が成年期に向かうとき、ある無意識の世界に用意された物語的状況に強烈に翻弄されてしまう、そのことへの関心と言うことができる。だからこそ、この三部作は強い物語性を持たねばならなかったのである。それはおそらく、青年期の異国体験を共同体の通過儀礼としてくぐった鷗外が、その通過儀礼の中で翻弄される当事者としての劇を書かざるをえなかったからだ。しかし、帰国の途上にあって、通過儀礼を経て変わってしまった自分を憂鬱な感情で振り返るもう一人の鷗外をつくりだしたのも、やはりこの三部作である。おそらく、このときの憂鬱さとは、共同体の無意識の劇に翻弄されたことへの違和感だったと考えられる。鷗外はこの違和感にとらわれた自分に次第に荷重をかけていった。それが、この三部作以降にしばらくの中断があり、そして、自己の無意識世界の執拗な分析者として登場してくる大きな契機になっていると思われる。

鷗外がなぜ創作活動を中断し、そして再開したのかはよくわからない。しかし、三部作でつくりえた傍観者の位置を自分の立場として確保できたことが、再開の大きな理由であったことは間違いないだろう。この傍観者の位置に荷重をかけることで創作活動を開始した鷗外にとって、観察される自己はすでに物語的状況の中で翻弄されることはなくなった。当然観察される自己は傍観者である自己と不分明になる。創作がほとんど随筆のようになっていくのは当たり前である。が、そこに劇というものがなかったわけではない。傍観者・鷗外が演じた劇とは、まさに自己像の確定という劇である。

## 三　無意識世界への君臨

『ヰタ・セクスアリス』で鷗外は、性欲という衝動を持つ自己を徹底して分析している。また、『妄想』（明治四十四年）では、「自分は此儘で人生の下り坂を下って行く。そしてその下り果てた所が死だといふことを知って居る。併しその死はこわくはない。人の説に、老年になるに従って増長するといふ「死の恐怖」が自分には無い」と、死に向き合う自己を分析している。性欲と死という意識にかかわる自己像を、ここで鷗外は分析の対象にしていると言ってもいいが、このような自己像は、ほとんど無意識の世界の側にゆだねられた自己像と言うべきであろう。言い換えれば、鷗外は、近代的自我による自己像そのものをここで解体しているのだと言うこともできる。性欲にとらわれ性欲を馴らしている自己や、死に平然としながら生の下り坂を下る自己は、人間の生をほとんど自然として受け入れるある意志の表明であり、その場所では自我は無意識の側に徹底して拡大され解体されている。が、ここで注意しておきたいのは、鷗外は「死はこわくない」とか「性欲を飼い馴らす」と言っていることであって、むしろ鷗外にとってこのような言い方こそが重要だったと考えられる。それは、鷗外にとっての関心は、ただ無意識世界に身をゆだねることにあるのではなくて、その世界を意志的に享受する、あるいは自己の無意識の部分については支配をすることにあったと思われるからである。

鷗外は『妄想』でハルトマンの無意識哲学を次のように述べている。

ハルトマンの形而上学では、此世界は出来る丈善く造られてゐる。併し有るが好いか無いが好いかと云へば、無いが好い。それを有らせる根元を無意識と名付ける。それだからと云つて、生を否定したつて、世界は依然としてゐるから駄目だ。現にある人類が首尾好く滅びても、又或る機会には次の人類が出来て、同じ事を繰り返すだらう。それよりか人間は生を肯定して、己を世界の過程に委ねて、甘んじて苦を受けて、世界の救抜を待つが好いと云ふのである。

「自分は此結論を見て頭を掉《ふ》つたが」と鷗外は言うが、この鷗外が着目したハルトマンの哲学は、死を受け入れその死をこわいと思わないと言う鷗外自身の精神をほとんど説明していると言えないか。

自己の属する世界が無意識とも言うべき世界だからこそ、「生を肯定して、己を世界の過程に委ねて、甘んじて苦を受け」る。無意識世界を否定するのではなく肯定することこそ、鷗外の生き方そのものであったろう。ただ、「世界の救抜を待つ」というようなひそかな希望が鷗外にあったとは思えない。無意識世界を自己の属する世界とすれば、その行き着く先は「死」であるように生きねばならないことを『妄想』で鷗外は述べている。むしろ、鷗外にとって無意識世界は「苦」であるようなものであり、その「苦」を平然と受けるような自己像を、ありうべき姿として思い描いたと言える。たとえば、『あそび』（明治四十三年）における主人公の木村は官吏であり文学者であるが、両方の生き方を矛盾なくこなしている。その秘訣を「遊び」だと言うのであるが、そこでの木村の態度は次のようなものである。

木村はゆつくり構へて絶えずこつ〳〵と為事をしてゐる。その間顔は始終晴々してゐる。かういふ時の木村の心持ちは一寸説明しにくい。此男は何をするにも子供の遊んでゐるやうな気になつてしてゐる。同じ「遊び」にも面白いものもあれば、詰まらないものもある。こんな為事はその詰まらない遊びのやうに思つてゐる分である。役所の為事は笑談ではない。政府の大機関の一小歯輪となつて、自分も廻転してゐるのだといふことは、はつきり自覚してゐる。自覚してゐて、それを遣つてゐる心持が遊びのやうなのである。顔の晴々としてゐるのは、此心持が現れてゐるのである。

政府の仕事はつまらない。しかし、それを「遊び」だと受け入れる感覚は、「甘んじて苦を受け」る感覚であろう。そしてそういう感覚は、自分の生を肯定し、自分を無意識の世界に預けてしまうことによって可能となる。「遊び」とは無意識の世界の中で意味を求めず戯れる行為である。自分は国家の一機関である役所に属しているのではなく、無意識の世界に属しているのだと思い切ってしまえば、役所の仕事もそのつまらない戯れの一つだと思うことができるのである。だから、木村は顔を晴々とさせ、役所のつまらない仕事を甘んじて受け入れることができる。鷗外は、結局、無意識の世界に自己を預け、その無意識世界がもたらす苦痛を甘んじて受けて、そこから顔が晴々となるほどに自分を統御することで、ありうべき自己像を見いだしたと言うことができよう。

が、それでは、鷗外が自分の属すべき世界として見いだしたこの無意識の世界は、初期三部作であらわれた共同体の無意識的世界とどのように違うのかという疑問が生じる。もし、鷗外が自分をゆだねるある世界を、共同体の無意識と見てしまえば、それは鷗外を深く閉じ込め、鷗外自身を物語の当事者として翻弄する不条理の世界である。鷗外が傍観者の位置をとったのは、このような共同体の無意識への違和を感じたからで、物語の中で翻弄されるようなことがあってはならないと考えたからだろう。が、だからといって、共同体を否定し、自己や社会の明瞭な輪郭を要求する近代の立場を鷗外はとらない。思想の自由を認めない明治国家の前近代性を嘆いたとしても、自己の立場を矛盾した状態に追い込むほどに反抗するわけではない。

鷗外が見いだした無意識の世界とは、明瞭であろうとすればどの立場をとっても身動きができなくなる明治の社会においては、もっとも自由にふるまえる立場だったと言えないか。おそらく、傍観者の位置とはそのような自由な位置であったのだろう。しかし、この自由というのは、自分の属する社会や国家に対して自由にふるまえるという性質のものではない。一般に自由を意識するのは、自己の属する世界の規範が自己に苦痛を与えたときであろう。そのとき、その苦痛を取り除こうとする意志の向こう側に自由な世界が見える。普通は苦痛の原因を外化させ、普遍化された論理でそれを取り除くが、鷗外の場合、その苦痛の原因を、苦痛を苦痛と感じる自分の意志のあり方に求め、そのあり方を克服すれば苦痛は取り除かれると考えた。つまり、世界が自己にもたらす拘束は、その明瞭化によってでなく、最初から苦痛を克服する自己の意志の問題にすぎないと考えることで解消される。鷗外の自由とは、その心理あるいは自己の身体的な感覚への操作によってもたらされたものであると言えるのだ。

とすれば、鷗外にとって世界は変質せざるをえない。世界そのものが鷗外の意志のあり方にゆだねられてしまうのであるから、その世界は鷗外を翻弄することがないようにいつも一定の距離を保ちながら、国家や社会の規範というような明瞭な輪郭を持たない。それはもう無意識の世界という以外に呼びようのないものであろう。そして重要なことは、この鷗外が見いだした無意識の世界が、鷗外の意志に従わねばならない世界であるということだ。言い換えれば、鷗外は君臨者としての態度において無意識の世界に向き合おうとする。それが、鷗外にとって自由であることだったのである。

この無意識世界の中で意志的であろうとする鷗外の姿は、ほとんど修行者の立場に近いが、しかし、鷗外のものはせいぜい傍観者であろうとする意志なのであって、求道者のような強い意志を持っているわけではない。鷗外の場合は、むしろ諦念といったものに近い。『あそび』の木村の生き方は決して積極的ではなく、何かを断念した生の姿を感じさせる。だから、日常が空虚なものとしてあらわれ、その日常を役人と文学者の両方の忙しい生活によって埋める必要があったのだと思われる。だから、この『あそび』の木村は鷗外自身だとしても、理想だと言うわけにはいかないだろう。『妄想』で鷗外は「自分のしてゐる事は、役者が舞台へ出て或る役を勤めてゐるに過ぎないやうに感じられる」と、演技でしかない自己の生き方を告白しているが、この告白は結局、木村のような生き方を自己像とせざるをえない鷗外の、憂鬱な気分が言わしめているとも言えるのである。

むしろ鷗外にとっては、「甘んじて苦を受け」、少々無理をして顔を晴々とさせるよりは、それがもっと自然の状態で行なわれるほうが理想であったはずである。その理想はたぶん、『高瀬舟』の喜助であろう。

庄兵衛は只漠然と、人の一生といふやうな事を思つて見た。人は身に病があると、此病がなかつたらと思ふ。其日其日の食がないと、食つていかれたらと思ふ。万一の時に備へる蓄がないと、少しでも蓄があつたらと思ふ。蓄があつても、又其蓄がもつと多かつたらと思う。此の如くに先から先へと考へて見れば、人はどこまで往つて踏み止まることが出来るものやら分からない。それを今目の前で踏み止まつて見せてくれるのが此喜助だと、庄兵衛は気が付いた。

「遊び」というような心理的作為の匂いのする意志の力によって自己を確保することより、「踏み止まつて見せてくれる」喜助のように、自然の姿勢で自己を確保できることが鷗外にとっての理想であったと思われる。この、無意識という曖昧な世界の中で、自然であるようにいかに自己を確保するか、ときに不条理で確固としたイメージを持たないこの社会で喜助のようにいかに踏み止まれるか、という思いは、自己の属する世界を無意識の世界として見いださざるをえなかった鷗外にとって切実なものであったはずだ。つまり喜助こそ、この明瞭でない世界の中で真に自由な位置にいるのである。しかし、実際の鷗外の立場とは、その喜助を見つめ、自分の生き方に悲哀を感じる庄兵衛の方である。鷗外はそのギャップを埋められない。

鷗外は傍観者でしかない自己像をさらに見つめるしかない。いわば、傍観者の傍観者としてひたすら自己像を確保しているかのようである。鷗外という傍観者によって見つめられる傍観者に、奇抜な催し物で人を集める『百物語』（明治四十四年）の飾磨屋《しかまや》がいる。彼は、「依然こんな事をして、丁度創作家が同時に批評家の眼で自分の作品を見る様に、過ぎ去った栄華のなごりを、現在の傍観者の態度で見てゐるのではあるまいか」と、鷗外と思われる傍観者に同類として観察される。この不思議な飾磨屋という人物は、近代社会の秩序やその現代的な装いからは、ずれてしまっていることに注意するべきだろう。

傍観者の位置とは、この飾磨屋のようなある逸脱を伴う位置でもある。この逸脱の位置から、明治の近代社会そのものを眺めたとき、近代の饒舌な言説は色あせる。そして、饒舌な言説の届かない沈黙の領域を見いだしたとしてもおかしくはない。また、そのような沈黙の領域を見つめるからこそ、鷗外の描く人物は寡黙で意志的になるのだろう。そして、この沈黙の闇とも言うべき領域には、無意識という化け物が潜む。その化け物を示現させようと飾磨屋は「百物語」をしかける。この話は象徴的だが、鷗外は、その化け物の示現にでなく、その酔狂をしかける飾磨屋の方に関心を抱く。傍観者である鷗外はこうやって自分の逸脱の位置を検証するしかないのだ。鷗外の描く意志的で寡黙な主人公たちは、いわば鷗外に代わって鷗外の逸脱を演じてやっているのである。

鷗外の描く小説には必ず傍観者が登場するが、それにしてもなぜ鷗外は傍観者を描き続けるのだろう。それは、鷗外の、表現上の位置を確保する他者としての位置が、ささやかな逸脱の位置でしかなく、自己の属する世界の輪郭にこだわったために、その世界から激しく逸脱せざるをえなかった漱石のような者ではなかったからであろう。最初から社会の輪郭に届かない鷗外の視線の位置からは、内部の沈黙の領域を他者として見いだすしかない。しかし、傍観者と傍観される沈黙の領域の境界の画定は困難である。そこでは、見つめる鷗外と見つめられる他者としての鷗外は未分化である。いわば、鷗外は自己の輪郭を失っている。とするなら、自己像の画定は、その輪郭の明瞭な線引きにあるのではなくて、アナロジーできる自己像をたくさん描き出すことだったたと言える。

いわば傍観者としての自己像のしつこい確認であり、これは鷗外の試みた、無意識世界での自己像の確保あるいは君臨の方法であったと考えられる。

## 四　鷗外と天皇

傍観者としての鷗外の位置は、日本共同体に翻弄されるような位置からの離脱でもあったが、共同体そのものから離脱してその外側に立つような位置ではない。したがって、その位置は、共同体の外側からその輪郭を問いつめるような（たとえば漱石のような）、寄る辺なき不安定な位置ではないにしても、微妙な安定を欠いている。傍観者として生きる鷗外にとって自分の位置の安定は必須の条件だったのだろう。『半日』（明治四十二年）で、鷗外は、安定化へ向けて傍観者の態度をかなぐり捨てて奮闘しなければならない家長の姿を描いている。この家長は、事態を傍観するのではなく、自己の属する世界を不安定な世界に傾斜させようとするわがままな妻を懸命に説得しなければならない。鷗外が理想とした、あるがままの世界を受け入れ寡黙に意志的に生きることは、必ずしも関係的世界を円滑にするわけではなかったのである。ときには関係の軋みを生じさせる原因になり、その軋みはときに傍観者の手に負えなくなる。そこで解決に向けて積極的に軋みの原因となる関係の中に介入するが、だからといって漱石の『道草』のように深刻になるわけではない。結局、『半日』の家長は、「東西の歴史は勿論、小説を見ても、脚本を見ても、おれの妻のような女はない。これもあらゆる値踏を踏み代へる今の時代の特有の産物か知らんと、博士はこんな風を思ってゐる」と、傍観者の位置を確保して事態に堪え切る。つまり、鷗外はときに、山崎正和が『鷗外　闘う家長』(4)で述べるような自分の生活世界の安定に努める家長としての努力を強いられる。その努力に見合うバランスの中で、傍観者の位置を確保するのである。いずれにしろ、鷗外の位置する世界はしっかりした安定を確保していなければならなかったのだ。

鷗外における天皇の位置というのは、この鷗外の安定した世界という枠内に自然なものとしてあったと考えることができよう。『半日』における家長の博士は、これから御所の御祭典に出掛けるという段になって妻のヒステリーにあい、御所への参内を断念する。つまり、博士は明治天皇を拝す機会を簡単に放棄するのである。この御祭典とは、明治天皇の父・孝明天皇の霊を祀る孝明天皇祭のことだが、むろんそんなことはどうでもいいことで、ここで興味深いのは、博士が御所へ行くのをあっさりとあきらめることである。明治天皇のもとに行くより、妻のヒステリーの前で堪えてみせることの方が重要だったのである。このことは、現実の天皇と鷗外との距離は安定したものであり、その安定が破られない限り、鷗外にとって天皇は風景の一部でしかないということを示すものであろう。傍観者の立場で、無意識世界をあるがままに受け入れようとする鷗外にとって、天皇の幻想はむろん無前提に受け入れるべきものであった。

しかし、無意識に潜む天皇幻想は、近代国家への意識と連環するところがある。言い換えれば、近代知識人の自己形成の意識を、不合理なものの象徴として覆うということもあったと考えられる。したがって、一方で近代理性を強く信じた鷗外が天皇幻想と衝突を起こすこともありえる。その例が『かのやうに』（明治四十五年）である。

鷗外はここで、神話を信じることと、神話を科学的に解釈することの矛盾を描いたが、それは天皇を紐帯とする共同体的国家と、法による近代国家との矛盾が鷗外個人にあらわれたということでもあり、ある意味で近代化がもたらした矛盾である。だが、ここで重要なのは、『かのやうに』の矛盾は、鷗外にとって、世界の輪郭の明瞭化をめぐる面において生じる矛盾から逃れられないことを示してはいても、鷗外の無意識世界そのものを揺さぶるような矛盾ではないということだ。だから、それほど真剣に悩むわけではない。ここで鷗外は、「僕は事実上極蒙昧な、極柔順な、山の中の百姓と、なんの選ぶ所もない。只頭がぼんやりしていない丈だ。極頑固な、敬神家や道学先生と、何の選ぶ所もない。只頭がごつごつしていない丈だ」と、「かのやうに」生きる立場を説明するが、このような、「山の中の百姓」の立場、「敬神家」の立場というのは、自己の属する世界の輪郭をまったく疑わない立場であろう。つまり、『高瀬舟』の喜助の立場だと言ってもいいだろう。彼らは無意識の世界に生きる者であり、鷗外はその立場に立って、聡明であり、柔軟であろうとする生き方を強調する。鷗外は、『かのやうに』で天皇制の矛盾に悩んだというより、自分の無意識的世界における意志的な生のあり方を再度確認したのだと言ってよい。

ここで、鷗外が天皇制を、自己そのものの輪郭を決定づけるものとして意識したかどうかというような問いは、天皇制が国家の呪縛と同等のものとして語られるようになった戦後の発想による問いであることに注意しなければならない。明治の知識人は、多かれ少なかれ、天皇幻想を保持する共同体的社会の内側にいて、その内側にいることの不合理さをそれほど意識していない。

漱石も例外ではない。ただ、漱石と鷗外が違うとすれば、漱石にとって天皇が、理性的明晰さを超えた感情的なものとしてやって来たということであろう。その意味では、むしろ漱石の天皇への感じ方の方が、近代知識人の典型であったと言える。あれほど国家という権力に抵抗した漱石は、天皇という存在を案外率直に受け入れている。明治天皇の死に際し、漱石は日記の中で崩御の後の事態を克明に記録した。そして、その衝撃を『こころ』の先生に託したことは、漱石の理性を超えたものとして、明治天皇の死がやって来たことを示していよう。一方で鷗外は、明治天皇の死に際して、その死の前後のことをほとんど日記に記録していない。逆に天皇の大葬のとき、乃木将軍の殉死に鷗外は衝撃を受け、そのことを日記に書いたが、漱石は何も書かない。この対照は興味深い。むろんこのことは、鷗外にとって、明治天皇という存在が漱石のように大きくなかったということではないし、また、漱石が乃木希典の殉死に何も感じなかったということでもない。ただ、明治天皇と乃木希典の死に対する両者の反応には明らかな違いがある。鷗外が天皇の死について何も書きつけていないのは、おそらく鷗外にとって天皇の幻想が明治天皇という個人を超えたものであったことを示している。一方、漱石にとって、天皇の幻想と明治天皇個人はほとんど重なっていたと考えられる。

明治天皇が重患のとき、いわゆる自粛ムードが広がり東京は火が消えたようになった。漱石は日記でこの自粛を促すような政府の干渉を批判し、また、新聞に対しても、自粛をあおっておきながら東京は自然に火が消えたようだと言うのは何事かと批判している（明治四十五年七月二十五日）。この批判は痛快なのだが、その批判の最後に、そういった新聞は「天子の徳を頌する所以にあらず、却って其徳を傷つくる仕業也」と書く。これは客観的な位置からのメディア批判というより、日記ということを考えれば、漱石は本当に「天子の徳」を傷つけると思って書いたのに違いない。このように反応する漱石は、ほとんど天皇の重患という事実に動揺してしまっている。この日記の言葉は、ほとんど感情によって吐かれた言葉であろう。そのような言葉を吐く漱石の根拠は、明治の人間の特性と言ってしまう前に、不合理を不合理そのものとして抒情的に表現することをせず、あくまで散文的な明瞭化への意志にこだわった漱石に、どうしてそのような感情が成立するのかという問いにおいて問われるべきである。そこに、おそらくは近代の明治天皇が、世界の明瞭化という方向ではとらえきれない不合理な存在として、漱石の無意識の中に潜んでいる光景が浮かび上がってくる。

柄谷行人は『畏怖する人間』で、『こころ』を書いた漱石が凝視したものは「正体の知れないもの」だったと述べている。(5) つまり、『こころ』の先生が明治天皇の死に動かされるのは、言いようがない存在への不安とでも言うべきものを感じていたからであって、明治天皇の死が直接問題ではないということであろう。この柄谷のとらえ方は、世界を明瞭化する意志からどうしても逃れてしまう領域を、存在の根拠とする思考であって、漱石の知の系譜にあると言うことができる。しかし明瞭化できない領域、すなわち正体の知れないもの（不安）を超越的なものとして疎外してしまうとき、近代的人間の根拠はすべてその言い方で片づけられてしまうことを知っておく必要がある。ここで問題にしているのは、明治天皇の死が漱石を動揺させたという事実の具体性であって、その具体性を、漱石がとらわれた天皇幻想の側から説明しておく必要があるだろう。

『こころ』で乃木希典の殉死を「先生」の自殺の動機として語らせたのは、天皇の死という事実に動じてしまう自己の不合理さをただ納得させる手段ではなかったのか。「私に乃木さんの死んだ理由がよく解らないように、貴方《あなた》に私の自殺する訳がよく呑み込めないかもしれませんが、もしそうだとすると、それは時勢の推移から来る人間の相違だから仕方ありません。あるいは個人の有《も》って生まれた性格の相違といった方が確かかも知れません。私は、私のできるかぎりの不可思議な私というものを、貴方に解らせるように、今までの叙述で己れを尽くしたつもりです」と「先生」は書く。しかし、その「不可思議な私」を最後に説明するものこそ乃木の自殺だったはずであるが、それが「叙述」としての説明でないことに注意するべきだろう。漱石にとって、乃木の自殺は、説明としての「叙述」を超えるものとしてやってきたのである。むろんそれは、すでに明治天皇の死という事実に漱石が「叙述」できないほどに動揺してしまっていたからである。乃木の死はそのことの深刻な追認であったのだろう。が、同時に、乃木の死という事実それ自体が、それこそ漱石にとって「叙述」できない自己の「叙述」そのものだったとも言える。もし、乃木希典の殉死について日記に何も書かなかったことに何らかの理由があるとすれば、その事実そのものが最初から自己の「叙述」そのものとして到来したために記録として書く必要を認めなかったからである。

鷗外が乃木希典の殉死に衝撃を受けたのは、その死が、明治天皇の死とは明らかに違って受け止められたからである。明治天皇の死は、無意識の世界では自然な事象である。つまり、それは一つの自然死であり、王権というシステムにとっては、次の天皇の代替わりの契機にすぎない。むろん、王権であればそこに荘厳な儀礼が演出される。天皇の死を王権における王の死に装おうとした政府は当然儀礼を行なうが、鷗外は死だけではなく、そのような儀礼に対しても冷やかである。結局、鷗外は、漱石と違って、明治天皇の死とその儀礼化に対して心を奪われていないし、天皇という存在の不合理そのものを認識していないのである。それは、無意識世界に君臨しようとする鷗外にとって、天皇の死もその死を王権的死として装おうとする国家も、その無意識の世界そのものをなぞるものであれ、抵触するものではなかったからである。いわば鷗外は、王権的世界のしっぽを抱えた明治の近代国家を、一つの無意識のシステムとしてとらえていたと言えるだろう。そのシステムこそ、鷗外を無意識世界に安住させる確かな基盤なのである。明治天皇の死やその儀礼化は、そのようなシステムの存在証明にすぎないから、鷗外にとってそれにことさら感動する理由はない。

しかし、問題なのは、近代的理性を持ち合わせた鷗外自身が、果してそのようなシステムに本当に堪えられるのか、ということだ。これは、おそらく、無意識の世界に君臨しようとした鷗外に最後までつきまとう自問ではなかったか。その自問を強烈に思い起こさせたのが乃木希典の殉死だったに違いない。乃木の死は、あきらかに意志的な死である。殉死は、システムの中で個人という輪郭を意識しないで生きる者が、最後にその個人を意志的なものとしてあらわす瞬間であるとも言える。おそらく、そのことに鷗外は衝撃を受けたのだ。しかも、乃木希典は西南戦争で軍旗を奪われたときから殉死の覚悟を持って生きていたふしがある。その意味で、乃木希典は意志の人として長い期間を生きたのであり、そのことに鷗外はなおのこと衝撃を受けざるをえなかった。つまり、乃木希典は、個人の輪郭を曖昧にする無意識世界に、意志の人として君臨し続けることで鷗外の理想的立場を鮮やかに、いやそれ以上に演じてしまったのである。初稿の『興津弥五右衛門の遺書』（大正元年）は、興奮さめやらぬ鷗外の、乃木希典に対するややリアルな賛辞であり、本稿（大正二年）は、やや華やかな脚色を加えた賛辞と見ることができる。興津弥五右衛門もまた、殉死の思いを秘めて非常に長い期間を意志の人として生きている。鷗外が乃木希典に弥五右衛門を重ねたのは、ただ殉死したことにあるのではなく、事件を起こしてから殉死するまでの非常に長い期間を、意志の人として生きたというその共通の事実にあったのである。

## 五　鷗外における近代

鷗外も漱石も、天皇という幻想を、その近代的な理性から疎外したことは共通する。それは、ほとんどの明治の知識人が置かれた立場であって、近代国家が、個人にとって桎梏となる意識はあっても、彼らの意識から疎外された天皇という幻想が、国家を超えて桎梏となる意識はまだ到来していない。漱石や鷗外が、今われわれが天皇を天皇制と意識するように意識したとは考えられない。むろん歴史の問題としては明治の天皇制は国家に重なる形で、あるいは国家そのものとしてあったとしても、彼らは、天皇という幻想と国家とを単純に一致させることはなかったはずである。そのような受容の意識構造は、まさにわれわれにとっての国家というものへの距離の不明確さ、あるいはその輪郭化の困難を物語っている。また、そのような不明瞭さの起源として、明治の近代国家自身の性格を語っている。ここでは、その不明瞭さそのものを論じることはできないが、ただ、明治天皇の死と乃木希典の殉死に対する鷗外と漱石の対照的な反応によって、その不明瞭さの確かな軌跡そのものは見ることができると思う。

今まで、近代日本の軋みそのものの明瞭化を推し進めようとした漱石の立場での知識の質が、日本の近代が抱えた困難やわれわれの課題を照射するものとして問題にされてきている。一方、鷗外の曖昧な生き方は、天皇制国家に組み込まれた典型として考えられている。しかし、そのとき天皇制国家というものが、きわめて明瞭な輪郭を持った反措定の国家として前提にされていることはわきまえるべきである。鷗外がここで注目されるのは、この天皇制国家というもの自体が、明瞭な輪郭化を拒否し、曖昧で無意識世界の向こう側に隠れてしまいかねないものであるからなのであり、鷗外はその曖昧さのレベルに身をまかせて自然に生きようとしたからなのである。しかも苦痛を感じながら。

日本近代における知識人にとって、「現実」とは、生活意識のレベルに観念が引きずり落とされる衝撃として到来した。というのは、日本の近代社会は、市民社会という生活の匂いを消した社会意識をつくることができず、生活の匂いだけが明瞭な社会としてあったために、市民的意識を基盤とする観念の側が生活の匂いの側に失墜するからだ。しかし、失墜してしまえば、この「現実」というものの衝撃ほど明瞭なものはない。この明瞭さのまえでは、だれもが国家という観念やその国家に対する自分の観念の曖昧さなどは忘れることができた。日本の近代文学が常に「現実」を描くことを価値としてきたのはそのためである。鷗外は、この「現実」をもたらす生活の匂いのする社会に無意識の世界というヴェールをかぶせて、この「現実」の衝撃を回避した。だから鷗外は「現実」を描かなかった。しかし、その代償は大きかったと言わねばならない。ときどきもらす傍観者としての悲哀はポーズではなく、本当の述懐であろう。

『高瀬舟』の喜助も、『かのやうに』で自分の立場だと言う「山の中の百姓」や「敬神家」も、結局は理想であって、そのままその立場で生きられるはずもない。いわば鷗外は、代償として確かな手ごたえとしてある生の実感を失ったと言ってよく、それが無意識の世界に君臨しようとするときの典型的な帰結だったと思われる。生の実感とはむしろ、漱石が味わったように、不明瞭な世界の輪郭を明瞭化しようとする意志の失墜による、衝撃としての「現実」によって得られるのであって、その実感が胃病をもたらすとしても、それ自体明晰な行為であったには違いない。鷗外は、その「現実」を回避した結果、自分もそして自分の属する世界も、徹底して曖昧であることを自覚しなければならなかった。

だが、われわれは、鷗外が「現実」にかぶせようとしたこの無意識というヴェールが、まぎれもなく、日本の近代が生み出した「知」の装いであることを認識しなければならないだろう。日本の近代は、イデオロギーというような明瞭な意匠や、漱石のような苦悩だけを生み出したわけではない。それ自体曖昧であることを前提としながら、そのうえで継承されてきた鷗外のような「知」の営みは、現代のわれわれの自己への認識を構成する重要な要素になっているはずだ。

鷗外における自己像の確定という悲哀に満ちた作業は、たぶん一回転して漱石の胃病を代償にした「現実」への凝視に重なるだろう。その転回の様相が明らかになれば、日本の近代はより鮮明になるのだと思う。その意味で、現代のわれわれの自己像の確定の問題として、あらためて鷗外の側から見た輪郭の鮮明でない近代が検証されなければならない。

注

(1)『天皇と華族』日本近代思想大系2　岩波書店　一九八八年

(2)多木浩二『天皇の肖像』岩波新書　一九八八年

(3)百川敬仁『「物語」としての異界』砂子屋書房　一九九〇年

(4)山崎正和『鷗外　闘う家長』河出書房新社　一九七二年

(5)柄谷行人『畏怖する人間』冬樹社　一九七二年

## 《III》 無意識をひらく

# 近現代文学とシャーマニズム

## 一　シャーマニズムと文学

文学の起源は、間違いなくシャーマニズムと関わっている。文学を物語や歌としてとりあげれば、その始まりにおいて、物語は神の語る叙事であり、歌は神の言葉の再現であった。神の語る叙事とか神の言葉というのは、具体的には人間が神を装って語るということである。その人間は、神懸かって神の言葉を語る能力を持った巫《ふ》と考えられる。つまり、シャーマンである。シャーマンの語る言葉が文学の起源とも言えるのである。

むろん、これは一つの仮説にすぎないが、折口信夫以来説かれている文学の宗教起源説（シャーマン起源説と言い換えてもいい）はそれなりの根拠を持つ。文学的言語は、会話などの日常言語と違って、それ自体超越的世界を喚起させる力を持つ。そのような力の由来を、古代的な世界における、神という超越的世界を幻想してきた人と神との関わりに求めるのは自然なことだ。

ほとんど間違いなく、物語は最初、韻律を持った声で歌われていた。歌の声とは、それ自体が非日常の言葉であって、歌われること自体が神の言葉の顕現という意味合いを持ったらしい。たとえば、沖縄に伝わる物語的な叙事を含む神謡などは、まさに歌われる神の言葉であり、それ自体がその土地の由来を語る物語でもある。この神謡は、われわれに最初の文学の言葉がどのように発生したかを伝えるよい例であると言える。

多くのシャーマン、たとえば、イタコもユタも神懸かって神の言葉を発するときに歌を歌う場合が多い。なぜ歌なのか。たぶんに、歌うことによって、向こう側の世界、つまり神の世界の言葉をこちら側の世界にうまく翻訳できるからであろう。歌にはそういう力がある。向こう側の世界とこちら側の世界とを跨ぐ力がある。そういった歌が今でも多くのシャーマンの口から生まれるのを見ることができる。文学の素がこうやっていつも生まれているということだ。むろん、シャーマンの口から出た言葉がそのまま文学になるわけではない。たとえば、そこにはある質的な飛躍が必要だろう。しかし、ここではその質的な飛躍をとりあえず考えないで、大雑把に整理すれば、その歌われた物語から、やがて書かれた物語が生まれ、現在われわれが言うところの文学が生まれたということになる。この文学史的整理が意味することは、シャーマニズムの持っている様々な要素、たとえば、神の言葉であること、歌（声）であることといった要素が消えていくことで、文学が成立していくということだ。

現代のわれわれが享受している文学には、シャーマニズムの痕跡はあるのだろうか。文学を詩や小説ととらえて考えてみよう。詩や小説の機能をごく単純に（というより普遍的に）言葉でもって読み手を虚構の世界に連れていくこととした場合、たぶんそれはシャーマニズムとは違う。というのは、シャーマンは、自分が向こう側の世界に行って戻ってくるのであって、シャーマンに相談に来る人々

（文学では読者）を向こう側の世界に連れていくのではないからである（ただし、シャーマンによっては連れていく場合もあるようだ）。とすれば、シャーマニズムの痕跡は、詩や小説を書く側における問題、つまり、まさに詩や小説の言葉をどのように生み出すのか、ということとしてまずは論じられるべきであろう。

近現代の作家は、詩や小説の言葉をどう生み出しているのか。おそらく、その苦しみや方法において、シャーマニズムの痕跡は残っているはずである。むろん、そういう作家がシャーマンの末裔だなどと言うつもりはない。しかし、シャーマンが体験し、それを一つの文化として蓄積した無意識世界への往還の方法は、近代における作家の想像力の問題として受け継がれている、と考えることは可能だろう。たぶんに、そういう方法は、書かれた詩や小説の表現にあらわれてくる。どのような作家からシャーマニズムの痕跡を見いだせるのか。何人かの作家の、その描かれた作品を手がかりにしながら見ていこう。

## 二　北村透谷と宮沢賢治

シャーマンの技術を無意識の世界を往還するものととらえるなら、詩人や作家の創作技術もある意味ではそのように言える。自分の無意識世界の扉を開け、その神秘の闇からインスピレーションを受け、それを言葉に翻訳していくのは、たとえば詩人である。小説家もまた無意識の扉を開くことで想像力を得ているだろう。むろん、無意識の扉を開いてその中に踏み込むだけでは小説等の作品が書けるわけではない。作家が生きている社会の現実や固有の体験、理性によって考え抜かれた論理的思考等の多様な働きによって作品は生まれる。ただ、作家の中には、無意識の中のその神秘的な世界を好んで描く者たちもいる。無意識の中とは、たとえば日常的な秩序の外れた夢の世界であり、混沌とした世界、あるいは幻想的な物語世界である。

ただし、そういう神秘主義的な傾向の作家をみなシャーマニズムと関連させるわけではない。無意識の世界そのものを描くには、ある種の定型的な描き方というものがある。妖怪や幽霊あるいは超常現象等のこの世ならざる世界を描けば、それはそれで無意識を描いたことになるが、それは無意識世界の伝統的な描き方であって、そういった世界を描いたから、その作家がシャーマンのような体験をしているとは言えない。

むしろ問題は、無意識の扉を開くことそれ自体に、作家の精神性が切実に賭けられ、そこに作品そのものを書く意味が見いだされているような場合である。シャーマンは神懸かりするときに意識が変性していく体験を味わう。そういう変性の体験に似た、自分の意識の変性の光景とも言うべきところに、自らの文学の根拠そのものを重ねようとした作家が、近代以降の日本には少なからずいる。その意味では、彼らの描く無意識の世界は定型的な神秘的世界ではない。その作家固有のトランスへの試みが、自らの表現世界の開示として賭けられ、独特の文学世界をつくりだしている。

たとえば、すでにふれたが、近代の始まりに登場した北村透谷は、まさにトランス状態とでも言うべき意識の変性体験にこだわった詩人であり、作家であり、思想家であった。長編詩『楚囚之詩』では、獄中にとらわれた主人公の魂は肉体から離脱し、獄外の花園に遊ぶ。長編詩『蓬萊曲』では、他界とも言える蓬萊山に主人公は彷徨する。小説『宿魂鏡』では、魔力を持つ古鏡に恋人が乗り移り、主人公はその幻に取り憑かれて狂い死にしていく。いずれも、憑依体験とでも呼ぶべき意識の変性が固有のモチーフとして描かれている。これらのモチーフは、透谷の自意識の葛藤そのものに重ねられた、無意識の世界への往還とも言うべきものである。透谷は、近代における自意識の過剰な体現者だったが、同時に、無意識の世界への扉を開いた神秘主義者でもあった。

近代社会はわれわれに自意識という過酷な試練を与えた。自意識にとらわれることは、この世での自分のアイデンティティに疑いを持つことを意味する。自分は何者なのか、という問いにさいなまれる。この煩悶は、必然的に自己を超える超越的な世界へとわれわれを導くことになる。その超越的な世界は、科学的な装いを持ったイデオロギーとしてあらわれる場合もあるが、ときには無意識の扉の向こう側にある神秘的な世界として、それこそ宗教的な体験に類似したものとして訪れる。北村透谷の場合がまさにそうだった。透谷の、自己の自意識を超えようとする向こう側の世界への旅は、シャーマンの異界への旅に類似する体験だったと言えるだろう。

宮沢賢治もまた無意識の世界への扉を開き、そこからあふれるほどのイマジネーションを引き出した詩人であった。たとえば『春と修羅』の中の「東岩手火山」という詩の一節。

二十五日の月のあかりに照らされて
薬師火口の外輪山をあるくとき
わたくしは地球の華族である

蛋白石の雲は遙にたゝえ
オリオン　金牛　もろもろの星座
澄み切り澄みわたつて
瞬きさへもすくなく
わたくしの額の上にかがやき
　さうだ　オリオンの右肩から
　ほんたうに鋼青の壮麗が
　ふるへて私にやつて来る

鎌田東二はこの一節を「まるでシャーマンが魂を飛ばすときに、さまざまな動物のかっこうをして鳥のように飛んで行くというのと非常に近い状態」と評している。(1) 確かに、自然を観察する存在が、いつのまにか観察される自然と溶け合っているような光景がここにはある。ここまで溶け合ってしまうと、自然の光景は、無意識の世界の向こう側にひらいた異界の光景でもある。こういう異界の光景を自在に描く宮沢賢治は、確かにシャーマンの意識を持った詩人だったと言える。自然との合一の感覚をシャーマニックな体験によって得ようとすることは、最近では「ネオシャーマニズム」と呼ばれているが、たぶんに宮沢賢治はネオシャーマニズム的であり、彼が、自然から疎外されることに危機感を抱く現代人に多く読まれるのも理解できるのである。

北村透谷も宮沢賢治も二人とも宗教に深く入れ込んでいた。北村透谷はキリスト教、宮沢賢治は仏教であるが、文学の表現者でありながら一方で宗教世界へのめり込む彼らの言葉が、無意識世界を旅するシャーマンの体験をなぞらえるようにあらわれるのは、ある意味ではごく自然のことであったろう。

## 三　笙野頼子と川上弘美の世界

一九九三年の芥川賞は多和田葉子の『犬婿入り』だった。一九九四年の芥川賞は笙野頼子の『タイムスリップコンビナート』だが、笙野頼子は同年『二百回忌』で三島由紀夫文学賞を受賞している。一九九六年の芥川賞は川上弘美の『蛇を踏む』である。

これらの女性作家が活躍した一九九三年から一九九六年までの四年間は、ある意味で特筆されるべき四年間である。というのも、これらの作品は、そろって、無意識の世界の扉を開ける手法で書かれているという意味では、似通っているからだ。

多和田葉子の『犬婿入り』は、異類婚を下敷きにした民話風の小説である。退屈な日常に突然異類（犬）としての人間が登場し、日常の世界をかきまわして消えていってしまう。異類は、退屈な日常の亀裂から覗く無意識の世界からあらわれたという風である。ただこの小説では、異類が属するような無意識的世界は、シャーマンが行き来することで何らかの啓示を受けるというような神秘的なものではない。この世の安定そのものを狼狽させるような違和として、戦略的に描かれている。その意味では、シャーマニックな小説とは言えない。

が、川上弘美の『蛇を踏む』はかなりシャーマニックになっている。主人公のヒワ子はある日、蛇を踏んでしまう。蛇は「踏まれたので仕方ありません」と言いながら人間に変身し、ヒワ子の母親だと言ってヒワ子の部屋に住み着いてしまう。そして、ヒワ子と暮らしながら、蛇の世界に来ないかとヒワ子を強引に誘い、ヒワ子は惹かれるものを感じながら、その誘いに必死に抵抗するという内容である。蛇の世界とは、無意識の扉の向こう側の異界である。主人公ヒワ子に蛇が取り憑いたと考えれば、これは憑依体験の小説とも読めるだろう。ただ、川上弘美の憑依の特徴は、憑依時に起きる苦痛がないことだ。

川上弘美の小説世界では、向こう側の世界の神は、唐突だが、実に自然に、あるいは無造作にあらわれる。たとえば、デビュー作となった『神様』という短編では、熊が隣に引っ越しをしてきて挨拶に来る。主人公の女性と親しくなった熊は、一緒にハイキングに行くことになる。ただそれだけの小説である。この熊は、本物の熊なのだが、人間はそのことを不思議とも思わずに、熊を熊として扱いながら、熊は熊のまま人間的にふるまうのである。川上弘美の小説では、こうやっていつも人間ではない向こう側の世界の存在が不意にあらわれ、人間はその出現に驚くことなく素直に受け入れるのである。そこには、あらわれた人間でないものと、人間との間の距離というものがないのだ。最初から親和的な関係を前提に向こう側の世界から異類があらわれる。言い換えれば、川上弘美の小説にとって、無意識の扉の向こう側は、とても親和的な世界なのである。

シャーマンに神が憑依するとき、とても苦しむような様子を見せる場合がある。また、シャーマンがその神懸かりの能力を得る場合、巫病というものにかかる例が多い。このことは、向こう側の世界がこちら側にあらわれる場合の尋常ではないことを示している。向こう側とこちら側はそれだけ隔絶しているのだから、その距離を超えるには苦痛が伴うのだ。川上弘美の小説の不思議さは、この苦痛がまったくといっていいほど感じられないことにある。

苦痛がないとすれば、シャーマンがよほど熟練であるのか、それともその憑依の質が違うということであろうが、たぶん後者であろう。シャーマンになるということは、実は選ばれるということである。柳田国男は「白羽の矢」というのは、巫女になる少女を選ぶ一つの方法であり、その印であったと述べている。(2) 選ばれることはそれほど歓迎されるべきことではない。だから「白羽の矢」という言葉には、神の生け贄になるという意味合いがつきまとうのである。否応なく神の側から選ばれ、神の言葉を語る能力を獲得していくという体験による神懸かりがあるとすれば、一方では、特別に選ばれるということではなく、普通の人がふとした拍子に向こう側の世界と行き来してしまうということがありえる、と考えてみよう。川上弘美のシャーマニックな体験をそのようなものとしてとらえると、わかりやすい。そこには、憑依することの衝撃というものがない。日常がふとした拍子に反転し、その反転した世界もまた日常の光景のように感じられる世界がある。

川上弘美の世界に「癒し」が感じられるのは、異類と人との距離、あるいは無意識の扉を開けるときのとまどいといったものがないことで、向こう側の世界が、人間の孤独を救済するような心地よい世界としてあらわれるからであろう。その意味では、他者と上手くつきあえずに自閉していく現代のわれわれにとっての、心のバランスの取り方を川上弘美の小説は描いているのだとも言える。それは、シャーマンのように、無意識とつきあうことによって心のバランスをとるということである。川上弘美の小説もまた、最近のネオシャーマニズム運動の一つと言えるのかもしれない。

川上弘美と対照的に、笙野頼子の場合は、すさまじいばかりに無意識に向き合っていると言えるだろう。笙野頼子の代表作『二百回忌』は、ほとんど異界訪問譚とも言える小説である。東京の中野に住む主人公のセンボンは、父方の家から二百回忌の通知を受け取る。その通知を受けたときから時間が歪み始め、異変が次々と起こる。二百回忌が行われる家は、奈良県と三重県の県境にあるカニデシというところである。そこへ真っ赤な喪服を着て出かけるのだが、カニデシに近づくにつれ、時間はますます歪み始める。二百回忌の法事は、まさにこの世の秩序の解体したごとく、めちゃくちゃだった。参加者はみんな異常に興奮していて、死者と生者が入り交じって誰が死んでいるのか生きているのか区別がつかず、突然家が蒲鉾《かまぼこ》になり、その壁に人がのめりこんでいったりと、まさにカーニバル状態の世界がそこに出現し、東京に帰ってもしばらくはその異常な世界の名残が続くほどであった。

この小説は、単に異界へ行った体験を想像力で描いたというものではない。われわれは、異界がこの世の秩序の及ばないところくらいは了解している。だから、どれほど荒唐無稽に描こうと、そうは驚かない。が、この『二百回忌』の荒唐無稽さは、われわれが予期する荒唐無稽さとは違っている。それは、異界であるカニデシに入っていくことそのものが、意識の変性であるかのように、その往還における世界の変質にこだわるところだ。そして、異界の不思議さは、異様な世界というより、文体を甘受するわれわれの三半規管を狂わすような、でたらめな世界であるということだ。このような異界体験の描き方は、ほとんどシャーマンの異界体験の意識の変性を、実に丁寧になぞらえているように思われるのだ。だから、そのでたらめさには、読み手であるわれわれがそこに存在して体験しているかのような妙なリアリティがある。

このリアリティは、無意識の扉の向こう側を、こちら側の位置から想像して描くというものではなく、そこに入り込んでいく意識の変容する体験を映し出しているという感覚によって得られるものだ。その意味で、笙野頼子は、ほとんどシャーマンとなってこの小説を書いていると言える。

笙野頼子は、群像の新人賞をとって文壇デビューしたが、次の作品が世に出るまでの十年間というもの、ほとんどアパートの一室に閉じこもった状態で過ごし、毎日、夢日記をつけていたという。いうなら、自分の無意識と向き合う生活を十年間続けていたということだろう。そして、その無意識への扉を開ける行為それ自体が彼女の創作のスタイルになっていったのである。

笙野頼子は自分が書くときの精神状態を次のように描く。


書くという行為を日常の中にいてそのまま行う事が私には出来ない。例えて言うならば、文章という異次元の世界を歩いている感じだ。そんな時には自分が人間ではなく、サイボーグかあるいは声帯だけの存在になったかのような気がしてくる。体の感覚も全ての記憶も細部も総動員していながら、自分は自分でなくなり、人には会えなくなり、独言は過激になり、時には自分が何歳か今どこにいるのかも判らなくなる。怖さに耐え兼ねて水風呂に入って泣いていたりする。が、その一方次第にどうせ私ごときのする事だという捨て身の状態が現れて来る。が、それは自分に対する謙虚さでは決してなく、傲慢の果てに現れる自暴自棄に近い。

自暴自棄の放心状態の中で文章を書く機械に変身する。それまでの泣きわめきながらでも比較的冷静に働いてメモを取っていた頭は消え、皮膚感覚や体力だけがそれに取って変わる。
（『言葉の冒険、脳内の戦い』）

このすさまじい様子は、ほとんどシャーマンが神懸かるときの精神状態の描写であると言っても通用する。書くことは多かれ少なかれ異次元に入り込むことだが、ここまで徹底して、異次元に入り込むことに自覚的であることは希有なことである。言い換えれば、笙野頼子にとって、異次元的世界のある種パターン化された物語を描くことが重要なのではなく、異次元へ至るその行為自体が持つ何かを描くことが重要なのである。だからこれほどまでに、自分の異次元体験としての書くという行為の描写にこだわるのである。

笙野頼子は、自分の小説は実験であると言う。「実験である以上、あるテーマについては整然と語りたくはない。むしろ論理の歪みや矛盾や葛藤を手掛かりに描いていく。語りえないものを無理に語る」（同）のだと言う。

川上弘美と違って、笙野頼子にとって無意識の扉を開けることは、こちら側の世界のバランスを崩すことを意味しているようである。むしろ、徹底して世界を歪ませてしまうことで、無意識の世界を他者として出現させ、その他者とすさまじく対峙することが、笙野頼子の創作の方法であることがわかる。そのためにも「歪み」が大事なのだ。その歪みは、まさに無意識の扉を開けるときの意識の変性なのでもある。その変性を、言葉の歪みや矛盾を修復しないで記述することで表象している。それを「実験」と言っているのだ。

以上のように見ていくと、笙野頼子は、シャーマニズムの痕跡をもっとも色濃くとどめているというよりは、シャーマニズムの技術をまさしく自分の創作の方法にしてしまった作家だと言えるであろう。

## 四　孤立とシャーマニズム

ここで取り上げた作家に共通するのは、それぞれに孤立していて自閉的である、ということである。北村透谷は自由民権運動に挫折し、閉じられた精神状態の中でキリスト教に入信し、創作活動に入っていく。宮沢賢治の表現世界もまた十分に閉じられていると言えるだろう。彼の宗教家としての強烈な理想主義は、逆に彼の言葉を世俗的な現実から離脱させていった。両者とも、発展途上国の近代日本にあって、強烈な理想主義に身を委ねていた。逆にそのことが彼らを世俗から引き剝がし、狂気すれすれのところまで精神を純化させていった。その孤立と求心的な心性が、彼らをシャーマニックな創作活動に導いていく要因だったと思われる。

川上弘美も、笙野頼子も、すでに発展途上国の日本ではなく、成熟した資本主義国家になった時代に生きている。が、やはり彼女たちもまた孤立して自閉的であると言わざるをえない。彼女たちの描く主人公はいずれも、濃密な人間関係を持たず、これといった将来の目的もなく、自分というものをつかめないまま所在なげに生きている者たちである。彼らは、透谷や賢治のように、激しい理想主義の結果としてそうなったのではない。むしろ孤立し自閉的に生きることが、最初から条件づけられている、そういう社会を生きているからである。最近、引きこもりの若者が話題になっているが、川上弘美も笙野頼子も、その感性は十分に引きこもり的である。

結局、ここで見えてくるのは、近代以降、われわれが自閉的にならざるをえない条件は少しもなくならないということであり、そういう条件のもとでは、無意識の扉を開け、その向こう側に向き合うことで、われわれは生きることの意味を見いだそうとするのである。ここにあげた作家たちは、生きることの意味を、そのように言葉を生み出す方法としてつかもうとした人たちであり、その方法とは、実はシャーマニズム的な表象の一つとして考えられるのである。

注

（1）佐々木宏幹・鎌田東二『憑霊の人間学』青弓社　一九九一年

（2）柳田国男「巫女考」『柳田國男全集』第十一巻　ちくま文庫

# 『銀河鉄道の夜』論　〈巫者《シャーマン》〉としてのジョバンニ

## 一　ジョバンニの役割

『銀河鉄道の夜』におけるジョバンニについて考えようとすると、どうしても上手く像を結ばないところがある。それが何であるかをうまく言い当てることができないので、とてももどかしい。たとえば、この物語の主人公はカムパネルラであってもよかったのではないかと思わせるのも、そう感じる一つの理由だろう。

『銀河鉄道の夜』を論じる多くの評者は、宮沢賢治の仏教思想をこの物語から読み取ろうとする。たとえばそれは「捨身《しゃしん》」という思想である。この「捨身」のモティーフは、宮沢賢治の童話に何度も繰り返されている。『よだかの星』もそうだし、『銀河鉄道の夜』の中に出てくる、自分のからだを虫に与えてやらなかったことを悔やむ「蝎《さそり》の火」という話もそうだ。そして、ザネリを救おうとして溺れ死んだカムパネルラもまたこのモティーフの圏内に入るだろう。

つまり、宮沢賢治のモティーフからすれば、『銀河鉄道の夜』はカムパネルラの物語であってもよかったと思うのだが、むろん『銀河鉄道の夜』を「捨身」というモティーフのために書かれたのではないと考えれば、やはりこれはジョバンニの物語だと思うしかない。が、ジョバンニの物語だとして、それでは『銀河鉄道の夜』にはいったいジョバンニの何が描かれているのだろう。

カムパネルラとの関係そのものを読み取ろうとする評者は、たとえば、宮沢賢治と妹トシとの関係を読もうとする。そういう読みは、背景の一つの解読であって、作品そのものの解読というわけではない。つまり、この物語においてジョバンニの役割もしくはその位置というのは、いったいどういうものなのか、そこを私はうまく読み取ることができないのだ。そんなものはないと言ってしまえば、それはそれで正解なのであろう。確かに、この物語はジョバンニの物語なのだから、主人公のジョバンニに役割などあるはずがない。この物語はジョバンニの世界そのものなのだ。

確かにそうだ。が、どうやら私のためらいは、この物語をジョバンニの物語そのものだと思い切れないところにあるようだ。ジョバンニはこの世では母親思いで、牢獄につながれているらしい父親の帰りを待つ、貧しい家のけなげな少年である。これだけでも十分に物語の主人公としての資格を持つが、しかし、それらはこの物語の中では中心のテーマではない。この物語の中心は、あくまでこの世からあの世への往復体験である。

ただ問題なのは、この物語はジョバンニのあの世体験なのに、その体験で描かれるのは、カムパネルラをはじめとしたジョバンニではない人々であるということだ。つまり、読み手であるわれわれは、銀河鉄道の旅において、ジョバンニそのものを読もうとはしない。むしろ、ジョバンニのまなざしになりきって、ジョバンニが見、感じる何かを読んでいる。それは、カムパネルラであり、タイタニックで死んだ家庭教師や子供たちであり、あるいは鳥捕りである。そしてあの世の美しい光景である。

このジョバンニのまなざしによってとらえられたあの世での光景は、この物語がジョバンニの物語として読まれることを拒み、それを超えた別のいくつかの物語を開示してしまっている。だから、読み手はとまどうのだ。ジョバンニのこの世でのつらい体験を知っているわれわれは、あの世を旅することになってしまったジョバンニはきっと、そのつらい体験が何らかの結晶作用を促し、たとえば『よだかの星』のように星になるような昇華へと結びつくのだろうと期待する。が、ジョバンニはただただまなざしとしてしか存在しないのだ。確かに、この世に戻ったジョバンニに父親が帰ってくるという朗報がもたらされる。が、その朗報は、あの世の体験を経過したものにしてはあまりにも世俗的すぎる。銀河鉄道の旅で期待されたジョバンニの結末はそんなものではないはずだ。ひょっとして、ジョバンニとは、ただただあの世へとわれわれを連れだし、そして戻ってくるためだけに存在しているのではないか。そう思わせるところがある。

## 二　燃える自分を見る「蝎」と「よだか」

どうやら、ジョバンニの役割のようなものが少し見えてきた気がする。それを解くヒントは案外に身近なところにあった。それは『銀河鉄道の夜』の中で、女の子が父親から聞いた話として話す「蝎の火」の挿話の中にある。

あゝ、わたしはいままでいくつもの命をとったかわからない、そしてその私がこんどいたちにとられやうとしたときはあんなに一生けん命にげた。それでもたうたうこんなになってしまった。あゝなんにもあてにならない。どうしてわたしはわたしのからだをだまっていたちに呉れてやらなかったろう。そしたらいたちも一日生きのびたらうに。どうか神さま。私の心をごらん下さい。こんなにむなしく命をすてずどうかこの次はまことのみんなの幸のために私のからだをおつかひ下さい。って云ったといふの。そしたら蠍はいつか自分のからだがまっ赤なうつくしい火になって燃えてよるのやみを照らしてゐるのを見たって。いまでも燃えてるってお父さん仰ったわ。ほんとうにあの火それだわ。

（傍線部は引用者）

これは、ジョバンニたちに少女が話す蠍の物語である。蠍はいたちから逃げようとして井戸に落ちて死んでしまうが、最後にこのように祈ったと、少女は父親の話として語る。ここで注目するのは、蠍は、死んで真っ赤に燃えてやみの光を照らしている自分のからだを見ている（傍線部）、というところである。

この「見たって」という言葉に私はやや違和感を抱いた。この燃えていく、つまり死んでいく自分を見ている蠍とは、いったいあの世に行こうとしている、あるいは、燃えているのだからすでに死んでしまっているに違いない蠍なのだろうか。どうもそうではないような気がする。見ている蠍とは、実は、まだこの世にあって生きている蠍なのではないか。つまりこの「見たって」で重要なのは、「見る」主体は死んで真っ赤に燃えている自分とは同じではないということなのだ。死んでいく自分は、燃えていく自分のからだを「見る」必要はない。この世を離れあの世に転生するだけであり、その本人があえてその転生する過程を「見る」必要はないのである。それなのに、蝎は転生する自分を「見る」。とすれば、この「見る」蝎は、死んであの世に行く自分そのものではなく、ここではそれを「見る」ために存在する分裂したもう一匹の「蝎」である。

実は、この「見る」自分は『よだかの星』においてもまったく同じようにあらわれる。よだかの最後の場面は次のように描かれている。

もうよだかは落ちてゐるのか、のぼってゐるのか、さかさになってゐるのか、上を向いてゐるのかも、わかりませんでした。たゞこゝろもちはやすらかに、その血のついた大きなくちばしは、横にまがっては居ましたが、確かに少しわらって居りました。

それからしばらくたってよだかははっきりとまなこをひらきました。そして自分のからだがいま燐の火のやうな青い美しい光になって、しづかに燃えてゐるのを見ました。

やはり、よだかは自分のからだが「燐の火のやうな青い美しい光」になって燃えているのを「見る」。すでによだかはこの世の存在ではない。しかし、このように「見る」よだかは、まだこの世の存在のように思われる。やはりここも違和感が残るところだ。

そのからだが燃えているのを見るのは、別によだかでなくてもいいはずだ。普通は、物語の語り手が、「よだかのからだは、燐の火のやうな青い美しい光になって燃えていました」と描写するところだろう。ところが、宮沢賢治は、死んでいく「蝎」に、「よだか」に、自分の燃えていくからだをしっかりと見させるのである。これはどうしてだろう。なぜ、語り手が見るのでなく、あの世に行く当人がもう一人の自分を見なくてはいけないのか。

おそらく、ここには宮沢賢治の想像力にとってとても大事な問題が潜んでいるように思われる。もし作者がここで「見る」ことにこだわるなら、よだかや蝎の運命を神の視線で見守る語り手であればいいだけである。よだかや蝎は自分を「見る」必要はない。その必要があるのは、あの世に行く当事者が自分を見るというまなざしに、作者つまり宮沢賢治がこだわっているからだ。このこだわりは、よだかや蝎の語り手にすぎない作者があまりに、よだかや蝎になりすぎるからだとも言える。一方、よだかや蝎になりきろうとしても、最後になりきれないからだとも言える。いずれにしろ、ここでよだかや蝎が分裂しているのは確かだが、この分裂は語り手の分裂でもある。この分裂を近代的な自意識の産物と考えることもできようが、ここでは違う理由にこだわってみたい。

それは、ここで語り手は、巫者《シャーマン》の位置にいると考えられることだ。巫者とは、この世とあの世とを往還する特殊な技能を持つ者のことである。宮沢賢治にシャーマン的資質があることはよく指摘される。確かに、彼の作品に横溢する異界的なイメージは、賢治の巫者的な想像力によるものだと思われる。巫者とはあの世を見る者のことである。そして、見た世界をこの世のわれわれに語る者のことである。

ところが、よだかや蝎は、あの世に行く存在であり、この世に帰ってくる存在ではない。その意味では、彼らは燃える自分を見る必要はない。彼らが見なければならないとすれば、彼らの行く先に光る天上の世界であり、導きの光であるはずである。そうではなくて燃える自分を見るのは、あの世へ向かう過程を見ているのであり、それはこの世に帰って、誰かに語るためでなくてはならない。とすれば、見るのは、よだかや蝎になりきった巫者なのだ、という解釈が成り立つ。

チベットに伝わる有名な『チベットの死者の書』という経典がある。この経典は死者を輪廻の世界から仏の世界へと解脱させるための導きの書である。死んでから三日半経つと死者は意識を回復し、そこが様々な光あふれる世界であることを見ることになる。業《ごう》の光に惑わされず、紺青色のまぶしい仏の叡智の光へといかに達するか、その道案内が書かれている。中沢新一はこのようなチベット仏教における死の教えは、仏教以前のシャーマニズムの蓄積の上になりたっていると説く(1)。

意識を失ったまま、シャーマンは何日も、死んだようにして、森の小屋や山の洞窟のなかに、横たわっていました。そして、そのとき、限りなく死に接近した意識がなにを見るかを、身をもって体験したのです。その体験は、長い時間をかけて蓄積されて独特の「死の教え」の体系を形成するようになっていたはずです。今日、私たちがチベットのボン教の伝承や記録のなかに発見するのは、そのような仏教以前に蓄積されたところの、シャーマニズム的な死の教えなのです。

中沢新一が説くように、『チベットの死者の書』における死者の光あふれる世界への旅のイメージは、シャーマンのあの世との往復体験がつくりあげたものであると思われる。ただ重要なのは、仏教は、原始宗教であるシャーマニズムを乗り越えることによって生まれた普遍宗教であるということだ。

つまり普遍宗教では、あの世に行くのは死者である当人であり、そこにシャーマンが付き添うことはない。だからこそ死者の傍らで死者を導く経典として『チベットの死者の書』が生まれたのである。その意味では、『チベットの死者の書』はシャーマンの代わりに死者を導く役割を負っているとも言えるのだが、ここでの関心から言えば、シャーマンもこの書も、死者そのものではなく、死者を導き、死者もしくは死者が行くべき光あふれる世界を「見る」位置にあるということだ。ということは、よだかや蝎が自分の身体が燃えるのを「見る」ときの、その「見る」位置と同じ、ということだ。つまり、ここで言いたいことは、よだかや蝎自身を「見る」主体に、シャーマニズムの痕跡があるということなのである。

よだかも蝎も、仏の紺青の光の世界に行く死者である。が、それを「見る」のは、実は死者の導き手であるシャーマン的な主体なのだ。巫者的資質を持った作者は、たぶんあの世を描くときに、あの世に行く美しくも悲しい物語の主人公にではなく、それを「見る」側に、自分の視線を無意識に重ねてしまうところがあるのではないか。その微妙な分裂によって、宮沢賢治の作品世界は、求道的なあるいは仏教思想を極める物語よりも、この世ではない世界の未知の光景を描くことに傾くのだと思われる。

## 三　巫者としてのジョバンニ

そうとらえたとき、『銀河鉄道の夜』におけるジョバンニの位置というものが見えてこないだろうか。ジョバンニは巫者の役割を負わされている。つまり死者ではなく、「見る」存在として登場しているのだ。こう考えたとき、実はジョバンニの切符の持つ意味が理解できる。ジョバンニの切符とは、この世とあの世を自在に往還できる、巫者の資格を示す証明書のようなものなのだ。

ジョバンニの切符を見た鳥捕りは「おや、こいつは大したもんですぜ。こいつはもうほんたうの天上へ行ける切符だ。天上どこぢゃない、どこでも勝手にあるける通行券です」と言うが、この「どこでも勝手にあるける通行券」を、この世とあの世とを自在に往還できる巫者の資格証のようなものとして考えると、この切符の謎は解けるのではないか。従来「ほんたうの天上へ行ける切符」という点にこだわり、ジョバンニだけが真の天上に行けるというように解釈されてきたように思う。そう読むと、なぜジョバンニがこの切符を手にしているのか、その理由がわからなくなる。が、ジョバンニが巫者ならば、ジョバンニが「ほんたうの天上」に行けるのは当たり前なのだ。なぜなら巫者は、あの世への導き手なのであり、「見る」存在でしかないからだ。

つまり、どこへでも行ける、というのはどこへも行けないということでもある。ただ「見る」だけなのだから。ジョバンニの旅には巫者の旅が重ねられているのだ。その旅とはどこへも行ける旅だが、実はどこにも行けない旅なのである。なぜなら、それは真の意味で自分の旅ではないからだ。巫者はあの世に行く死者の案内人にすぎないのであり、この世に戻ってくる存在だからである。

むろん、巫者になるのは大変なことである。エリアーデはシャーマンがその資格を得るには、自らが擬似的に死ぬような過酷な通過儀礼の伴うことを述べている。『銀河鉄道の夜』の初期形では、この「どこでも勝手にあるける通行券」をジョバンニが手に入れるところで終わっているが、初期形は、巫者の資格を得るためのジョバンニの通過儀礼的な要素の強い作品だと言えるだろう。

あの世を旅するまでのジョバンニの体験はつらいものであった。が、そのつらさは、切符を手に入れるためのものであったらしい。初期形では、ジョバンニは最後に「あゝマジェランの星雲だ。さあもうきっと僕は僕のために、僕のお母さんのために、カムパネルラのためにみんなのためにほんたうのほんたうの幸福をさがすぞ」と叫ぶ。僕のためだけではなく、みんなのために幸福を探す、というこの決意は、みんなの苦悩をあの世への往還体験を通して解決する巫者の決意と重なるだろう。

そして、セロのような声がジョバンニに「さあ、切符をしっかり持っておいで。お前はもう夢の鉄道の中でなしに本統の世界の火やはげしい波の中を大股にまっすぐ歩いて行かなければいけない。天の川のなかでたった一つのほんたうのその切符を決しておまへはなくしていけない」と語る。この言葉は、巫者の資格を得たことを祝福する言葉であると思われる。巫者はみんなのために幸いを「見せて」あげる存在でなくてはならないのだ。少なくともこの切符は、ジョバンニが自分の幸せを得るために、あるいは自分があの世の本当の世界に行くために手にしたのではない。みんなの幸せを探し、それを見せる役割としてジョバンニを描いたとき、宮沢賢治は巫者のイメージを無意識に重ねていた。そういうことではないかと思う。

## 四　描き直されたジョバンニ

後期形では、「みんなのためにほんたうのほんたうの幸福をさがすぞ」は削られている。カムパネルラとの会話の中で、ジョバンニはカムパネルラに「僕はもうあのさそりのやうにほんたうにみんなの幸のためならば僕のからだなんか百ぺん灼いてもかまわない」と語り、カムパネルラも「うん、僕だってそうだ」と答える。しかし、ジョバンニは「けれどもほんたうのさいわひは一体何だろう」と語る。この会話にはジョバンニの巫者としての面影はないように思える。後期形では、「見る」存在としてのジョバンニではなくなったのだろうか。

結局、あの世とこの世を自在に往還できる切符は手にしたものの、「みんなのためにほんたうのほんたうの幸福をさがすぞ」と確信を持って言いきれず、「けれどもほんたうのさいわひは一体何だろう」と悩むジョバンニに、ジョバンニ像が変化したということであろう。みんなの幸福を探す巫者のイメージの強いジョバンニ像ではなく、むしろここでは、まだ巫者になりきれない、あるいは巫者になるためのつらい体験の途中にあるジョバンニが描かれている、ということではないか。巫者の切符は持っているが、しかしその切符を持つにふさわしい存在にはなっていないジョバンニへと、ジョバンニは描き直されたのだ。

この描き直しによって、ジョバンニ像はかなりわかりにくくなったとも言える。初期形に比べ、後期形をわかりやすいとする論が多いが、それは構成の問題として言われているのであって、ジョバンニ像という点からは、実は後期形の方がわかりにくい。切符を手にしながらも、「けれどもほんたうのさいわひは一体何だろう」と悩むからであり、カムパネルラにあまりに強く執着するように見えるからである。そのように描き直した理由はよくわからないが、少なくとも一度安定させたジョバンニ像を不安定な像へと変えたのは確かであり、そこに宮沢賢治の一種のリアリズムを見ることも可能であろう。

　さて、よだかや蝎は真っ赤に燃えていく自分を「見た」。そこに微妙な分裂があり、その分裂の理由の一つとして、「見る」主体には巫者的なイメージがある、ということを論じてきたが、この分裂を徹底して拡大し、二人の存在にまで明確化してしまったのが、『銀河鉄道の夜』であり、その二人とはジョバンニとカンパネルラであるということだ。

　ジョバンニはこの物語で最初から「見る」側の巫者の役割を負わされていたが、一方で、宮沢賢治はジョバンニから「見る」存在としての巫者の像を後退させ、みんなのために幸福をつかむことを率直に決意する存在ではなく、その幸福がまだ何だかわからない、つまりまだ必ずしも「見る」ことをまっとうできない未熟な巫者へと描き直していた。その意味では、後期形はよりジョバンニの物語らしくはなったが、「見る」役割をはずされていないという意味において、『銀河鉄道の夜』のジョバンニ像は決してわかりやすくはないのである。

注
（1）中沢新一『三万年の死の教え』角川ソフィア文庫　一九九六年

# 笙野頼子論　言葉と化す哀しみ

## 一　夢の記述

笙野頼子の『二百回忌』は、ほとんど夢の世界の記述と言っていい小説である。ただし、この作品は、他の多くの、夢の世界を記述したような寓話的な作品と違っているように思われる。多くの場合、夢を記述することは、現実の世界の、あるいは現実を抽象化した観念的な世界の喩である。夢という脈絡のない世界、あるいはイメージの混交したとりとめのない世界は、その対極にある整然とした脈絡のある世界、明確で理解しやすいイメージとの対照において成立する。いわばその対照的世界との落差がもたらす効果こそが、夢の世界の記述の存在意義である。つまり、対照的である現実の側に隠されている何らかの対象を暗示するという効果において、夢の世界の記述は夢の世界の記述でありえる。だから、われわれは夢の世界の記述を、その記述全体が何らかの対象を暗示しているはずのものとして読む。夢の世界の記述それ自体を読むのではなく、その記述の先にあるものを読もうとする。

しかし、笙野頼子の『二百回忌』は、ほとんど夢の世界の記述と言っていい小説であるのに、どうも勝手が違う。その記述の先に何があるというような感じでもなく、気がつけば夢の記述そのものを読んでしまっているのだ。いわゆる荒唐無稽なパロディ小説というものでもないし、昔話や神話のような物語の様式を読んでいるというのでもない。おそらくこの小説の魅力は、作者自身が夢の世界の記述といった意識をほとんど持たないで、言葉を繰り出してくることにある。つまり、何かの暗示としての夢という前提をほとんど持たずに、ただ物語を記述しているにすぎないというまでに、作者は夢の世界を記述していて、われわれが現実の世界にそれと意識せずに属しているように、夢の世界に属してしまっている印象を与えることに成功している。だから『二百回忌』は、そのストーリーの荒唐無稽さにおいて夢の世界のようではあるのだが、その文体もしくは言葉というレベルにおいてはきわめて醒めており、そのことによって、われわれにその荒唐無稽さそのものを意識させないことに成功している。目の前で演じられている世界は、この世のものとは思えない不思議な世界だが、それを見つめる視線とそれを描写する言葉それ自体は、まったく荒唐無稽ではないのである。この小説の主人公はほとんどこの言葉であると言っていい。

そのまま嬉しそうにお互い入る順番を譲りあっていると、その譲りあいと含み笑いの集団を乱暴に押し退け、酔っぱらった僧侶が衣の袖からにゅっと出た両腕を、まずアトムが飛ぶ時のように直角に曲げた。だーっと叫んで壁に走り寄り、跳躍して頭から壁の中にめり込んでいく。しかもそのままどんどん小さくなり家の壁に入り込んでしまう。溶けるように吸い付くように蒲鉾の壁に吸収されて、後には虫食い穴が残るだけだ。虫食い穴を覗くと小さい穴に豆粒のようになって固まった彼の体が入り込んでいた。最初は下半身だけが元の背丈で、壁の外に、なぜか植木のような肌合いになって直角に突き出していたがすぐ吸収された。やがて虫食いの穴の底からは、豆粒のようになった僧侶の、蒲鉾を喰い進むらしい歯の音だけ、ごく微かに聞こえてきた。

(『二百回忌』)

たとえば以上のような描写において、荒唐無稽な出来事が、実に細かく具体的に描かれていることに注目するべきだろう。「虫食い穴を覗くと小さい穴に豆粒のようになって固まった彼の体が入り込んでいた。最初は下半身だけが元の背丈で、壁の外に、なぜか植木のような肌合いになって直角に突き出していた」というように、蒲鉾の壁にのめり込んだ僧侶の具体的な描写は、荒唐無稽な物語の筋を口語的に単純化して語る昔話特有の大ざっぱさとはまったく違う。「蒲鉾を喰い進むらしい歯の音だけ、ごく微かに聞こえてきた」と述べられるとき、蒲鉾を喰い進むというとんでもない話は、聴覚によってとらえられるリアルな出来事に変化する。「微かに聞こえてきた」という感覚のリアリティは醒めた言葉によってこそ可能となる。むろん、醒めるという意識そのものは、このような荒唐無稽さを許さないはずである。それなのに、なぜ荒唐無稽さは許されているのか。夢の世界でなくてはいけないはずなのに、なぜ言葉は、醒めた意識の側に属しているようにふるまっているのか。それを問うことは、おそらくこの小説の実に奇妙なリアリティを解き明かすことになるに違いない。

作者はかなり意図的に夢というものの荒唐無稽さを利用しているに違いないのだが、読み手であるわれわれはいつのまにかその記述された言葉自体を読んでいて、夢のような不可思議な世界であることに何の反応をも強制されることがない。その意味で、この小説はわれわれ読み手を自由にする。作者は、ほとんど荒唐無稽な世界の記述の言葉自体になりきっていて、われわれは、その荒唐無稽さの由来や、その意味するものの正体をいぶかしげに推理しながら読まなくてもいいのだ。

作者は十数年もの間、夢日記をつけていたという。このような記述する力の由来は、夢というとりとめのない世界を、言葉という一つの秩序に置き換える執拗な訓練によって得られたものであるのかもしれない。むろん、それはただの文章修業以上のものではないと言ってしまえばそれまでなのだが、私にはむしろ、ただ記述するためだけに存在しようとするような作者のもの悲しい試みがそこにあったのではないかと思えてならない。というのも、この作者の描いてきた作品、たとえば『居場所もなかった』とか『なにもしていない』『レストレスドリーム』などを読むと、それが夢のような虚構の世界であれ、自分のアパート探しの経緯をつづったような体験的世界であれ、皮膚病におかされ妄想に苦しむ経験であれ、その言葉は、対象に向かうというより、いつもその対象を記述する書き手自身に固着したまま、書き手自身の意識や無意識から離れないように感じるからだ。言い換えれば、この作者にとって何を描くかは問題ではなく、何でもいいから何かを描こうとするときの自身に生起する現象だけが主要な関心事なのではないか、あるいはその関心の実現のためだけに生きているのではないかとさえ思えてしまうのだ。

薄い影のくせに印象の細部が不気味に不鮮明であった。私はその時、熱があって顔が赤かったがその血色まで同じレベルで、消える瞬間にさえ幻覚と思えぬ抵抗感を残した。物質ではない何かにぶつかったのだと確かに感じられた。表皮のない風船のような空気の量感があり、妙な熱気まであった。相手は別に私の体の中を通り過ぎたというわけではなく、そのまま弾けたらしい。痛くない風船という感触であった。そしてそれは弾けながら私の体の周りに、薄皮になって張り付いてしまった。しかもそんなにして張りつかれたところで違和感はなく、私はもとのままの私だった。ただ、体がほかほかと温かくなった。

（『なにもしていない』）

たとえば、このドッペルゲンガー妄想をつづった文章を読めば、言葉が身体感覚にまとわりついて離れないことに気づくだろう。言葉は、ドッペルゲンガー自体に向かうというより、ドッペルゲンガーの量感や質感を確かめようとする「私」の身体感覚に戻されて、そこに固着したまま動かない。この「私」の身体感覚は、書き手である作者の身体感覚に信をおいて成立するものだ。言い換えれば、ここで言葉は、作品上の「私」の言葉としてふるまってはいるが、実は書き手である作者自身の世界に生起する現象を言葉の対象として引き受けているのである。ここにこの作者と言葉との距離、もしくは関係というものが見て取れる。つまり笙野頼子は、自分という世界のありようが言葉に託せるものであることを疑っていない。言い換えれば、自分というものに関わらない世界への関心を持っていない。この言葉との関係は、孤独な営みというほかはない。その孤独とも言えるような言葉との営みは、もの悲しいと言えばもの悲しいのだ。

笙野頼子が描きたいのは、いつも自分という世界に生起する現象なのだが、ただし、自分は自分という現象を簡単には描けない。自分を描こうとすれば、まず自分という観念的な意味にとらわれてしまう。それは自分に生起する現象へのまなざしではなく、ただの自分への理解にすぎない。現象を描くためには自分を物のように眺める外在的な何かが必要だ。それが言葉なのだ。作者は、言葉そのものを外在的な視線を持った自立的なものと見なし、その言葉によって自分に生起する現象を描いていくのだと考えられる。それが、この作者と言葉との孤独な関係なのである。

とするなら、笙野頼子の作品の多くが夢を扱い、しかも、『二百回忌』ではほとんど夢の世界の記述のように小説を描くことの理由が見えてくる。なぜなら夢は、それこそ自分というものに生起する現象そのものであり、それを記述することは、ほとんど自立した言葉の力に頼るしかない。つまり、夢の記述における言葉は、夢それ自体でありながら、夢とは切れた外部的なものとしての性格を強く持つからだ。かりに、現実の社会での出来事に巻き込まれた自分の心を描くというのならば、そこでの外部的なものとは社会そのものであって、言葉は、社会の外部性に隠れてしまう。夢の世界ならば、社会という現実とは切り離され、むしろそれを記述する言葉こそが、自立的にあらわれる。したがって、夢とそれを記述する言葉だけで、作者は他に何も必要としない。作者は次のように述べる。

姿勢への問いは切り捨てただ書くべき事を書く。望みは現実と幻想の輪郭陰影を見定める事。出来ればそれにふさわしい文章を発見して、言葉の世界そのものをさまざまな呪いから解放していく事。無意識の偏見やお気楽パターンに捉えられて工作セットを作るように書くのは避けたい。

（「作品がすべて」『言葉の冒険、脳内の戦い』）

私の理解からすれば、この作者の決意は次のように読める。夢を無意識世界の物語や何かの寓意として意図的に描くような「工作セット」ではなく、自分に生起する現象のことである「現実と幻想の輪郭陰影を見定め」、言葉を「ただ書くべき事を書く」ために、社会性を持った何かのテーマのために書くような強制（呪い）から解放していくのだ、と言っているように読める。それは、自分には言葉しかないのであって、そのような自分を確認するには夢を描くしかない、というような決意にも読めるだろう。作者にとって夢とは、あたかも作者自身が自立するかのように言葉そのものを自立させる格好の世界なのである。

それにしても、なぜ笙野頼子は、自分に生起する現象にしか関心を持とうとしないのか。なぜ言葉しかないというような言い方をするのか。少なくとも、彼女の作品を読む限りそう断定せざるをえないのだが、そのことに興味が惹かれる。たぶん、そこに笙野頼子を論じなければならない理由があるに違いないのだ。むろん、それは笙野頼子という個人の内面の追求ではない。それは、あくまで自身の言葉を通して顕在化させている笙野頼子という現象の追求であり、この私自身たぶん同じように感じることがあるという共通の何かと、私には理解不可能な何かとを抱え込んだ笙野頼子という現象が、この世に「必然」として存在していることの理由がただ知りたいということだ。

おそらく、そういった笙野頼子という現象の問題は、夢という現象の問題でもあると言えるかもしれない。

## 二　夢と意識の関係性

思うに人間にとって、意味をもちうるものでありながら、しかも同時にその意味をどこまでも明らかにしないあらゆるものに、一つの意味を附与しようとする誘惑はほとんど抗いがたいものなのだ。(1)

ロジェ・カイヨワは、『夢の現象学』でこのように夢に意味を与えようとする誘惑は抗いがたいと述べる。たぶん、われわれが夢に惹かれるのは、夢は一つの無駄もなくすべてが何らかの意味に還元できると信じられているからである。だが、夢自身はその意味を明らかにしない。つまり、夢はその意味への予感としていつも現前するだけなのだ。夢は夢を見る者に絶えず何らかの意味への期待を与え続けるものなのだ。そこに夢の最大の魅力があるのだが、だからこそ夢は解読されなければならない。つまり、夢は自ら自明な何かとして決してあらわれることのない、ただいつも解読を要求する不確かな世界そのものなのである。

夢の中では、だれもその夢自体の意味を明らかにしようとはしない。夢の世界をただ生きるだけなのだ。しかし、問題は夢から醒めたときである。そのとき、夢は解読を要求する一つの体験としてわれわれにせまる。解読をせまられたとき、解読しないことはわれわれの生全体を不安にするように感じられる。夢は明らかに醒めた世界を脅迫している。

しかしそれなら、夢の世界で生きているときには、夢の世界の解読を要求しないのか。夢の世界は自己言及的ではないのだろうか。あるいは、夢の中で覚醒の世界の側の解読を要求しないのか。この脅迫は相互的なものではないのか。いや、そうではない。夢の世界では、覚醒の側の解読も、夢という世界に対する解読の要求もしない。しかし、覚醒の側では、自らが生きているところの覚醒の世界の解読も、夢の世界の側の解読も要求する。この解読は一方通行なのである。覚醒と夢とはシンメトリック(対称的)な世界ではないとロジェ・カイヨワは述べている。

なぜなら夢は、たとえそれが毎夜継続されるものであっても、辛抱強い人が睡り込んだとき、いいかえれば、虚無へのある種の失墜と意識の辞任があってはじめて生みだされるにすぎないからであり、反対に、どんなに断片的で収拾のつかないものであっても、現実は睡りから覚めた後に、つまり救出された意識のお陰でもってはじめて認識されるからである。

一方の場合には、闇への没入と感覚の喪失があり、他方の場合には、さまざまな特権の回復があり、意識と支配の力の回復がある。(同)

夢かうつつかという言い方は、覚醒時の意識が薄れていくようなときの覚醒そのものの危機的な状況における言い方であって、夢と現実とが同時的な世界としてあるということではない。ロジェ・カイヨワが述べるように、夢は眠りによる意識の辞任の結果なのであり、その意識の辞任という身体的な事実は、夢をイメージの独立した世界として自立させるが、その意識の辞任そのものは隠すことができないのである。意識の辞任と回復というこの単純な身体的な作用の転換が、不可逆な秩序として作用することにわれわれが生きているということの条件を求める以上、われわれは本来、夢と覚醒時を混同することはありえない。

夢と覚醒とがシンメトリーではないという指摘は重要だ。われわれは夢の世界を一つの独立した体験として確実に持つ。しかし、この夢の世界そのものの記憶も、体験したという自覚も、覚醒時の世界において初めて成立するものだ。夢が一人の人間の睡眠時に起こる確実な現象であることは確かであるにしても、それを確証する手続きそのものは覚醒時の手続きでしかないとするなら、われわれが夢を確実に生きていたという事実は決して確証できないということになる。なぜなら、意識の辞任によって生じる世界を、回復した意識が確証することは不可能であるからだ。しかし、それでも夢は、覚醒時の意識の世界にその存在の証を主張する。われわれは覚醒時に、確かに夢という異世界の痕跡が、覚醒した自己の中にあることに気づくのである。それはただの記憶といったものではない。呪縛から解き放たれた後のような解放感とともに、不安や不快を伴う重苦しい感じが身体の奥に残っているのだ。それらは確かに夢の作用に違いない。

ロジェ・カイヨワはさらに次のようにも述べる。

まさに人間の批判的諸能力が一時的に停止されるという事実こそ、人間からあらゆる可能な防御を奪い取る。だからこそ人間は、たちまち粗雑きわまりない罠の犠牲者にならなければならないのだ。すでに見てきたように、この事情こそ夢の無際限な力を決定しており、この力が睡っているる者をして、かれが目覚めたとき現実を真実とみなすよりもさらに頻雑に、夢を真実とみなすように強いるのである。なぜなら、目覚めているときには、その人は、多くの手段を自由に使って、偽りの外観を訂正することができるからである。いうまでもなく目覚めている人間にとっては、もし世界から超然としたいと思えば目を閉じるという方法が残されているが、これに反して、夢をみている人には、自分をとらえて離さぬ呪縛から逃れようとしても、眼を開くという方法は残されてはいない。（同）

夢の世界では人間の批判的諸能力は一時的に停止されており、その事実こそが、覚醒時に夢により真実であるかのような強烈な印象を与えるという。つまり夢では、われわれの意識は徹底して呪縛されており、巻き込まれている世界を目をつぶってやりすごす自由は与えられていないのである。おそらくその呪縛の体験こそが、覚醒時の世界に対する夢の強烈な存在の主張であると思われる。

批判的諸能力の停止とは、夢見ているときに、夢の世界に対するわれわれの意志的な介入が不可能であることを意味する。言い換えれば、夢見るときには、われわれは何ものかに支配されている、という感覚になっている。それは夢が、ある確実な力としてわれわれを拉致しているということである。この拉致からの解放は、目覚めるという、夢の世界を現実として生きる当人の意志ではどうにもならないまったく別の契機によってしか訪れない。古代的な世界では、夢は異界として幻想されていたが、夢の異界性は、夢見る当人には如何ともしがたいこのような呪縛の力を敏感に感じ取ることによってリアルでありえたのだ。覚醒時に残る夢の痕跡とは、結局この、われわれを呪縛するような夢の力の余波であるに違いない。
とするなら、覚醒時において、夢の世界を解読しなければならないという不安に脅えるのは、この夢の力に覚醒時の意識が影響を受けているからであるとも言える。むろん、それは次のようにも言える。覚醒時の意識の不均質さ、もしくはその差異をはらんだかのような異物感が、夢に力を与えその解読を要求すると。これは同じことだ。つまり、夢の力の覚醒時への影響とは、結局、覚醒時での出来事にすぎない。夢の力の余波は、覚醒時の世界の不均質さのあらわれであると了解することと同じことなのだ。
小浜逸郎は無意識についてロジェ・カイヨワとほぼ同じ分析をしている。(2)

無意識は、「後の」または「他者の」意識によって無意識として「気づかれる」ことではじめて意識のなかで存在を許されるのである。だからそれは現にそれが働いていたと見なされる時点においては、主体にとってそれをそれとして措定することが原理的に不可能なのである。その原理的な不可能さに目が及ばずに、意識と無意識との概念の定立を同時存在性のように思い誤るとき、まるで意識が無意識を産出しているような論理が成り立つように思えるのである。

意識の低層に無意識があるというように、意識と無意識の関係を単純な階層構造に帰すべきではないと小浜逸郎は述べているのだ。むろん、このことは夢と覚醒時の関係についても同じである。夢と覚醒時とは決して階層を違えた同時存在性にはない。覚醒時の意識の及ばない神秘の領域に夢の領域があるというのではないのである。それなら無意識（つまり夢）とは何か。小浜は「無意識とは、現在の実存の断面における、意識性を超えたすべての自己関係性のあり方に対する一般的な命名と考えるべきなのである」と述べている。小浜はその自己関係性のあり方を、「他者性」「身体性」「時間性」の三つに帰している。この三つの条件について次のように述べる。(3)

人間がそれとともに生きており、それを生きており、それによって生かされていながら、まさにそのためにそれについて究極的には意識の把握をはみ出すような生存の条件である。それらの存在にあまりに馴染んでいるがゆえに、それらの存在性格を自体的に意識化できないというこのあり方が、私たちの意識の本質を、不安という様式で染め上げている。

われわれは、意識という世界それ自体が、自己完結性を目指していながら、どこかでいつもその自己完結性を裏切っていくパラドキシカルな世界であることを了解している。それは意識自体が、それをそれとして意識化できない意識を超えた生存の条件を生きているから、ということなのだ。つまり、意識（覚醒）と無意識（夢）とは、別の階層に同時に存在する別世界というようなものなのではなく、それぞれ、われわれが自己をうまく把握できない存在のあり方の別名なのだ。

この小浜逸郎の無意識の現象学的分析は、われわれの不均質なあり方そのものを前提にしているが、それは夢についても言えることである。結局、自己の不均質さそのものに向き合ってしまうとき、不均質さの別名である夢の世界が、あたかも外部世界であるかのように目の前にせりあがってくるのである。

## 三　夢を描く理由

笙野頼子もまた自己の不均質な世界そのものに向き合っている。そう言っていいだろう。笙野頼子の夢とは、その意味でわれわれの生を条件づけている不均質さの別名である。

その不均質なあり方を、われわれの生の、われわれの意識からはみ出す何かとするなら、それは常に表出の対象であり続けたものであるが、それ自体として構成しうるものではなく、一般には神秘な物語として構成する方法がとられた。笙野頼子もまたそのような方法をとったとは言えるだろう。だが、そういう様式化された不均質さの表出のスタイルに素直には従っていない。そこに笙野頼子の夢の描き方の特徴がある。

笙野頼子の特徴とは、醒めた意識の側の言葉を、ロジェ・カイヨワの言う「批判的諸能力」を喪失した言葉として表出することと言えるだろう。「批判的諸能力」を持った醒めた意識の側の言葉でもって、夢や無意識の側の神秘の世界を物語的に再構成するのではない。それは従来の夢や無意識の描き方のスタイルである。最初から、言葉それ自体から「批判的諸能力」を奪い、その言葉が表出する世界そのものが、自らを批判する可能性のない、いわば何かに呪縛された状態の言葉のようにふるまわせているのだ。だから、醒めた言葉が荒唐無稽さを許しているかのように、われわれに受け止められるのである。

それにしても何が面白くて笙野頼子は、そのように言葉を記述し続けるのか。たぶん表出された世界、もしくは表出されるべき世界から解放される自由がそこにあるからである。別の言い方をすれば、表出という行為それ自体の自由が好きなのだということではないか。表出した結果としての意味に縛られないで記述することは、確かに記述そのものを自由にする。ただしそれは、シュールレアリズムの自動筆記というようなものでもない。笙野頼子に意味の秩序の解放などという意気込みはない。ただ、言葉と化して書き続けること、とでも言うしかない自由がそこにある。書くことが一つのゲームであるような自由と言ったらいいか。

M・フーコーはその処女作である、ビンスワンガー『夢と実存』の序として書いた夢に関する論の中で、夢とはわれわれにとって超越的な世界であり、したがって夢はわれわれに、自分を自分へと投げ出す（企投）ような実存の原初的運動そのものである、と述べている。夢は、われわれの深層心理を映し出すような寓意の世界なのではない。われわれが本質的に自由な存在であろうとして、われわれが現実の意識の中のわれわれでしかないことの束縛から逃れ、自分の可能性（超越）に向かって身を投げ出す、そのような運動の原初のあらわれだというのだ。(4)

人間的主体にその根源的な自由を回復してやることによって、夢は逆説的にも、世界へ向かう自由への運動と、自由がおのれの世界を手に入れるための原初の出発点とをあらわにするのだ。

（略）

夢をみる、とは別の世界を経験する別の仕方などではなく、夢みる主体にとってそれは、おのれの世界を経験する根源的な仕方なのであり、この仕方がこれほどまでに根源的なものであるのは、夢のなかでは、実存はおのれが世界であるとことさらに名乗ったりしないからである。つまり、夢は実存がまだおのれの世界である最後の瞬間に身を置いているのであり、これを越えて目覚めの曙光が訪れるとすぐにも、実存はもはやおのれの世界ではなくなってしまうのだ。

われわれが夢に惹かれるのは、フロイトの示したように、幼児体験や性的欲望のあらわれを確認したいからではない。つきつめれば、夢はわれわれを根拠づけている何かであるという予感だけをわれわれに絶えず与え続ける世界だということなのだ。フーコーは夢とは結局、死に結びつくのだと述べている。夢は、覚醒の意識ではとらえられないものであるが、確実に覚醒の意識そのものの根拠としてその覚醒の意識そのものを消滅に向かって引きずっていくものなのだ。ただし、フーコーはそこに人間の根源的な自由を認める。死に向かう運動そのものである夢という実存的世界そのものがあるからこそ、自己の可能態に向かって自己を投げ出す自由への運動が成立するのであり、だからこそ、人間は醒めた現実の側の様々な束縛から逃れられるというのだ。

われわれの不均質さそのものを積極的に評価し、その不均質さをわれわれの生の動機と見なせば、夢はこのようになる。つまり夢は、死に向かってどうしようもなく引きずられているわれわれの生存のあり方をさらけだす働きとして、まずわれわれを呪縛するが、それは後ろ向きな自覚なのではなく、死への動きを隠す覚醒時の世界を徹底して相対化し、かえってわれわれを自由にするのである。

むろん、そのように考えるのは、人間とは、おのれの可能態に向かって絶えず自分を試さなくてはならない存在であるという、きわめて積極的な生き方に裏づけられた実存主義的人間観があるからだ。夢は、人間が人間として前向きに生きようとするときの根源的な働きのあらわれなのだ、ということであろう。

このような、われわれの不均質なあり方そのものを、積極的な生の条件に転化してしまう実存主義的な人間観に私はあまりなじめない。夢を死と等価なところまでつきつめることは了解できる。しかし、そのことが、人間の本質的な自由の問題に結びつくという、実存主義的理解に私はついていけないのだ。それは私が、意志的に生きられない部分をやはり私自身のあり方の本質として認めたいと考えているからだ。笙野頼子もまた同じだと考える。

おそらく、笙野頼子の夢へのこだわりに、実存的な夢解釈による根源的な自由を求める意義を見いだすことはできないはずだ。フーコーの言う自由とは、覚醒時に社会という別の呪縛に対して向き合う積極的な生き方を排除するものではない。むしろ、そういう前向きな生き方の根源に夢を置くと考えるべきだ。とするなら、それは、笙野頼子にはあてはまらない。笙野頼子が夢にこだわるのは、夢という世界にこだわることが、夢に向き合う以外の他の積極的な生き方を排除できるからなのでもある。夢が笙野頼子にとって自由を意味するとするなら、それは、幼児が母親の世界に閉じられることで、そこでは何をやってもいいというような自由を手に入れることと近い。彼女が夢にとらわれたのは、どこかで夢の世界にとらわれたがっていたからで、その解放感と心地よさを生得的に知っていたからだ。それを幼児のときの自由の記憶と読んでもいいかもしれない。

笙野頼子にとって、夢を描くことが自由であるとすれば、夢が「批判的諸能力」を持たないからである。そして重要なのは、笙野頼子にとっての言葉が、自身に「批判的諸能力」を持たせないほどに、笙野頼子をあたかも母が幼児を包み込むように包み込んでいるということだ。したがって、笙野頼子にとっての言葉の自由さとは、母親に呪縛された状態における自由さと言っていい。少なくとも、不均質である生の条件を前向きに克服しようとする姿勢において顕現する自由さではない。

笙野頼子は自分の小説世界を「実験室」と呼ぶ。

心の中で起こった出来事、もうひとつの現実を追い掛けており、実験室のような観念的な場所で、幻想と現実の混じり合った模型の実験中継をした。その実験室では、国家体制からリカちゃん人形まで、どういうわけか同じように見えた。

（「十年目の本」『言葉の冒険、脳内の戦い』）

国家体制をリカちゃん人形のレベルにまで引きずりおろしていることに「実験室」の意義があるのではなく、国家体制からリカちゃん人形まで同じに見えることに、言葉の面白さを認めていると考えるべきだろう。その言葉の面白さは、目に見えるもの、心に浮かぶものを何でも言葉にする幼児的な言葉の面白さに近い。だがそのことは、たとえば幼児への退行とは単純には言えない。

この笙野頼子の言葉への関わり方は、少なくともわれわれの生を条件づけている不均質さそのものに向き合うことの一つの方法なのだ。しかし、笙野頼子の「実験室」に勝算があるとは思われない。そこで何か新しい世界への向き合い方が生産されるとも思わない。いずれにしろ、この退行とも言える面白がり方は、言葉が発せられるその行為自体を面白がることであり、それは言葉以前と言うしかない世界に戻るというような意味で退行なのだ。

それは自身に閉じこもることであり、夢に閉じこもることであり、言葉に閉じこもることでもある。閉じこもることで、閉じこもっている世界それ自体、たとえば言葉なら言葉という内側でその言葉の生成する瞬間に立ち会い、その言葉と同時に生きているような感覚を味わおうとしているのだ。だからそこに「批判的諸能力」は不必要なのだ。これを実存というなら退行の実存である。前向きではない。だが、この退行の実存の感覚はとてもよく理解できる。よく理解できるというのは、たぶん私も同じ世界を共有しているからなのだが、それよりも、そのように退行するしか人とは深くわかり合えないのではないかという思いがよぎるからなのである。笙野頼子は明らかに自閉的であるが、その自閉的な姿勢は、実は人とわかり合いたいからだ、ということなのである。笙野頼子が夢を描く理由をつきつめていけば、たぶんそこに行きつくはずである。

ただし、そのような笙野頼子の自閉性は、われわれの生得的な言語の性質の問題というより、優れて現在的な問題であると思われる。

## 四　自閉の共同性

『居場所もなかった』は、ただひたすらオートロック付きのアパートを探し歩くというだけの小説である。この小説のリアリティは、まさに「オートロック」へのこだわりにある。現実の未知の他者を排除する装置としてのオートロック付きの部屋を探し続ける旅は、困難に満ちている。

取り敢えずオートロックのところを捜そうと思った。誰も入って来ないところ、という意味であった。密室を維持しなくてはという考えと同時に、対人恐怖症の、小心者の、そして京都で外界が怖いと思い知らされたものの判断であった。もっともこのオートロックという条件がネックになり、結局私は部屋捜しに難儀したのだった。オートロックを備えたところは分譲のものが多く、物件が少ない。その上構造のしっかりしたマンションが多く、家賃が高いのである。しかも以前に私が入居した時と違い、それがフローリング、などという言葉と一緒に一種の流行と化してしまっていた。さらに悪いことに、私は各不動産業者のカウンターでそれの必然性を説明する時、数年も前の、京都に住んでいた頃の例を引いて、痴漢、などという大胆な単語を発してしまった。中年デブが痴漢を恐れている、或いは自意識過剰の深刻ぶったブス、ということで営業担当者の何割かを占める、不親切な、または正直すぎる人々の反感と嘲笑を買ってしまったのだった。

（『居場所もなかった』）

主人公の部屋探しの困難さは、女性で独身だとか、高くない家賃だとか、という現実的条件にあるのではない。オートロック付きの部屋に過剰に意味を求めることにある。ただ安全な住まいが欲しいと言えばすむところを、言いわけがましくなぜそのような部屋が自分に必要なのかの余計な説明をしてしまうのは、部屋を探すこと自体が、自然な行為ではないという自覚があるからである。

現実に追い掛けられて部屋に逃げ込む。誰かと喋るだけでその言葉は部屋の中で自己増殖を始め私を脅かした。私は夢の部屋の住人になどなれなかった。ただひたすら、現実を排除し続けていただけのことで、現実のない場所を偽装していたにすぎなかった。

どこにもない場所、誰も来ない場所、地元の住人から顔も名も住居も知られないで生きられる部屋……人が、ひとつの部屋を選ぶ時、そこを自分が住むにふさわしいと考える時、そこには大抵ひとつやふたつの幻想は紛れ込んでいる。

それがたまたま私の場合オートロックだった。防犯の点でオートロックでさえも完璧ではないことは充分に判っていた。が、東京が既に現実の場所でしかないということに気付いてしまった私は、どこでもない場所をオートロックという機能の中に設定するしかなかったのだ。ともかくオートロックが不安を宥めてくれる。外の判らない世界に接しなくてもすむ。（同）

人が部屋を選ぶとき一つや二つの幻想は紛れ込むといいわけがましく書かれているが、普通の人とこの主人公では幻想の強さが違う。普通、人はオートロック付きの部屋に住んで「外の判らない世界に接しなくてもすむ」などとは考えない。笙野頼子は、まさに自閉的であることを根拠に小説を書いていると言ってもいい。

この自閉的な世界で、他者はどういうあらわれ方をするのだろう。笙野頼子は他者というものについて次のように語る。

自分自身の肉体や生命を保ったまま、社会から孤立しているという恐怖感なしに、すっと幻想の世界に入り込んで、幻想の中の感応的な他者と関わりあい、そのまま帰ってこられなくなってしまう危険を感じた。他者の存在を都合よく幻想化してそのくせ他者の肉体に触れることは出来るという錯覚。無論恐怖はその安心や魅力を意識した時に、いきなり強く現れてきた。しかし、それがただの人形によってもたらされていたと自覚した時、ふとその幻想に一歩踏み込んでしまいそうになった。だがそれならばそれは、たかが人形ではないか。他者ではない。が、死体人形という言葉にはその矛盾を宥めてくれるような不思議な効果があった。（『硝子生命論』）

笙野頼子は生身の他者、言い換えれば現実の他者というものを最初から想定していない。彼女にとっての他者とは「幻想の中の感応的な他者」であり、それは自己に生起する現象の中の他者である。自己が自己を何者かとして意識化できるのは、自己が自己にとって常に違和であるからだ。これは、自意識のきわめて教科書的理解だが、それならその違和はなぜ消えてしまわないのか。少なくとも、意識によって対象とされる自己は、その意識によって違和の部分を埋めてしまうことはないのだろうか。むろん、そんなことはありえない。それは、自己とは、意味づけられることを拒否する現在という時間の堆積にいつもひらかれていて、そこから意味づけられない何かが絶えず補給されるからだ。言い換えれば、現在という時間の厚みを通して外部とつながっている。現在という時間の厚みを生きている限り、自己という他者は自己でありながら一方で外部的であり続ける。

だが、この現在という時間の厚みを拒絶しようとしたらどうなるか。そのとき、違和としての自分は、「意味づけられない何か」という補給を断たれたと感じるから、自己のアイデンティティそのものであった違和が、自分の意識に埋められてしまうという不安を抱くだろう。その不安を回避するには、違和を自己の内部で探し続けなければならない。その作業は当然自己に生起する現象に向かうだろう。つまり、身体の不随意の感覚や無意識や夢、あるいは何かを意識するときのその即物的な意識自体、といったものを他者として想定せざるをえなくなる。それらは、感覚的には醒めようとする意識自体に距離を持つ自己の中の不随意の対象であり、醒めようとする個の意識に対して共同の「幻想」、たとえばユングの言う集合無意識や、吉本隆明が『遠野物語』に見いだした共同幻想といったものを抱え込んでいるために、外部的な世界のようにも感じられる。つまり他者たる条件をほとんど備えている。それが自己という世界に共有された「幻想の中の感応的他者」ということになる。

笙野頼子が他者をこのようなものとして考えるのは、笙野頼子自身をひらいてしまう現在という時間の厚みになじめず、自閉的な世界に閉じこめられているという感覚が人より強いからだ。笙野頼子にとって生身の他者は最初から想定されていないのだ。ただし、ここで重要なことは、そのような孤立感がいわゆる「疎外」というものによって簡単に説明できるものではないことだろう。現実を嫌悪し幻想の世界に浸るというような、単純な転倒の説明では笙野頼子は解けない。そこにはおそらく転倒して生きるという反社会の意識はない。

むしろ、自閉的であることによってしか生きられないということではないか。別の言い方をすれば自閉的であることがこの社会をうまく生きていくことになる、というようなことではないか。『居場所もなかった』で主人公がこだわるオートロック付きの部屋とは、社会から孤立して幻想に浸って生きることに価値を見いだす部屋なのではない。その場所こそが、自分という人間にとって何とか暮らしていくことのできる唯一の部屋であるということと同時に、ここに住むことで他者とつながりあえる何かを見いだせる部屋ということなのだ。

人がなぜ自閉的であるのか、その理由の説明は難しい。だれでも閉じこもりたくなる性格は持っているし、閉じこもらないですむような社会でないことも確かだからだ。だが、笙野頼子にとっての閉じられ方というのは、結局自分というものをひらいていく一つの方法になっていると思われるのだ。ひょっとすると、閉じられた中での「幻想の中の感応的他者」に向き合うゲームは、自己をひらいていくかなり屈折した無意識の戦略になっているのではないのか。

われわれが生きているこの時代の一つの受け止め方として、現代の世界が外縁を失っているということが言える。いや、われわれ自身が外縁というものを失っているように感じられることがある。外縁とは輪郭のことである。素朴に自他の区別と言ってもいい。近代になって、自他の区別を過剰に意識しないですんだ共同体が崩壊してから、孤立した人間にとって、自他の区別を必須とする近代の自意識が生まれた。ごく一般的に言ってしまえば、われわれ自身の外縁の発生とはそういうことになるが、その外縁があやしくなってきたのだ。というのは、この自意識が社会的な意味合いで暴走し始めたからだ。

高度資本主義の時代とは、まさに自意識が暴発した時代である。この時代を支える消費欲望は、あらゆる対象を交換可能な価値に置き換えようとする。他人への心配りといった無定形のものも貨幣によって置き換えられ、日常の生活行為も、あるいは無意識の世界といったものでさえ誰かに貨幣によって買い取られる。当然、まだ意識されていないものは価値を生む交換可能の対象となるから、まだ意識されていない未知の交換対象が血眼になって探される。こういう時代では、それこそ何でも意識せざるをえない時代だと言える。ただし、その意識はヘーゲルの体系的世界のように超越的な世界へと向かうものではない。むしろ超越的な中心が空虚として映る時代なのだ。だから、意識はその空虚な中心の回りをぐるぐると回り、ただひたすら意識することがすべてであるだけの世界をつくる。意識が過剰にあふれて方向を失い、あてどなく拡散するのだ。

したがって、自己という意識もその拡散に巻き込まれ、ひたすら自己の中の何らかの交換可能な未知の意識の対象を探し始めるだろう。自己意識は自己に対して過剰になり、自己の輪郭を意識し（食べ）始め、ただ意識するだけの運動体となった自己が際限なく太り始める。そこでは、自己の意識を抑圧する他からのまなざしは存在しない。自己を抑圧して他人と共有される目的や理念などを追求するような意識の運動というものにならない。だから、自己とは何だろうと自問すると答えは出てこない。この時代に、こんな風にわれわれは自己の輪郭を失っているのである。

こういう環境を自己のすべてと認めたら、人はどうやって自分を支えるだろう。支えるということは、どうやって死ぬほどの孤独から免れるかということだ。それは、意識することの運動をやめないこと、というしかない。そうであることが、他者との関係を確保することなのだ。テレビゲームのゲーマーが、テレビ画面相手に身体と意識とを暴走させることによって無数のゲーマーと共同性を構築するように生きるしかない。それは、意識することから「批判的諸能力」を奪うことと言ってもいい。あるいは、意識された意味と意識すること自体を切り離し、意識するという運動だけに浸ることと言ってもいい。こういう生き方は自閉的ではあるが、その自閉性はじっとしている自閉性なのではない。あてどなく意識し続ける自閉性なのである。これが大事なのだ。こういう自閉性は、間違いなく同じ自閉性を抱えた他の存在と、その自閉性そのものを共有できるのであり、結局は自分をひらいていく方法なのだ。

私にとって観念小説を書くという行為は、架空の、しかし思考実験に必要なテーマを我身に引き受けて、生々しい悪夢の中を大真面目に歩いてみる作業である。皮膚感覚と言語感覚を全部使って、気が付けば体当たりのテレビゲームだった。

（「テレビゲームと観念小説」『言葉の冒険、脳内の戦い』）

と笙野頼子は述べている。まさに体当たりのテレビゲームのように意識し続けること。それが書くことなのであり、同時に自閉の共同性を得ることなのだ。

笙野頼子にとって、自閉的であることは、自分が他にひらかれていくための必要な環境だ、とでも言うしかない。むろん、そういう環境が一人の人間に大切な何かとして機能するためには、そのような環境を必要とする存在がこの社会に多数いるということによって、自閉の共同性が成立しているからだ。

共同性の成立の仕方が違ってきているのだろう。近代のイデオロギーによる共同性でもなく、生活共同体の無意識の関係性によって保たれる共同性でもない。それぞれが、自分という現象を死体人形のような存在に擬して、それに向き合って生きるだけの一見閉じられているような行為が、他にひらかれることになるという共同性のあり方は、まさに意識を徹底して過剰に消費せざるをえない現代の共同性のあり方なのだ。このような時代では、無意識の関係は成立しがたい。関係はぎらきらした意識のぶつかり合いになる。とすれば、生身の意識で接触するのは危険すぎる。他人を必要以上に傷つけず、必要以上に自分を傷つけない関係を欲すれば、閉じられているぐらいなのがちょうどいいのだ。現代はそういう時代なのである。

## 五　言葉と化すこと

私、は一冊の書物である。生きた声を持つ書物である。かつては人間の形をしていたこともあったが、今は自分が書いた作品の中を漂う存在に変わり果てた。どうしてこうなってしまったか、という経過もまた書物自体の中に含まれてしまった。

そのくせ私はどこか独立した存在でもある。書物としての自分を客観的に語る機能さえ備えている。一冊の本の中にある時間や空間ならば自由に行き来する事も出来て、同時にそれが書物の中の閉じた世界の自由に過ぎぬ事も承知している。

（『硝子生命論』序）

笙野頼子がこのように書かざるをえなくなる理由がよくわかる。夢の記述者として、自己に生起する現象をひたすら書く存在と化すこと。自閉的世界こそが自己の自由の場所であること。それらの前提がこのような言葉を書かせている。

笙野頼子にとって言葉だけが自己と世界をつなぐものなのだ。言葉だけが自己そのものであり、同時に外部の世界そのものであるからだ。自分が一冊の書物になるということは、自分が言葉に記述される対象であり、同時に言葉そのものとなるということである。だが、それを徹底すれば、自己と言葉とは別れられなくなる。言い換えれば、自己と言葉以外のすべてを排除したくなる。いや、排除がすでに先にあって、言葉だけで存在するような姿勢が生まれたのだと言ってもいい。そういう、言葉への過剰な愛を持つこと、それこそ自分が言葉と化すことである。それは、「批判的諸能力」をもつ言葉を回避し、まさに夢の世界が夢見る当人を呪縛し続けるように、自分がただ呪縛する言葉に包まれることである。それを言葉と化すと述べておこう。

言葉と化せば、自閉的である自分を確保しながら、同時に、他の多くの自閉する存在と溶け合うことができるのだ。それは、「書物の中の閉じた世界の自由」を承知しながら、その世界で生きるしかないことを共有し合う確信といったものだろう。むろん、閉じた世界であっても、書物の外に出なければ、その中が世界のすべてだ。そういう確信のもとで他にひらかれていくしかないのだ。

ただし、言葉と化すということは、言葉という存在に自己の信をほとんど使い切ることであって、言葉が指示する意味（秩序）はほとんど犠牲にされる。したがって、笙野頼子にとって記述される意味は、プラネタリウムの天井のようなものである。そこには、世界の陰影がただ張りつけられている。陰影は世界を構成する秩序として存在していない。そこは国家体制もリカちゃん人形も同じように映じる世界なのだ。国家体制もリカちゃん人形も同じように映し出す天井面は、意味に満ちているとも言えるし、秩序を構成しないという点でまったく無意味の世界であるとも言える。この無意味さを強調すれば、笙野ワールドは、意味（秩序）に対する抗議という評価も出てくるに違いない。しかし、そういう評価はなされるべきではない。笙野ワールドは、荒唐無稽であることによって秩序に抗議などしていない。ただ、そのようにしか世界が映らないということでしかない。

それは、笙野ワールドの言葉が、意味（秩序）に従属するのでもなく、日常会話のように日常の生に従属するものでもなく、ただ言葉だけが突出していて、笙野ワールドの不均質な世界そのものに化しているからに他ならない。荒唐無稽であることに何の他意もないのだ。

——係りの人は内部の人間だしハンコ、実印じゃないんでしょう。それに悪用されるかどうか問題じゃない。筋の通らないことを父にさせたくないですよ。

それまでゲームのキャラクターだったはずの、安心して喋れる空気のような相手が、私とはまったく無縁の、理解しがたい私生活を持つ人間として視界に入っている。簡単に部屋が借りられる存在。世の中をいちいち引っ掛からずに歩いて行ける人物。私は担当者の顔をふたつのブラウン管ごしにつくづくと見た。すると顔の真ん中に鼻みたいな嘴はあるし、目が真ん丸で白目の部分などまったくなかった。

眼鏡をかけていたはずなのだが頭に水車が乗っかっているだけ、セーターを着ていたと思ったら顔も足も同じ毛糸である。彼は見ると全長が三メートルほどの茶色い綿毛に覆われた生き物であり全身には細かい凹凸が殆どなく、ただぴかぴかと茶色の毛を光らせ体をくねらせている。その上腹の皮がポケットになっているらしくそこからチリ紙や原稿を取り出し、ユデタマゴやマヨネーズの瓶までも取り出す。いろんなものを収納しているせいで腹の皮は時々痒くなるらしく時には手を突っ込んでポケットの内側を搔いたりもする。空気のような相手がどんどん遠くなって、言葉の通じない悲しみの中でそんなふうに変わり果ててしまう。その姿が否応なく目に焼き付いてしまい、そのくせ、隔てられる事で、相手の存在感は迫って来るのだった。

（『居場所もなかった』）

目の前の不動産屋が突然訳のわからぬ化け物になってしまうのは、白日夢でもないし、そのように本当に見えてしまったのでもないし、そのような変身になにかの暗示を込めているのでもない。これは言葉の暴走なのだ。もし、その暴走に何らかの意味を見いだすとするなら、言葉が笙野頼子自身とまったく同じように不安定であるということに他ならない。

この言葉の暴走は、笙野頼子自身が言葉と化そうとすることの代償である。自身に生起する現象を記述する役割を負わされた言葉は、いつのまにか笙野頼子自身に過剰に愛され、一体化をせまられ、笙野頼子自身の不均質で不安定な世界に沿って世界を記述せざるをえなくなるのだ。だから世界はいつでも自在に変容する。

だが、笙野頼子という語り手にとって世界が変容したという意識はない。それは、この語り手は、言葉の管理者でもなく、言葉という外部に記述される内面でもなく、言葉というテレビゲームの中のゲーマーでもあるからだ。ゲーマーにとっては、外部も内部もない。言葉の運動が生み出したか、もしくはとらえた現象としてあらわれる世界がすべてだ。言葉を生きるゲーマーにとって、世界の変容は変容ではないし、異常は異常ではないし、荒唐無稽さは荒唐無稽ではない。それらは乗り越えていかなければならないロールプレイングゲームの一場面でしかない。ここで言うゲーマーとは、生起する現象の世界の中で生きていくしかない者のことだ。意識と身体とを常に動かし続けながら、自身が暴走しているのかどうか自身には判断できない者のことだ。それではまるで精神的な病ではないかと言うなかれ。ゲーマーであることでしか他にひらかれていかない生き方があるという社会の現実を忘れてはいけない。

笙野ワールドは言葉の力というものを改めてわれわれにつきつけた。その言葉とは結局、この不均質で不安定な世界をただ埋め尽くすように、あてどなく動き回るわれわれの意識のようなものである。そして、誰もが閉じられているのに共同性を失っていないのは、この言葉の働きによっている。誰もが自分の世界に閉じこもり失語症のような感覚を持ちながら、過剰な言葉をもてあましていないのだ。言葉だけがあふれ、突出したこの光景は、多量の言葉を氾濫させるメディアの発達という問題でもあるが、何よりも外縁を失った世界で意識をただ消費するという動きの中でしか存在できないわれわれのあり方に関わっている。

したがって、『二百回忌』の荒唐無稽さが、われわれに違和感を感じさせないのは、『二百回忌』の言葉の過剰さに、この世を言葉の消費によってしか生きられないわれわれの宿命を、われわれが見てしまうところがあるからなのだ。自閉的な世界の中で言葉を消費するゲーマーであるしか、他にひらかれていかない生き方を切実に感じ取るからなのだ。しかし、それはいかにももの悲しい光景だ。むしろ、荒唐無稽と感じとれたほうがどんなに気楽だろう。

われわれは『二百回忌』に、荒唐無稽な物語をでなく、言葉の暴走を読まざるをえない。しかし、その暴走は、言葉と化して生きざるをえないものにとっては、普通の醒めた光景なのだ。むろんその暴走と、醒めていることとのねじれは、われわれのねじれである。私が『二百回忌』の作者にもの悲しさを覚えてしまうのは、このような言葉の暴走を、どこかで醒めた光景として受け止める感性を私自身に認めるからに他ならない。それがもの悲しいのは、言葉と化すことが他にひらかれていく一つの生き方なのだとしても、徹底して孤独であることに変わりはないからだ。

注

（1）ロジェ・カイヨワ『夢の現象学』思潮社　一九八六年
（2）小浜逸郎「無意識はどこで成立するのか」竹田青嗣ほか『身体の深みへ』ＪＩＣＣ出版　一九九三年
（3）注2と同
（4）Ｌ・ビンスワンガー／Ｍ・フーコー『夢と実存』みすず書房　一九九二年

# 極私的神話論　笠野頼子『金比羅』を読む

## 一　「違和語り」としての小説

笠野頼子の小説は「違和語り」と言ってよい。

自閉気味の自己と世界との違和を徹底して描くことが、最初から小説の方法であった。むろん、それは小説家として至極まっとうな方法ではある。が、笠野頼子の「違和語り」の特異さは、無意識の領域に自分をクロスさせるという方法である。そこに笠野頼子のこだわりがあった。

笠野頼子は自分の小説の方法を常に饒舌に語る作家であるが、その語る内容に共通するのは、自分は無意識とずっとつき合ってきたというものである。

群像新人賞をもらってから十年間、毎日夢日記をつけたと語る。また、子どものとき時計の短針が動くのをじっと眺めていると変な気持ちになり、「やがて、どうしても見えない文字盤のあたりでぽんと音がして時計の長針と短針が伸び上がったという感じだけが伝わってきた。一組の針は、今思えばどこかカンボジアの彫刻のような感じのある、焦茶色の木で出来た、コマイヌに似た、動物の姿に変わっていた。それは威すように私の頭の上で激しく揺れ、再び視界に入るようになった文字盤のあたりから尾を引いたままで、光やカラクサ模様や渦巻きを一杯撒き散らすと凄い速さでまた時計の中に戻った。気が付くと私は起き上がって、目を覚ましていた。時計の短針を見てはいけない、見ればばちがあたるのだとその時思った」(『言葉の冒険、脳内の戦い』)と、異世界に連れていかれた体験を語る。

また、これまでにも述べてきたように、眺めたり、書くという行為が、やはり『言葉の冒険、脳内の戦い』から引用した箇所(本書二三八―二三九頁)に見られるように、ほとんどシャーマンの憑依体験と同じようなものであるように語る。

創作の際のこのような意識や身体の変性意識体験はそれほど特殊なことだとは思われないが、普通ここまでの創作の苦しみをあたかも憑依体験に類似した行為として子細には語らないだろう。そのように語るのは、言い換えれば、このように無意識の領域と侵し合っていることを強調するのは、自分の小説が普通とは違う書かれ方をしているのだということのメッセージでもある。

## 二　描写の暴走

その普通とは違う書かれ方とは、たとえば『居場所もなかった』から引用した部分(本書二八二―二八三頁)や、次のような文章にもあらわれている。

なにもかもはっきりと見えるのを確かめてから、またこわごわ駅の建物に視線を移してみた、無論イセの漢字表示を確かめるためで、そこにその名前がないはずはなかった。が、その事をはっきり意識した時、急に駅の正面が生き物の大きな顔に変わって動いたのだ。見覚えのある、名前の思い出せない、神とサカナの中間にあるような生物の形、一瞬だがレンガは全部黄色味を帯びたウロコに変わっていた。センザンコウの目、鰐の顔面、ゲジゲジの肢のように絶えず動いているおびただしい髭、正面口がそのまま血の気のない口腔になって、菊花弁状の牙を光らせるのも見た。体温無く、大きな波紋のように現れ、そのくせ強烈な生命力を発現する。意志はないのに呪いの固まりに見える。それがなになのかもう少しで思い出せそうになった。が、私は、なぜか顔を背けた。

（「イセ市ハルチ」『なにもしてない』）

これらの文体の特徴を言うのなら、突然描写が妄想の側に暴走することであろう。これは、書いているうちに勝手にそうなってしまうと思わせるような書かれ方になっていて、いわばここで無意識とシンクロしているのだ、ということを表出しているとも言える。

こういう描写の暴走は笙野頼子らしい「違和語り」の方法である。「違和語り」は、たとえば『居場所もなかった』や『なにもしてない』のように、自室に閉じこもる自分の妄想、あるいは閉じこもるための部屋探しといった、自閉的な自分の、現在や場所や意識を描くこととしてまずは始まった。が、描かれるべき「違和」とは、そういった外在的なあるいは内在的な可視的で把握可能な世界にではなく、むしろそういった世界が暴走気味に変容していき、それらを記述する言葉の自在な「ふるまい」[1]そのものにある。

その「ふるまい」が、あたかも言葉と化した作者の「ふるまい」でもあると感じさせることで、作者の抱え込んだ違和が世界を侵食していく光景として表出され、読み手は一瞬目がくらむ。これがこれらの言葉の描写の暴走が持つ意味である。この描写の暴走は、当然、憑依の際の変性意識自体に自分の文体を類似させたいという筆者の、書くことへの意識によって成り立っている。

このような描写の暴走は夢・妄想の描写でもある。夢・妄想の描写そのものは、それ自体特異なものではないが、笙野頼子の小説にあって特徴的なのは、夢・妄想のリアリズムとも言うべき細部へのこだわりであろう。心的様相の喩として描くというよりは、夢・妄想の細部に入り込むそのときの変性意識を描きたくて、あるいは筆者がその夢・妄想を描く言葉自体になってしまうように「ふるまい」たくて、こういった描写はある、と読めるのである。

つまり、描写の暴走とはこのような夢・妄想の描写への、のめり込みとも言えるということなのだが、このめり込みこそが笙野頼子の(『金比羅』以前の)小説を特徴づけるものである。

この夢・妄想の描写を「違和語り」として語り尽くした小説が、傑作『二百回忌』である。この小説では描写の暴走はすでにこの物語のテーマそれ自体になっている。その意味ですでに暴走とは言えないにしろ、夢・妄想を描く言葉そのものの「ふるまい」こそがこの小説の主題である。

『二百回忌』の描写の特徴は、荒唐無稽な妄想の世界なのに細部のリアリティを描く言葉が醒めていることである。が、これは妄想をただ冷静に描くということとは違う。それはこの世界をとにかく言葉で埋め尽くさなくてはならないという、その永久運動のような言葉の働きに依存するものだ。その意味では、笙野頼子の「違和語り」とは違和の表現や提示ではなく、違和をひたすら語ることなのである。ひたすら持続的に語るためには、それなりの醒めた文体も必要なのだ。妄想を許容しながら、その妄想をそれなりに整理して描く文体が。

こういう言葉の「ふるまい」はそれ自体自閉的であり、同時に自閉的であることによってしか他者と関われない私たち自身を照らし出す。だからもの悲しいのである。そういう自閉性をまとって笙野頼子の「違和語り」は語られていた。別の言い方をすれば、無意識の領域とシンクロしていく方法に貫かれた文体として、そして、あたかもそれは憑依のごとくあらわれた言葉として、さらには書くことの実験であり冒険として語られていた。

そこには、自分の文体はありきたりではないのだ、という強い主張があろう。それは逆にありきたりになってしまうことが恐怖であることを吐露しているのだが、そのような恐怖が、書くという行為やそこから生まれる言葉は普通ではなく憑依から生まれたのだという、笙野頼子自身にとって、そして読者に対しての神話化を必然としたのである。

が、神話は色褪せる。色褪せた「違和語り」になってしまう。自閉性をまとった文体の神秘性は、自閉性をごく普通としてしまったこの現代の中で埋没していく。

これは作家にとって危機である。言葉をどうやって神秘的なものにしていくのか。そこでとられた戦略が、言葉の自閉性、つまり神話そのものを公にひらくことであった。その戦略に基づいて書かれたのが『金比羅』である。

## 三　極私的神話という違和語り

『金比羅』は、神が自分の来歴を語る神話語りの体裁をとる。こういう方法をとったのは、夢・妄想を公にするためである。自閉的な、憑依によって語られているような言葉の「ふるまい」、語り手の違和そのもの、それらを公開することだ。神話とは無意識から汲み出された幻想を共同化することによって成立する物語でもあるからだ。しかし、それは一方で、共同化された物語（いわゆる神話）へと、違和が回収されてしまうことを意味する。それは防がなくてはならない。ごく普通の語りになってしまうからである。

それを防ぐためにいくつかの戦略が立てられている。

まずは、これは極私的神話であると宣言することである。金比羅神である自分は、反国家的なカウンター神であると何度も強調するが、そこには公的な側には絡めとられないぞ、というメッセージがある。

極私的神話とは、簡単に言えば妄想のことであるが、小説の中でしばしばこの記述自体が妄想であると語られる。いわゆる神話が妄想の上に成り立つ公的な言説であるとすれば、その公的言説は妄想における私性（無意識とつながっている自分）を排除もしくは抑圧しているはずである。つまり、公的な言説としての神話は、無意識の側にひらかれている私性との断絶の上に成り立つ。その意味で公的な神話言説は、無意識の公開ではなく、むしろ無意識の隠蔽である。

だから、妄想だと語ることで公的な言説に回収されることを拒否し、同時に、神話と語ることで妄想ではないことを印象づける。そうしないと妄想を公開し共同化できないからだ。そのアクロバティックな戦略は文体の上にもあらわれている。

うわじまこんぴら！
うさぎがきらいで！
しゅらしゅしゅしゅ！

という文句が出てきました。どきっとしましたね。なんだったんでしょうかあれは。

というわけでまあ、今は取り敢えず、――。

金比羅というこの名を覚えてください。信じてください。そのうちに金比羅の正体が知れてきます。なんと言ったってこれは金比羅の関係者による金比羅一代記なのですから。それも本邦初、関係者、スポークスマンが書くのだから間違いありません。

とはいえ私だって、四十過ぎていきなり自分が金比羅だと判り驚愕しているのです。だってつい最近まで自分は人間だと思っていてそのために悩んでいたのですから。まあやっと自分が金比羅だと判って一気に楽になり今は笑ってばっかりいますけどね。でもそれじゃ人間としてちょっと危ないのかな――。

人の世界での私の仕事は小説家です。その一方信心もいろいろやってきました。

とはいえ、断食とか荒行とかは何もやっていません。人間の普通のおばさんがちょっと神いじりするような感じだけです。変な夢やちょっとした幻覚位ならがんがん見ましたが。（『金比羅』）

この小説はいわゆる物語の叙述的文体をとらない。描写の暴走もない。ただ、自分は金比羅神であるという物語的設定が、叙述されるのでなく饒舌に解説されていくだけである。

その解説は、どこまで真面目なのか、遊びなのか、あるいは計算尽くなのかよくわからない。ときにもっともらしく、ときにうさんくさく語る。そこには神なんてこうやって解説がつくりだすものではないのか、という意識さえ見える。それでも、自分は金比羅神であるという設定は崩さない。その設定をしらけさせる徹底した解説の文体で遊びながら、神話であることは外さない。

自分が金比羅神であることは、無意識を公開する一つの方法だが、無意識を隠蔽する公的な文体としての物語に回収されないためには、解説という文体でその物語を解体していく必要があろう。が、物語を解体し、しらけさせながら、一方で金比羅神の自己語りという神話設定を外さないのは、自分の物語＝無意識＝妄想は、他者に共有される必要があるからだ。

私性とは、無意識とつながっている自分であり、公共化された神話はその私性を回収し排除する。つながっている無意識を隠蔽することで、秩序（文体）を獲得する。神話はそういう文体によって紡ぎ出される。

『金比羅』が試みたことは、そのような文体に抗うことだった。それは、私性を公の側に回収されないで、あるいは排除されないで、そのまま共同化（公開）すること。妄想でありながら、他者に共有されうるメッセージであること。

たとえばそれは、神懸かったシャーマンが語る妄想的言説が、公の側に抑圧されながらも共感を得ていくことに似ている。

この小説において笙野頼子が目指した至福があるとすれば、それは憑依によって紡がれた言葉を、公の側に回収・排除されずに、自己の神話として語る新興宗教の教祖の言葉となることだったのではないか。

が、それは実際は不可能である。むしろこの小説における言葉が伝えているのは、公にも、私性のよき理解者にも、回収もされず排除もされない、孤独さである。共同化されないシャーマン、それ自体矛盾しているが（共同化されなければ神懸かりは成立しない）、そうであることを感じさせる孤独さを描きだしたことが、この小説がより深いところでの「違和語り」であることを物語っているのである。

## 四　「癒し」について

ラカンの解説書で、スラヴォイ・ジジェクは「現実に耐えられない人のために夢があるのではなく、自分の夢に耐えられない人のために現実があるのだ」(2)と述べている。ラカン的に言えば、夢（幻想）は癒しではなくその逆であるということか。

ラカン的に言えば、シャーマンにとって神懸かることは人間の存在が根源で刻んでしまった苦痛に近づくことであり、覚醒はその苦痛の回避であるということになる。つまり覚醒した現実の方が楽だということである。最近のスピリチュアル・ブームとはまったく正反対だということである。現代では、つらい現実の癒しとしてスピリチュアル（霊的）世界が渇望される。しかしそれは、根源的な苦痛に近づくことなのだ。それなら癒しはどこにあるのか。

極私的神話（妄想）を回収・排除してつくりあげる公的言説（たとえば神話）は、癒しとどう関わるのだろうか。公的な言説としての神話が公共性を持つのは、その妄想が持つ苦痛を隠蔽し、見えないようにするからだろう。つまり、幻想が本来持つ苦痛を取り除いた人工的な幻想の構築によって、苦痛がないように見せるのである。そうでなければ国家は民衆を惹きつけられない。それなら国家は癒しなのか。ある意味ではそうだ。ただし、苦痛を隠蔽するというその麻薬的な効能においてであるが。

「癒し」とは何だろう。他者と強くつながることだと、とりあえずは言える。たとえば、それは無意識という他者と強くつながっている自分を認めること、でもある。つまり、ここで言う私性の回復である。が、そうであるなら、ラカン的に考えれば、より根源的な苦痛に近づくことになるのではないか。たぶんそうである。いや、そうであるからこそ「癒し」なのではないか。「癒し」とは根源的な苦痛＝死の一歩手前で座り込むことだ。その位置で人は徹底して孤独でありながら、他者との強い関わりを持てる。なぜなら、根源的な苦痛＝死こそが、他者とつながることができるもっとも強固な体験だからだ。

とすれば、シャーマンはむしろ憑依することの方が「癒し」になる。無意識という他者とつながるからである。「癒し」を求めることは、より根源的な苦痛に紙一重にまで近づくこと。最初から苦痛を取り除くところに「癒し」はないということである。なぜならそこには希薄な他者との関係しかないからだ。
その意味で『金比羅』は、まさに「癒し」を求めながら根源的な苦痛に近づきすぎてしまった、新たな「違和語り」小説だと言えなくもない。

注
（1）渡辺泰明『中世和歌の生成』若草書房　一九九九年
（2）スラヴォイ・ジジェク『ラカンはこう読め！』紀伊國屋書店　二〇〇八年

# 多和田葉子『犬婿入り』論　消費される民話

## 一　民話というモチーフ

一九九三年の芥川賞受賞作、多和田葉子の『犬婿入り』は、民話的世界を織り込むことで、独特な作品世界をつくりあげているが、その民話の織り込み方はきわめて特異である。民話を素材にした小説は数多くある。その文体をまねたもの、その物語的な構造に依拠したもの、あるいは内容を素材にしたもの等、そういった試みはここで改めて指摘するまでもないにしても、この作品の民話風といった趣は、こんな感じで民話を下敷きにしていると簡単には説明ではない複雑さや特異さがあり、その意味で、民話世界との類似を論じることは重要であると思われる。

民話とは一般的には民間に口頭で伝承されてきた説話をさすが、「民話は、特に選ばれた個人による創造的な営みではなく、意識的な言語によらず、自然的な口頭言語によって伝達・聴取される点において特徴づけられるものである(1)」とされる。ジャンルでは伝説・昔話・世間話の三つに大別されるが、神話を入れるとするとジャンルは四つになる。口頭伝承としての民話に文芸としての価値を与えたのは柳田国男であり、民俗学等の民話研究によって多くの民話が掘り起こされ、体系化されていく中で、いわゆる個人の創作としての近代の文学に多くの影響を与えていったわけである。

それにしても、一九九四年の三島由紀夫文学賞は笙野頼子『二百回忌』であった。芥川賞は、一九九三年の『犬婿入り』、一九九六年は川上弘美の『蛇を踏む』であるが、このように並べてみると、この四年間は、女性作家による民話的世界をモチーフにした作品が並ぶことになる。むろんその内容も、民話をモチーフとする方法もそれぞれ違っていて、単純に民話世界をモチーフにしたなどと一括りに語れるものではないにしても、やはりその傾向には共通したものがあり、注目すべきことである。

ここでは多和田葉子の『犬婿入り』を取り上げ、その分析の中で、現代の文学において民話をモチーフとすることの意味を考えてみたい。

多和田葉子の『犬婿入り』が、昔話の分類でいう「異類婚姻譚」の「犬婿入り」の話型と、異類婚と母子相姦というモチーフの出てくるモーケン族（東南アジアの海洋民族）の起源神話をふまえていることは、作者自身が書いている。多和田葉子は、それについて次のように述べている。

わたしは、自分の心にうったえかける要素だけを全部寄せ集めて、わたしだけのバリエーションを作った。それが、去年ある小説を書いている途中、突然いきいきと記憶に甦り、ついにその小説を裏から支配して、「犬婿入り」という小説にしてしまった。

（『カタコトのうわごと』）

小説を書くという行為の作者自身の説明が、その小説の解読に当たってどの程度信用できるものなのかどうかわからないにしても、少なくとも作者自身は、いわゆる民話のモチーフを最初から意図して書こうとしたのではなく、そのモチーフが「ある小説」を突然支配してしまった、というように述べていることは注意しておくべきことだろう。

むろん、それが本当かどうかとか、裏から支配するとはどういうことか、などということについての詮索や分析はあまり意味のあることではない。重要なのは、作者自身が、この小説について振り返るとき、「突然いきいきと記憶に甦り」とあるように、作者自身の無意識の関与が大きかったと述べているところである。つまりこの小説は、作者の中に貯えられていた民話のモチーフが突然作者を支配し生みだしたものだ、と作者は振り返りたがっているし、あるいは本当にそう思っているのかもしれない、ということだ。

たぶん、ほとんどの小説はそのようにして生みだされるものなのだろうが、この場合そこにある無意識の意志のような意図を読みとるなら、この小説は徹底して「わきでる」という様態を通して成立しなければならなかった小説ということではないのか。その意味では、作者はこの小説にふさわしい創作動機の振り返り方をしている、ということだろう。

それはある意味では、民話をモチーフとする場合の効果を最大にする一つの工夫でもあると思われる。つまり、民話とは人々の無意識に貯えられた幻想の言語的顕現である、と言えるからで、仮に、民話を意図的に用いて何かを表現したかったなどと述べるなら、そこではすでに民話は、作者が作品という建築を構築する際のただの材料の一つにすぎなくなっている。問題は、素材としての民話ではなく、あるいはその構造といったものでもなく、作者の多和田葉子にとって重要だったのは、民話が、無意識から「わきでる」ものだということではないか。

## 二 「わきでる」物語

民話とは、その本質において個人ではなく人々（社会）の無意識の顕現である。民話的手法をとることにおいて、少なくとも言語表現の担い手としての個人を隠すことができる。そうすることで、作品から作者そのものを消去し、どこかから「わきでる」物語として装うとしたということである。

まず、そのような意図は『犬婿入り』の冒頭部において読みとることができる。冒頭は次のような語り出しになっている。

昼さがりの光が縦横に並ぶ洗濯物にまっしろく張りついて、公団住宅の風のない七月の息苦しい湿気の中をたったひとり歩いていた年寄りも、道の真ん中でふいに立ち止まり、斜め後ろを振り返ったその姿勢のまま動かなくなり、それに続いて団地の敷地を走り抜けようとしていた煉瓦色の車も力果てたように郵便ポストの隣に止まり、中から人が降りてくるわけでもなく、死にかけた蟬の声か、給食センターの機械の音か、遠くから低いうなりが聞こえてくる他は静まりかえった午後二時。

団地の昼下がりのけだるい時間、と形容してしまえば、何やら意味ありげな、あるおきまりの光景にすぎないが、句点のないだらだらした文であることで、というより、口頭伝承らしさを装っていると印象づける文体であることで、実はこの場面は、無意識から「わきでる」ような様態のまさに表象となっていよう。これは明らかに意図的に演出された光景だ。視点はやがて、団地の住人の部屋をなめるように移動し、団地の昼下がりの光景から「わきでる」ようにあらわれるキタムラ塾の貼り紙を映し出す。

バルコニーの鉄格子の向こうの六畳間では、女がひとりお茶を入れ、膝のカサブタをいじくりながら、時々何も映っていないテレビの画面をにらんでいるのが見えたり、カルチャーセンターにでかけてしまった女の台所の窓のカーテンが半分だけ引かれていて、あけっぱなしの残り半分から、冷蔵庫の上に口紅のついた食べかけの林檎が見えたりして、子供たちが学校から帰ってきて塾へ移動するその時間までは死に絶えたようになる憂鬱な新興住宅地の一角に、大きな汚らしい貼り紙が一枚、電信柱にすがりつくようにして、もう一年も前から、あるいはそれよりももっと前から、剝がれ落ちてしまうだろうと思われながらも剝がれずにしぶとくしがみついていた。

やっと焦点の合った電信柱の汚らしい貼り紙から、この物語は始まるのだが、それから次のように展開する。貼り紙のキタムラ塾に通う子供たちの話から、この塾のことが母親たちに知れ渡る。子供たちは、塾を開いている北村みつこから民話の話型である〈犬婿入り〉の話を聞かされる。犬が娘の排泄物を舐め、その娘と結婚するという異類婚の話を聞いた母親たちは眉をひそめるが、その話が民話の話型であることを確認して一応安心する。

が、その後、飯沼太郎という男が北村みつこの前に現れ、キタムラ塾に住み着いてしまう。太郎は、犬のような嗅覚を持ち、ふるまいも犬に似ている。やがてみつこは自分もニオイが敏感になっていくことに気づく。太郎のことは、団地の母親たちに知られることとなるが、団地の折田夫人から太郎の素性が明かされる。太郎は、折田氏の会社に勤めていて、良子という同じ会社の女性と結婚したが、まもなく行方知れずになったという。その良子がみつこのところへやってくる。良子もまた変わっていて、みつこに飛びついてニオイを嗅いだりする。良子から、太郎は三年前に犬に襲われたことがきっかけでおかしくなり、やがて蒸発してしまったのだと聞かされる。そして、良子は最近自分も太郎になっていくような気がすると語るのである。

塾の生徒に芙希子という女の子がいて、いつも汚くして臭うので周りからいじめられているが、北村みつこはこの芙希子をかわいがり始める。芙希子の父は松原利夫といい、どうやら飯沼太郎と〈夜遊び〉しているらしい。ある日、折田夫妻は上野駅で飯沼太郎と松原利夫の二人がどこかへ旅立つのを目撃する。キタムラ塾に連絡すると、すでにキタムラ塾は閉鎖されていた。その後、折田家に、みつこから芙希子をつれて夜逃げしましたという電報が届いた。

このように見ていくと、この〈犬婿入り〉をモチーフにした不思議な物語は、団地の昼下がりの光景から「わきでた」物語、言い換えれば、団地の住人の無意識から「わきでた」物語として読めるだろう。

吉本隆明は『共同幻想論』において『遠野物語』を分析したが、そこで吉本は、遠野の人々の体験した異界体験（共同幻想）は、人々が異界である山に入って見る一種の白日夢のようなものだと述べる。昼寝をしたり、あるいは気を失う体験などの際に、ふと見る夢の如き幻覚が、異人を見たという多くの異界体験談を生みだしたというのである。つまり、遠野の人々の無意識に貯えられていた、山には異人がいるという共同幻想が、幻覚を誘導する装置としてはたらき、多くの民話を生みだし、その民話が口頭伝承として流布されたということだ。

この吉本隆明の『共同幻想論』の分析は、そのまま〈犬婿入り〉にも適用できるだろう。団地の住人の無意識が発動するような場面からこの小説は始まる。それは、民話誕生の一場面から始まるということである。住人の幻覚（共同幻想）の発動する場面が俯瞰され、その幻覚が、電信柱の貼り紙として現象する。そうやって物語は始まる。

まさに「わきでる」物語の始まりである。ここで「わきでる」物語は、すぐに〈犬婿入り〉という話型を与えられる。つまり、ここでも共同幻想がある意味では力を発揮するのだが、ただし、山に異人がいるようには、犬という異類をめぐる共同幻想は、団地の住人には共有されてはいない。したがって、ここでは無意識に貯えられていた何かが顕現したには違いないが、その何かは、〈犬婿入り〉という話型を後から与えられる必要があったということである。

つまり〈犬婿入り〉という話型もその内容も、団地の住人にとって学習されるべきものであったのだ。北村みつこは子供たちに「君たちは動物と結婚する話と言えば〈つる女房〉しか知らないかもしれないけれど、〈犬婿入り〉っていうお話もあるのよ」とわざわざ〈犬婿入り〉という話型の存在について語る。さらに、そのややショッキングな内容について、脚色を交えながら子供たちに説明する。さらに母親たちはカルチャーセンターなどで習ったと、この話型について確認するのである。話型自体を学習し、その話型に支配されることで、団地の住人が体験もしくは見聞するところとなる物語は展開するのだ。そこが遠野の人々と違うところである。したがって、この小説における話型のフィルターは、遠野における異界や異人のフィルターのように、パターン化された山人や、異人や、山女や、天狗などを皆共通に目撃させる、というようなものではない。それならこの話型のフィルターを通して、実際に〈犬婿入り〉の物語は顕現したのか。

あらすじをざっと読めばわかるように、実は団地の住人が実際に見聞することになる出来事は〈犬婿入り〉とは違うものである。少なくとも、犬という異類がそのまま登場するわけでもなく、異類婚や仇討ちが展開するわけでもなく、ましてモーケン族の神話のように母と子の近親相姦が出てくるわけでもない。とすると、この小説に「わきでる」ように出てきたのは、団地の住人の無意識に蓄積された〈犬婿入り〉という民話的物語世界そのものだとは言えない。

が、〈犬婿入り〉という話型を与えられなければ、彼らの無意識の中に潜む物語的衝動は発動しなかった。とすれば、団地の住人にとって重要なのは、〈犬婿入り〉という話型だったのだ。その型があってこそ、すべてが始まるのである。が、その話型も実は、物語内部の住人である北村みつこによって与えられる。とすれば「わきでる」ように出てきたのは、異類のような飯沼太郎ではなく、〈犬婿入り〉という話型だったということである。

これはある意味では、おかしな話である。異類婿入りとか異類女房といった話型とは、柳田国男をはじめとする民俗学者が全国の民話を蒐集し、分類して体系化した中で成立したものである。少なくとも、個々の民話を抽象化した型が、実際に口頭伝承の世界で流布されていたということではない。が、この小説では、〈犬婿入り〉という民話の話型としての型が、まずその物語の内容より先に与えられなければならなかったのだ。だからこそ、この小説の題名は、ずばり〈犬婿入り〉という話型そのものでなくてはならなかったのである。型というインデックスを介して、一つの出来事が始まる。このおかしさにこそ、現代のわれわれの民話受容の様態が、皮肉に活写されているのだ、と言えないか。

## 三　なぜ〈犬婿入り〉なのか

それにしても、なぜ〈犬婿入り〉なのか。この様態について考える前に、この様態の内容について考えてみたい。

作者の多和田葉子は民話の〈犬婿入り〉が気に入った理由として、桃太郎の童話のような、ナショナリズムを背負う健康さがそこにはないことや、娘の排便を犬が舐めるといったエロティシズム、娘が夫である犬の仇を打つという内容をあげている（『カタコトのうわごと』）。確かに、現代の人間が織りなす物語を、民話という型を通して造型するとき、〈犬婿入り〉くらいのきわどさがないと、それなりのリアリティやおもしろさは得られないだろう。

最近グリム童話の初版本が、本当は怖い童話だというように形容され、よく読まれている。童話というのは、どこか教訓めいた話や、大人の社会の常識的な秩序や、ときにはマジョリティのイデオロギーを体現するようにあらわれやすい。そういった常識やイデオロギーへの反発もしくは逸脱としての童話や昔話が最近流行っている、というわけである。この〈犬婿入り〉という小説もまた、以上のような流行の上にないとは言えないだろうが、そのような点を意識して読むなら、この小説はある意味で、異類という表象を与えられた登場人物による、人間性回復の物語となろう。

この小説での異類という条件は、たとえば、昔話での異類婚の異類を表象する条件とは同じではない。昔話は、異類は動物か人間の姿をしており、人間として登場しながらその異類的な身体的特徴が強調されることはない。だが、この小説に登場する人間は、異類ではなく人間であり、ただちょっと嗅覚に敏感であるとか、目つきが変であるとか、汚いというようなものである。そういった特徴は、ある意味では、よく見られる人間の特徴の一つであって、むろんそれが異類のような表象としてあらわれるのは、読み手が〈犬婿入り〉という話型を最初に刷り込まれてしまっていることと、この小説の文体そのものが口頭伝承を装う独特の語りの文体であることで、どこかから何かが「わきでる」ような雰囲気を与えるからである。

この小説を読み進めるに従い、異類の側に属すると思われる人物、飯沼太郎、松原利夫、良子、北村みつこ、芙希子たちは、こちら側の世界の住人である団地の住人（われわれ読者もこちら側だが）よりは、人間らしいのではないかと思えてくる。この場合の人間らしさとは、社会の窮屈な規範から自由であり、自然性としての身体感覚を失っていない、という程度の意味であるが、少なくともこの小説では、その程度の人間らしさにおいて、異類の側の方が人間らしく描かれているのである。

とすれば、読み手は、異類の側が次第に人間らしく見えてくるという価値の反転、つまり異類という様態によってしか人間らしさを回復しえない、という一つのテーマをそこに見いだすことになる。それは、たぶん〈犬婿入り〉という、エロティックでしかも人間社会の秩序に悪意さえ感じさせる物語を選んだときにすでに用意されていた。いわば作者の意図通りに、読み手は、作者の人間社会への悪意を、いわば人間性回復というテーマとして受け取るのであり、その意味ではこの小説はとてもわかりやすい。

が、実際に読めば、確かに人間性回復の物語として読めないことはないが、それほど単純明快なテーマを持った小説でないことは、誰もが一致する印象であるだろう。むろん、この小説にはいろいろな仕掛けがあって、たとえば異類とは団地の住人の側ではないか、と思えば思える。なぜなら、この団地はもともと異界である山を開発して造られたのであり、そこに住む団地の住人の方が、共同体的な世界を構成していなくて、それこそ異界という外部に存在するにふさわしいからだ。

この小説を単純明快にしていないのは、異界とこの世との境界の曖昧さ、というようなものにあると思われるが、一方でやはり民話という世界のその取り込み方にあると思われる。そこでもう一度、なぜ〈犬婿入り〉という話型が最初に与えられなければならなかったのか、それについて考えてみる。

## 四　消費される無意識

団地の住人が〈犬婿入り〉という話型を必要としたのは、民話というものが、現代のわれわれの無意識に貯えられた豊饒な物語世界として、すでに取り出せないものになっていることを示している。が、そのことはわれわれの無意識の世界が貧しくなったということではないだろう。共同体の内部・外部というような、わかりやすい世界観の中で生きていれば、外部の世界は無意識の中の豊饒さとつながる、と考えることができる。つまり、外部世界への想像力は、いわば無意識への想像力というようにとらえられようが、そのような想像力に一定の顕現の型を与えるのが物語の型なのだとすれば、そういった物語の型が貧しいということは、想像力の貧しさの問題というより、想像力の豊饒さに対して、それを顕現する文化的な型（物語的な型）が対応しきれていない、ということだろう。

なぜ対応しきれていないのか。それは、共同体の内部・外部というようなわかりやすい世界観が、すでにないということである。ただし、それは外部が失われたということではない。異界とこの世といった構造的な世界観を形成していた文化的・社会的な環境の変化によって、外部として疎外されていた彼岸が、此岸と区別がつかなくなったということである。それは、一種の均質化された世界のあらわれだが、同時に、どこにも外部は存在するという、不条理な世界の始まりでもある。

内面化という言い方を使えば、異界と呼ばれる外部は、われわれの住む日常世界との距離感を失い、日常そのものの内部に潜在化した。それは、われわれの中に内面化されたとしても理解できる。

近代が、異界とこの世という対称的な関係を喪失したとき、同時にその対称性によって支えられていた民話そのものもまた変質する。それは物語そのものの喪失と言ってもいい。

この多和田葉子の〈犬婿入り〉もまた、物語を見事に喪失したわれわれの状況を前提にした小説である。だからこそ、異界＝無意識への想像力を充満させた団地の住人は、物語の型からまず与えられ、それを学習しなければならなかったのだ。しかし、そこから「わきでた」物語は何だったのだろう。すでに述べたように〈犬婿入り〉という型を与えられたにもかかわらず、それは〈犬婿入り〉という型そのものではない。それならマイノリティを肯定するような、人間性回復の物語なのだろうか。

いや、団地の住人にそのようなヒューマニティを望みえないとすれば、そこで「わきでる」物語とは、要するに消費される物語にすぎない、と言えないか。

異類側に属する登場人物が最後には行方知れずになってしまう。その後、どういう現実が待っているだろう。おそらく、何も変わらない団地の午後の光景が繰り返されるだけだ。そう感じさせる。とすれば、この「わきでた」物語とは何だったのか。それは、団地の住人が自分たちの無意識世界と向き合い、そこから自分たちの豊饒な想像力を顕現させ、消費するために、形を与えられた物語にすぎなかったということではないか、と言える。

消費するとはどういうことか。この場合の消費とは、日常の世界を一瞬、非日常的な世界へと変換させる行為としておく。そのようにとらえれば、本来物語は消費されるものであった。共同体の内部において、物語は外部を引き寄せる言語表現であるから、物語は共同体内部での消費行為であり、消費行為は共同体を晴の空間に変え、共同体をそれこそ活性化させた。その意味で物語は、晴の時空における消費行為である。

が、資本主義社会が成熟したわれわれの社会では、消費行為は日常の生活行為であり、かつての晴の消費行為は、すでに日常の消費行為そのものとなっている。絶えず消費欲望を拡大させなければ、消費社会としてのわれわれの世界は成立しない。したがって、無意識への想像力そのものは、日常的な消費活動の対象として、常に商品化されるものとなる。言い換えれば、物語は日常的な消費活動の一環として顕現している。

当然、そういった世界では、物語的想像力の源泉であった外部すら日常的なわれわれの消費対象として、商品化された光景となっている。むろん外部が日常化すれば、外部を源泉とする物語的想像力は顕現しない。したがって、消費対象として顕在化された物語の型を通して、むしろ外部・内部の境界の喪失した世界の日常の出来事を、絶えず異化しながら物語世界にしたてあげ、そうして飽くことのない消費欲望を満足させる、という果てしなき消費がそこに成立する。

そういった果てしない消費の世界に属することは、無意識世界が、商品化という回路を通して絶えず意識的世界へ顕在化される世界に属することである。つまり、無意識の商品化という光景がそこに展開する。

無意識世界の商品化は、それこそ民話的世界も商品化していくだろう。現代における民話の流行にはそういう側面がある。特にグローバリズムの時代では、空間としての異文化は均質な現代社会の一部でしかない。商品化へのあくなき欲望は、均質化されたこの世とは本来対称的な世界にある異界へ向かうだろう。だからこそ、異界とこの世との対称性によって成立する物語が、消費対象として商品化され、ゲームや、映画や、あるいは小説の題材として多くあらわれることになる。

そして、そのことは同時に、本来われわれにとって見えない世界であり、言語化できないからこそ豊饒であった無意識世界の奥深さを隠してしまうことになる。商品とは、基本的に心地よいものでなければならず、マジョリティの側に属するからだ。

そういう世界で、商品化されない何かを探そうとすれば、あるいは商品化されないような場所にしか自分の居場所がないと思えば、それこそ商品化への欲望の届かない、より深い無意識に向き合うしかない。そこはかなり自閉した世界である。だからこそ現代では、自閉する世界が自己の身を守る方法として成立するのである。

とすれば、無意識世界を源泉としていた民話世界の顕現は、二つに引き裂かれることになる。一つは、消費欲望の対象として商品化されるか、もう一つは、より深い無意識へ下りるための方法としてその可能性が探られるか、である。

## 五　多和田葉子が描こうとした世界とは

多和田葉子の『犬婿入り』という作品は、物語を生みだしたくて民話的手法を取り入れたのではない。消費対象としての物語を、まさに消費せざるをえないために民話的手法が利用される、その光景を描いたのだ。つまり〈犬婿入り〉という物語を描いたのではなく、〈犬婿入り〉といういきわどい物語を消費する光景そのものを描いたということだ。

その消費の対象となる、太郎や北村みつこや良子や松原利夫や芙希子たちの織りなす物語は、団地の住人によって〈犬婿入り〉という話型にあてはめられて受容され、消費される。が、彼ら自身はどうしたのか。話型に寄り添いながら、巧みに読者の期待の地平を裏切ってどこかへと消えてしまったのだと読めないか。彼らも消費されてしまったのか、それとも巧みに身をかわして、物語の外へと逃げおおせたのか、よくわからない。むろん、ここではよくわからないというのが重要なのだろう。消費への視線は、消費の届かない世界を照らし出す。あるいは彼らは、そのような世界へと旅立ったのかもしれない。

多和田葉子は、無意識の世界を消費対象として向き合おうとするわれわれのあり方をリアルに描いたと言えるが、同時に、そのような無意識へのまなざしが照らし出してしまう、より奥深くに隠された豊饒な世界への入り口を描いたとも言えるのだ。〈犬婿入り〉という話型をもてあそぶわれわれの光景には、そのもてあそぶ行為を通して、どこか豊饒な世界へとつながりたい切実な思いがある。その切実な思いを描くことに作者の目的があるとすれば、作者は、民話の現代的な受容のあり方を風刺するというような、かなり回りくどい方法でその目的に近づいている。その意味でこの小説はかなり手が込んでいると言えるだろう。

注

（1）福田晃「民話とは何か」『日本の民話を学ぶ人のために』世界思想社　二〇〇〇年

# 初出一覧

## 《Ⅰ》柳田国男のまなざし

『明治大正史世相篇』を読む　晴と褻の混乱（『共立女子短期大学文科紀要』第五〇号　二〇〇七年一月）
柳田国男の民族観（『日本文学』第四四巻第一一号　日本文学協会　一九九五年十一月）
『先祖の話』を読む　戦死者の魂をめぐる日本人の葛藤（柳田国男研究会編『柳田国男・主題としての「日本」』所収　梟社　二〇〇九年）
柳田国男と教科書（『日本文学』第六三巻第一号　日本文学協会　二〇一四年一月）

## 《Ⅱ》葛藤する表現

北村透谷論　永遠の未完（『明治大学日本文学』第一二号　一九八四年一〇月）
樋口一葉『にごりえ』論　情の行方（『共立女子短期大学文科紀要』第四〇号　一九九七年二月）
森鷗外論　曖昧者の悲哀（赤坂憲雄編『王権の基層』所収　新曜社　一九九二年　原題「森鷗外と天皇」）

## 《Ⅲ》無意識をひらく

近現代文学とシャーマニズム（岡部隆志・斎藤英喜・津田博幸・武田比呂男著『シャーマニズムの文化学』所収　森話社　二〇〇九年）
『銀河鉄道の夜』論　〈巫者《シャーマン》〉としてのジョバンニ（『宮沢賢治』第一七号　特集「ジョバンニ」　洋々社　二〇〇六年）
笙野頼子論　言葉と化す哀しみ（『共立女子短期大学文科紀要』第四二号　一九九九年一月）
極私的神話論　笙野頼子『金比羅』を読む（『古代文学』第四八号　古代文学会編　二〇〇九年三月）
多和田葉子『犬婿入り』論　消費される民話（『國學院雑誌』第一〇五巻第一一号　二〇〇四年十一月）

# あとがき

本書に収められた論考についての私なりの解説は「はじめに」で書いておいた。この「あとがき」では、私の近況を述べて本書出版への思いを書いておきたい。

私は昨年（二〇二〇年）三月に勤めていた短大を定年退職した。その後は折しもコロナ禍で、不要不急の外出をしない自粛生活を余儀なくされ、自宅での引きこもり的生活がいまだに続いている。一方で私は、二〇一八年に前立腺癌の手術をしたが、転移が疑われ、放射線治療を経て今は薬物治療をしながら闘病生活を続けている。私の癌は悪性らしく完治は望めず、薬物治療で何とか癌とうまくつき合っていくしかないらしい。あと何年つき合えるのかわからないが（けっこうしぶとくつき合ってい る人もいる）、とりあえず、長生きはできないと覚悟している。長生きとは何歳までを言うのか。日本人の男性の平均寿命が八十歳くらいだから、それより長く生きることだろう。とすれば私には無理だ。ただ、私は今七十一歳だが、この年齢まで生きれば十分に長生きしたという気もする。

コロナ禍の中での引きこもり的生活に余命を意識した闘病生活が重なって、退職後のこの一年は、自分と向き合わざるをえない一年だった。芭蕉に「やがて死ぬけしきはみえず蟬の声」という句がある。地上に出た蟬の余命は一週間程度だと言うが、蟬はそんな気配も見せずに一生懸命に鳴いている（生きている）ということだろう。果たして蟬は余命を知らずに鳴いているのか、それとも知って「死ぬけしき」も見せずに鳴いているのか、それが気になる。本当は、自覚していなくても本能的にわかっているには違いない。でなければ、あれほど必死に鳴くはずがない。人間ならば余命を意識しながら、「死ぬけしき」も見せずにふるまっている、ということになろうか。たぶん芭蕉は、避けえない死を抱えた人間の生き方のある理想を、こんなふうに句にしたということだろう。

私は、死を意識しながらも「死ぬけしきはみえず」と見られるように生きたいと思ってこの一年を過ごしてきた。しかし、講義の準備や原稿を書くといった仕事に没頭できれば「死ぬけしき」を見せることもない日々を過ごせたのだろうが、そのような仕事もないので、蟬のように懸命に鳴いたりせず、ストレスのないように日々を過ごしただけだった。結局は、自分の「死ぬけしき」を見られないようにあまり人にも会わず、自分に向き合いながら自分の「死ぬけしき」を見ぬふりするのが精一杯だったと言ってよい。

そのような生活の中で、これまで書いてきた柳田国男や近現代の作家についての論をまとめて本にしようと思い立った。なぜ本にしようと思ったのか。本にすることにそれなりの意味があると思ったからだが、ただここで書いておきたいのは、私の置かれている状況だからこそ、この本を出そうと思ったということだ。それは、この本を出す試みが私の「死ぬけしき」を見えなくする仕事であるからだ。この本を企画し、そのことに没頭することで少なくとも私の「死ぬけしき」を自分で見ないですむ。そのような仕事があることは今の私にはとてもありがたい。だが、考えてみれば、本を出すこのような試み自体が、私の「死ぬけしき」そのものでもあるということでもある。

私が癌にならずにいたら、おそらく今この本を出そうとしなかったかもしれない。柳田国男や近現代の作家についてもっと研究して、そのうち本にまとめればいいだろうと、もっとのんびり構えていただろう。しかし、だんだんと老化もすすんで、結局本にはまとめずに生を終えていた可能性もある。そんな気がする。そういう意味で、本書は私が死を意識したからこそ刊行できたとも言える。その意味では、私がどう思おうと、本書は私の「死ぬけしき」である、ということになる。

本書の企画から刊行までの期間はほぼコロナ禍の期間と重なる。コロナ禍は日本の社会あるいは私たちの生き方に様々な教訓を与えたが、私が感じたことは、日本人は、公助にあまり期待せず（政府の政策は期待したほど機能しなかった）、自助、共助でしぶとく生き抜いているということである。コロナ禍の未曾有の事態は、改めて国家や共同体、そして私たち一人一人の人間の生を見つめ直す機会になった。今本書を出す意義があるとすれば、本書もまた国家や共同体、そして人間というものについて考えようとしている、ということだ。私の「死ぬけしき」はともかく、この点に注目してお読みいただけたら幸いである。

なお、本書の出版は、『シャーマニズムの文化学』でお世話になった森話社にお願いをした。快くお引き受けいただいた大石良則氏に改めて感謝したい。

二〇二一年二月　自宅にて

岡部隆志

［著者紹介］
岡部隆志（おかべ たかし）
1949年栃木県生まれ。共立女子短期大学名誉教授
日本古代文学・近現代文学、民俗学を専門とするが、1997年からは中国雲南省の少数民族文化調査に赴く。他に現代短歌評論も手がける。
（主な著書）
『北村透谷の回復――憑依と覚醒』三一書房　1992年
『異類という物語――日本霊異記から現代を読む』新曜社　1994年
『言葉の重力――短歌の言葉論』洋々社　1999年
『中国少数民族歌垣調査全記録1998』工藤隆との共著　大修館書店　2000年
『古代文学の表象と論理』武蔵野書院　2003年
『聞き耳をたてて読む――短歌評論集』洋々社　2004年
『神話と自然宗教――中国雲南少数民族の精神世界』三弥井書店　2013年
『短歌の可能性』ながらみ書房　2015年
『アジア歌垣論　附中国雲南省白族の歌掛け資料』三弥井書店　2018年

胸底《むなそこ》からの思考――柳田国男と近現代作家

発行日……………………………2021年4月21日・初版第1刷発行

著者………………………………岡部隆志
発行者……………………………大石良則
発行所……………………………株式会社森話社
〒101-0064 東京都千代田区神田猿楽町1-2-3
Tel 03-3292-2636
Fax 03-3292-2638
振替 00130-2-149068
印刷………………………………株式会社厚徳社
製本………………………………榎本製本株式会社


ISBN 978-4-86405-158-3 C1095

## 異類に成る――歌・舞・遊びの古事記

**猪股ときわ**　人はなぜ歌うのか。古代日本では、歌う行為や歌の言葉によって、動物や植物など人ならざる異類と交感し、異類に成ろうとすることが行われた。『古事記』の歌に、起源譚を喚起し、動物や山川草木に働きかける、神話的思考の発動をさぐる試み。
A5判304頁／6400円（各税別）

## 生成する古代文学

**津田博幸**　古代文学を生成の相においてとらえる観点から、『日本紀講』注釈、神秘思想による歴史叙述、宗教実践などの〈現場〉において、そこで固有に生成される文学と言語表現へと迫る。
A5判312頁／6400円

## 古代文学における思想的課題

**呉哲男**　古事記・日本書紀の中で語られる古代の国家や天皇制の成立など、従来の歴史学や文学研究プロパーでは論じることのできなかった課題に対し、現代思想の知見との対話によって「抽象力」で迫りつつ、広く東アジア世界の中に古代日本の位相を見定める。
A5判424頁／7500円

## 躍動する日本神話――神々の世界を拓く

**斎藤英喜・武田比呂男・猪股ときわ編**　『古事記』中心の読解とともに、神々と仏の混淆した中世の神話世界から、現代のファンタジー文学、ゲームやＣＧにいたるまで、「日本神話」の後世の様々な読み替えや変容をたどる。四六判280頁／2400円

## 柳田国男の民俗学構想

**室井康成**　柳田にとって「民俗」とは、古き良き日本の原風景といった郷愁に満ちたものだったのか。柳田以降に醸成された「民俗学」の神話から脱し、「公民」の育成を企図した柳田民俗学の実像に迫る。
A5判296頁／5200円